东北电力大学博士科研启动基金资助（BSJXM-2019118）

黑格尔法哲学人格理论研究

Exploration on Hegel's Theory of Personality in His *Philosophy of Right*

宿梦醒◎著

人民出版社

目　录

前　言……1

导　论……1

第一章　黑格尔哲学体系中的人格论……27

第一节　黑格尔哲学形成的背景及其人格论思想的背景……27

第二节　黑格尔哲学体系的结构……37

第三节　《精神现象学》中的人格论……41

第四节　逻辑学：人格生成发展的辩证否定原则……55

第二章　《法哲学原理》将自由作为人格的本质规定……63

第一节　《法哲学原理》中的人格概念……64

第二节　自由意志的必然性和普遍性……83

第三节　自由是法和人格的本质规定……95

第四节　黑格尔法哲学中人格获得自由的不同层次和形式……104

第三章　人格自由的道德限定……116

第一节　建立在私有财产权之上的人格价值及道德反思……118

第二节　道德是善的未完成的中间状态……133

第三节　善：道德的绝对目的……146

第四章 自由在社会伦理中的实现 …… 158
第一节 伦理实体和伦理精神 …… 160
第二节 家庭作为直接性的自然伦理性存在 …… 174
第三节 市民社会作为理性契约秩序的伦理性存在 …… 180
第四节 国家作为最高实体的伦理性存在——自由理念的实现 …… 194
第五章 黑格尔法哲学人格论的整体评价 …… 215
第一节 黑格尔法哲学对人格自由的定位 …… 217
第二节 黑格尔法哲学中人格自由的辩证发展 …… 233
第三节 黑格尔法哲学最终走向人格自由反面的思想根源 …… 245

参考文献 …… 253
后 记 …… 262

前　言

"古希腊德尔菲神庙中刻着一句著名的神谕：认识你自己。这里的一层含义是去揭开人类之谜，而另一层含义则是去揭开每一个人之谜。"[①] 不管社会意识的表现形式如何复杂多样，指向的对象如何纷繁复杂，表达的理论和观念多么普遍抽象，它最终都要落脚在人的存在、人的本质、人性、人格和人的需要等问题上。上述每一个都是历久弥新的重要的理论问题，在哲学、伦理学和法学等领域都取得了重要的研究成果，但比较起来，关于人格问题的研究相对较弱。首先，以往对人格问题的研究很容易导向心理学研究。其次，对人格的研究由于其长期性和重要性，在特定的时代往往无法成为问题焦点。立足于历史和当代科学的发展，立足于前人研究的学术资源，立足于现代世界和当代中国深化改革的国情，对人格理论与实践问题我们尝试从思想观点和论证方式上进行较为深入的研究。

对人性、人格问题的研究是哲学智慧的一个重要领域，这项研究的成果构成了社会人文的各个理论领域，如伦理、管理等规范人的行为的理论领域的哲学基础和哲学前提。法律，特别是私法的合法性确立也

---

① 沈亚生：《人格自我与个体性》，吉林人民出版社 2005 年版，第 1 页。

是建立在这样的基础之上，对这个基础的考察也就是我们所说的法哲学人格论，或者法权人格理论。在实现法治国家、法治社会的过程中，首要任务就是制定和运用合理的法规来确定公民的权利和义务，规范公民个人的行为，维护每一个公民的自由平等与全社会的健康和谐。如果法的基本内容包括公法和私法两个方面的话，那么“私法”或“民法”的理论根据、法哲学根据就要以对公民的人性、人格、本质、需要、价值和权利的全面理解，要以对社会历史的正确观念为前提。不同时代的人性、人格理论构成了该时代和相应的民族和国家法律制定的基础。现代民主社会和法治社会中，法权人格的确认和维护已经成为规范个人行为和人际关系的基本面向、价值判断的基本尺度。在当代中国，作为法哲学理论基础的人性、人格、价值和权利的理论与世界各国的、历史上各个时代的这些方面的理论成果不可分割地关联在一起，我们对有关于人本身的理论构建也需要在批判考察的基础上参照和借鉴他们的积极成果。

对于社会的特定发展时期而言，公民的人格状态也是衡量社会发展程度的客观标准，仅从经济发展和物质生活水平检测一个国家民族的发展程度是不完全的。正如黑格尔法哲学中的人格理论所阐述的那样，物质是人格存在发展的基础，但绝非全部，人格还有着广阔的主观体验的空间和主体交互关系的领域，还存在着在自然伦理、社会伦理和国家伦理制度下从抽象理想变为具体现实的过程，这都是关于人格问题我们需要重视的方面。本书旨在通过黑格尔法哲学理论所确立的理论平台和问题域，与黑格尔和他的法哲学理论中包含的人格理论展开对话，展开具有现代意义的人格理论和实践研究，从而引导现实生活中的人格塑造和修养。我们所处的这个时代，以理性和自由为核心的理想人格逐渐深入人心，每个人塑造自己的人格，尊重他人的人格，努力使自己成为真正的人。但是在个人人格及各种衍生人格不断发展完善的同时还存在着许多问题，这一切都促使相关研究提出相应的解释模式和应对策略。

从黑格尔哲学的整体来看，其价值和意义源自《逻辑学》，自然哲学和精神哲学包含的各个部分，都蕴含着逻辑学的规律性、必然性、主体性、客观性、普遍性、具体性和历史性，这些都是黑格尔超越了古代自然逻辑的朴素性、形式逻辑的抽象性和康德的先验逻辑的主观性而得到的“纯粹概念”。这些纯粹概念形成的逻辑关系成为整个世界存在发展的本体论、认识论、方法论、价值观相统一的基础，因此不理解、不研究他的逻辑学是不能真正理解他的精神哲学、法哲学和人格哲学的。从文本上看，黑格尔的人格理论主要体现在《精神现象学》《法哲学原理》《历史哲学》等文献中，体现在《小逻辑》和作为大逻辑组成部分的《精神哲学》讲客观精神的理论中。黑格尔在神秘逻辑的外衣下，把人本身、把人性，特别是人格的本质的把握作为社会生活各领域问题和人类历史进程的理论前提，把握黑格尔法哲学中的人性和人格论就是把握他的整个社会历史观和整个世界观逻辑学的一把钥匙。法哲学体现了他的思想中科学进步性与神秘保守性的两重性矛盾，一方面他的整个神秘主义逻辑学包含了一定程度人道主义合理内核，另一方面这些著作的出发点是从人本身异化出去的绝对精神或绝对人格，是由一连串时代文明和发展所构成的“世界历史”，人格自由成为一个被神秘逻辑所支配的工具性环节，从而失去了其早年的人道主义世界观、历史观性质。

黑格尔前后期思想有一致性，也有重大变化。早年的青年黑格尔有政治自由主义的取向，其人格理论中讲独立、自由、主体意识等内容的有许多，而其后来被普鲁士国王和封建贵族政府收买，走向抹杀平民百姓个体人格价值与权利，推崇国王贵族英雄人格的整体主义。一方面《法哲学原理》以“颠倒”的方式阐述了否定的辩证法和人类的自由精神，揭示了个人和人类社会辩证发展的过程和人的自由本质，而否定的辩证法就是人的辩证法、自由的辩证法。概念的辩证法是对人、对自我活动的纯粹性的反思，而这个自我活动的纯粹性是人的精神活动、意识活动，所以概念辩证法体现的是人的生命原则，它为人理解自身生存发展的过程及生活的价值意义的统一性提供了基础。另一方面，黑格尔的后期作品中的整体主义贬低个体人格价值，把个人看作是绝对精神发展的低级环节，是绝对精神实现世界历史终极目标的工具，他维护封建等级制度而把人格的形成看成是一个神秘遗传的过程。马克思批判说“人的本质不是他的血肉、胡子，而是他的社会性”。黑格尔认为，个体人格从属于家庭，从属于市民社会，从属于国家，马克思批判说这是颠倒了的关系，而且黑格尔所说的国家是异化为市民社会对立面的国家。黑格尔所说的“法”，不仅指成文的法，也指一般的社会规则，更是具体指向他那时的封建王公贵族制度。从价值观上看，黑格尔法哲学的目的在于维护绝对精神代表的国王和贵族的特权利益，维护以贵族等级制度为本质及他的时代所谓“社会正义”的理念及实现。而这种“正义理念”内涵实质和实现，尽管是为王公贵族的神圣性做辩护，但还观照到普通公民的完善人格的实现，进而落实在人的价值、人的幸福的实现。黑格尔用自己特有的人格理论范式表达了他那个时代的时代精神、价值观及对人的看法。

黑格尔思辨的法哲学承载着人类社会生活的现实，他运用历史和逻辑相统一的方法，通过法和自由展开的历时性的不一致展现了共时性的人格属性的逻辑关系。黑格尔的法哲学理论不仅是关于自然法和国家哲学的学说、社会正义理论，蕴含着现代社会的自由精神，同时也体现了现代人格的本质、基础和发展完善的辩证过程。黑格尔哲学体系实质是自我学或人学，在其“严肃的、冷冰冰的”概念的普遍性的理论当中隐含着人类对自我生存依据、法则和意义价值的反思。如果说启蒙思想或现代性的两大原则是追求真理和人类解放，那么黑格尔从概念辩证法的平台对人类精神活动和生存规律的阐释，对人类自由精神的提倡，对现代社会的系统描述及对人格自由实现的节律性的分析，无不暗含了启蒙思想和现代性的原则。逻辑学是关于人类精神，关于个人、普遍自我和绝对自我，关于个人自由、普遍自由及精神的绝对自由的学说，《精神现象学》是关于个人心灵成长，普遍理性和自由及人格自由实现的描述。《法哲学原理》则阐述了人类社会历史中个人意识自由发展的阶段，在不同的社会意识形态下人格可能具有的形态及自由，阐述了伦理精神就是自由精神、社会的正义原则，人类社会及伦理共同体的正当性和最终目的在于实现普遍的人的自由。

抽象法以现代社会平等自由的时代精神为基础构建了形式平等的抽象人格和法律人格。法律人格及其确立的基本权利的重要性在于反映了启蒙思想以来确立的个人自由权利生长发展的现实，为理性对待个人之间的交往关系及其间的平等和自由关系、权利和义务关系构建了基本范式，体现了现代社会的法律正义精神。“认真对待权利”和“为权利而斗争”只是人格发展的一个侧面，人格发展还具有个人道德修养和对自由本质的认知的内容。现代个人缺乏的往往不是权利，而是行为的善良动机以及为自己的行为承担责任的意识和能力。在人格自由发展的认知方面，追求以个人自然欲求为基础的生活幸福和所有人的自由权利的普遍福利应该是统一的，这即是德福一致。在个人道德修养上，个人的良知、良心是对于在价值观上冲突的个人行为选择的最终判断依据，但良心往往是形式性的、自以为是的“善”，是个人内心的自我确信，还不具有客观性而可能导向虚伪的道德人格形式。伪善的道德人格具有内在性和隐蔽性，对虚伪的道德人格的扬弃需要客观的制度。

伦理及其法律、制度是人格存在和发展的母体和平台，它扬弃了法律的抽象一般性和道德的主观内在性并具有现实的力量而可以确定人格的现实形态。家庭是自然的介于人的自然本能和社会之间的伦理实体，家庭成员依据爱与责任的伦理精神存在着人格融合、人格牺牲、人格让渡和人格减等。个体主体性和交互主体性是市民社会的基本原则，个人对自我主体性的自我意识形成独立人格，并在个人主体交互关系中满足个人需要、实现自由权利。现代市民社会使家庭成员同时以具有独立人格的市民身份进行平等的经济交往，商品经济和市场经济强大的契约精神不仅构建了现代社会人们相互对待的基本关系模式，而且渗入家庭、国家等其他伦理实体而成为确证个人基本自由权利的契约性人格。市民社会个人通过契约实现的平等自由和关于社会治理的合意是偶然的，无法体现自由和正义精神的普遍性、客观性，而国家凭借其具有的强大力量和制度能够确证人类自由和正义精神的客观存在及能够使人格自由权利从抽象主观变为具体现实。国家的公共权力本质是为所有人的自由权利的实现服务的，不能通过人格虚拟的方式使其异化为一个人、少数人谋私利和擅权的工具。国家以作为政治和法律连接点的宪法设置，保障个人基本自由权利的制度安排和为公民政治人格的塑造提供机会和条件，才能实现其历史使命和本质。

从结论和成果角度，我们愿意重申以下几个方面。第一，《法哲学原理》不仅仅是法律哲学、道德哲学和伦理哲学，而且也是自由哲学，它将人类的社会意识、民族精神等看作是人类自由发展的精神、人格自由的精神。人格自由不仅作为精神，而且也作为社会现实而存在，人格自由精神不是抽象的概念，不是处在现实彼岸的遥不可及的理想，而就存在于人格自由精神发展的每一个环节当中，这些环节虽然终将被扬弃，但是它仍留存于下一个环节中，而且这个扬弃的过程就是人格自由的体现。人格自由的实体和本质、形式和内容无须向外寻求，它就存在于人类自我意识的本质和人类本性当中，精神自我就是自由精神，而这个精神自我的形成来自个人自我的统一性、普遍性及客观化。因此，自由是精神层面的概念，个人的主观意识还谈不上自由，只有在精神的基地上，人格才有自由，才有自由的发展。自由是精神自我将自身特殊化而又保持自身的统一性的矛盾状态，是个体自我对自由精神的体验和感受，是精神自我逐步通向现实具体的伦理的过程。

第二，人格自由通过普遍性的人格形式予以体现，个体人格与普遍人格具有精神的通达性，黑格尔着意表达的不是特殊的个人，而是人格的普遍性。普遍人格没有独立实存的形式而不能脱离个体人格，因而普遍人格只能是个体人格的共相、本质，也就是人格精神。法哲学、政治、道德或者知识真理，最后都要回归于人，成为人格精神，这同时也是对人的要求，人格精神是人格的本质和实体。

第三，自由精神是不同个人的自我意识的统一性，是不同人格间的相互承认，人格自由精神自在地就是人格平等精神，自由在平等者间才是可能的。抽象人格和法律人格，市民社会的劳动交换和法律等决定了人格平等精神的内涵。

第四，追求个人幸福的精神。抽象法的财产所有权，道德意图追求的德福一致，家庭的财富基础，市民社会的劳动交换和需要满足，国家中的权利义务统一等内容，都表明了法哲学是追求幸福的哲学。

第五，历史是自由理性的历史，无论历史多么纷繁复杂，都不能脱离这个本质，伦理共同体其自身并不是目的，而仅是人格自由发展的承载体。

导　论

一、黑格尔法哲学人格论研究的价值、意义

任何哲学尽管在体系建构和论证方式上纷繁复杂，但都不可能是“无人”的哲学，相反都是“为人”的和人类自我意识及价值的哲学，黑格尔的哲学也不能例外。《精神现象学》和《逻辑学》中的精神哲学理论，以及作为黑格尔社会历史观代表作的《法哲学原理》，都是黑格尔运用“否定的辩证法”来解释人类社会历史现象和个体人格本质及发展的全面性著作。尽管晚期的黑格尔及其哲学具有鲜明的保守倾向，特别是《法哲学原理》中讲的社会历史的结构本质、人格结构的本质和价值的理论，是为封建贵族君主和资产阶级的人生观，为私有制度做辩护的，但同时黑格尔及其哲学也反映出启蒙思想的巨大影响，展现了德国古典哲学关于社会历史理论研究的最高成果及由启蒙思想和德国古典哲学所造就的时代精神。《法哲学原理》不仅是描述黑格尔所处时代社会的结构和基本面貌的一部重要著作，同时也是黑格尔那个时代的有关“现代人”的人格自由本质、人格的心理及伦理结构、人格自由生成与发展的理论。

本书写作的缘由首先是对黑格尔哲学，特别是对他的法哲学中关于社会历史观的理论的兴趣，并且能够合理地推断出该主题具有重要的研究价值。其次是我们在深入阅读和研究中，发现黑格尔的社会历史理论是立足于他对人性、人格的自由本质思考之上的。所以破解黑格尔哲学中的人性、人格理论蕴含的奥秘，乃是把握黑格尔法哲学和把握黑格尔哲学整体的取胜之匙。

包括黑格尔哲学在内的德国古典哲学的根本主题是认识论、主观辩证法和作为客观世界规律的辩证法的三者统一，也可以概括为主体与客体的统一问题，而这个问题的解答首先要确立哲学的出发点以及由其决定的哲学的最终归宿，从康德始，中经费希特、谢林至黑格尔，终结于费尔巴哈以及马克思的继承和批判的整个过程，展现了“主体与客体统一”这个哲学出发点的扬弃过程。这个扬弃的过程正是黑格尔辩证的否定观所能体现的事物的各内在环节之间形成的发展链条。杨祖陶先生将这个过程概括为：“康德从能动性的客体和不可知的物自体出发，到费希特的绝对自我，谢林主客体绝对同一的精神，黑格尔的通过外化和异化自身发展自己，并最终复归自身的绝对精神，费尔巴哈感性直观的生物人，最后到马克思的活生生的、从事实践活动的现实的人。”①这个发展过程的每一环节都是在解答这个主客体统一之谜。而主体究其真意，不外就是人本身。德国古典哲学为了解决主客体的对立及统一问题，而试图在主体理性的基础上重建形而上学，并经由形而上学的框架下降而构建社会历史哲学、政治哲学及伦理学。因此对于德国古典哲学的整体而言，尤其是对于黑格尔的哲学体系而言，在这个冰冷严肃的形而上学体系中，包裹着的是“活生生”的人的内核。但是直至目前，在

---

①　杨祖陶：《康德黑格尔哲学研究》，武汉大学出版社 2001 年版，第 6 页。

国内外黑格尔哲学研究中，特别是在研究黑格尔法哲学的成果中，在研究方向上，或者是将他的法哲学作为伦理学、道德哲学，或者将其作为社会正义规范的理论，或者如黑格尔本人那样，将其作为人的自然权利和国家权力的政治哲学，很少有人从人学理论、人格理论的角度对其加以研究，这不能不说是一大缺失。

有学者曾指出，哲学发展的历史就是人的主体自我意识成长的历史。人们一般认为黑格尔的哲学主要包含以下几个方面的内容：主要是与本体论、认识论、方法论相统一的逻辑学，主要是作为个人意识成长和社会历史规律的精神现象学，以及在这里我们将要考察的、包含了法律、道德和伦理思想在内的法哲学，少有人将他的哲学解读为一种关于人的本质和发展的理论。其实黑格尔哲学作为一种社会意识形态，同其他哲学一样，具有共同的、反映人的自我意识的哲学本性，只不过如同费尔巴哈所说，黑格尔是以神秘主义和人的自我异化的形式来反映人本身。社会意识是时代精神的反映，表达了该时代对社会和人的看法和态度。尽管社会意识的表现形式丰富多样，指向的对象纷繁复杂，也不管其表达的理论和观念多么地普遍抽象，其最终都要落脚在人的存在、人的本质、人性、人格和人的需要等问题上。杨祖陶先生认为，德国古典哲学的现代价值主要体现在“为真理而真理”的理论精神和“为自由而自由”的实践精神上。① 姚大志教授认为启蒙运动表达了人类的两个理想，即对永恒真理的追求和普遍的人类解放。② 在黑格尔哲学的意识哲学或观念哲学的形式下，包含着这两种精神或理想，他的哲学对正在进行着启蒙的中国仍有着重要意义。在当代中国，作为法哲学理论基础的

① 参见杨祖陶：《康德黑格尔哲学研究》，武汉大学出版社 2001 年版，第 6 页。

② 参见姚大志：《什么是启蒙：过去和现在》，《社会科学战线》2011 年第 9 期。

人性、人格价值和权利的理论与世界各国的、历史上各个时代的这些方面的理论成果不可分割地关联在一起，我们对有关人本身的理论的构建，也需要在对这些理论进行批判性考察的基础上，参照和借鉴他们的积极成果，我们对作为一个时代智慧精华的黑格尔思想和其中关于人性、人格的理论也要充分重视起来。

由于黑格尔哲学，特别是在他的法哲学和历史哲学中体现的保守主义、整体主义等思想倾向，以及黑格尔曾经对启蒙思想激烈地批判过，所以人们习惯于将黑格尔列在启蒙思想的对立面，其实人们往往忽略的是，在黑格尔哲学中包含着重要的、与启蒙思想相通相连的内容。他早年的《精神现象学》描述了心理人格（个人意识）成长和普遍的精神性人格成熟的过程。他晚年的《法哲学原理》主要阐述了社会伦理人格的生成、不同形态及其逻辑关系的理论。而作为黑格尔思想大全的《逻辑学》也充分确定了人本身和从其异化出去的“绝对精神”，是黑格尔思考所有哲学问题的基础。在法哲学中，尽管在形式上黑格尔的人格理论主要体现在法哲学的抽象法部分，尽管黑格尔本人也不是有意识地将自己的哲学看作是一种人格理论，但是我们按照黑格尔哲学的自有逻辑，可以和应该将他的法哲学人格理论看作是他对所有社会历史问题思考的原始之点。

黑格尔在《法哲学原理》中系统全面地对他那个时代和社会进行分析解读，因此他的《法哲学原理》的副标题是“自然法和国家学纲要”。他对法做了扩大的解读，他将道德、伦理、政治和国家的各种形式的社会规范也归结为法的范畴，因而他的法哲学既是启蒙思想确立的近代自然法的自由、权利、平等的法律精神或法律意识，以及在其基础上形成的抽象人格和法律人格的理论，也是体现主观自由、精神自由的普遍的道德精神及其形成的道德人格，同时也是伦理共同体承载的自由理性的伦理精神及其形成的具体现实的现代伦理人格。人格的存在结构及实现是多维的，人格的法律之维通过自我否定发展至人格的道德之维，最后落实在人格的伦理之维中。

黑格尔的法哲学作为其早期精神现象学理论的延伸，作为其逻辑学中客观精神理论的补充完善，完整地表述了以人格的本质和发展为前提的社会历史的本质和发展，以及这种发展的实质和过程，在他那个时代和制度下如何具体地展现出来。这个理论的阐述以自由意志为逻辑起点，论述了人的个体自由意志在社会历史进程中通过自我否定而实现的过程。在这一实现过程中，自由意志是精神性的实体，道德、伦理、法和国家都是人格自由意志外化的定在（即现实合理形式的存在）。黑格尔法哲学思想的合理之处在于，他的自我意识、自由意志的辩证发展过程，同时也是人格自由发展的历史过程，只是他把这些东西异化了。总结来说，对黑格尔法哲学中的人格论思想进行研究具有重要的理论价值。

首先，在黑格尔的哲学体系和法哲学理论中，能够梳理出把个体人格的思考作为研究一切社会历史问题之前提的方法论模式。就黑格尔的法哲学理论本身而言，它既是黑格尔社会历史观的展现，也是其作为世界观的逻辑学的应用；就其对现代社会的意义而言，他的法哲学理论本身也是一个完整的体系，包含孕育着几乎所有重要的法理学、道德哲学和政治哲学的问题域。黑格尔社会历史哲学研究的出发点是自由意志和人格自由等问题，有学者指出，“《法哲学原理》从自由意志开始研究自由及其定在，就是从人开始研究人的存在、人的关系及其自由”①。这段话表明了黑格尔法哲学思想合理性的重要方面，这些问题的研究可以

① 高兆明：《黑格尔〈法哲学原理〉导读》，商务印书馆2010年版，第85页。

对当代社会产生重要和有益的理论和方法论启示。但是，黑格尔的法哲学作为他的历史哲学的一部分，历史哲学作为他的精神哲学（客观精神）的一个发展环节，是建立在黑格尔整个神秘唯心主义世界观基础之上的。黑格尔哲学的研究者一般认为，他的法哲学思想也是他的整个思想发展进程中最为保守和消极的部分，马克思等经典理论家就是从对黑格尔法哲学思想的批判开始走向唯物史观和共产主义理想之路的。但是这些都不妨碍我们从黑格尔的法哲学理论中发现出许多重要的、有价值的理论，发现出许多仍然适合于现代社会，并可以有益于我们思考人性、人格、法律及各种社会规范构成的理论。

从黑格尔法哲学的文本看，他自觉不自觉地表达了人格自由发展的辩证法。王天成教授认为，在黑格尔的概念辩证法中包含着个体生命原则（个体生命的原则即是现实的人的生存与发展规律的思想）。黑格尔通过将传统形而上学的源于直观和表象的范畴提升为人格自我的概念，并借此重建理性的形而上学。① 黑格尔表明，概念就是自我对自身活动反思的理性法则，自我能够设定非我，能够将异己的东西包容进自身中，自我是普遍性和特殊性相统一的个体性即主体。主体是由于人的认识和实践活动将世界二重分化而产生的，并在人类活动的基础上与客体统一为活生生的个体生命即人。黑格尔的概念辩证法也即是人格自我的辩证法，思辨哲学即是人的精神哲学。具体从黑格尔的法哲学理论来看，其中“法”的概念内涵一方面是指客观的正当、应该、规律和法则之意，另一方面则含有主体的自由和权利的意思。权利主要是普遍性的个人自由的定在，法哲学的每一个环节都是法或权利的特殊表现，从而

① 这里参考了王天成教授在《黑格尔概念辩证法中的个体生命原则》中关于概念辩证法与个体自我关系的观点。

也是个人权利和人格自由的实现。黑格尔虽然明确将他的法哲学理论定位为关于自然法或国家的学说，但是关于人的自由、权利和人格的理论是当中的必然逻辑，这也为我们探讨法哲学理论中包含的人格思想提供了可能性。

现代社会中法治作为具有“普世性”的价值及国家治理方式在人们共识性理解中具有排他性地位。对于法治发展路径、法治与其他治理方式的竞争和相互涵摄、冲突等，我们认为归根到底，人的境遇、人的生活、人的自由发展和人的幸福是最终旨归所在。黑格尔的《法哲学原理》作为第一次系统全面地对现代社会的分析解读，已经蕴含着社会治理的法治理念。哲学或道德、政治或法律问题，最后终会归结为人的问题。哲学或政治或法学就是人学，是关于人格、人的价值、人的自由、人的幸福的学问。现代和当代西方哲学的各种“显学”或“隐学”，如果我们剖析它们的研究路径、分析框架、概念体系和最后归宿等，就会发现它们都可以归结到作为“类”的人和个体的人身上。

从研究课题的现实意义来看，我们研究黑格尔的思想，研究他的社会历史观和人性、人格理论，最终目的是要汲取其有积极意义的方法和理论，引导现实生活中的人格塑造和修养。中国的传统哲学文化和社会心理中，个体人格、个体意识普遍缺位，呈现出先天发展不足的状态。因此有学者指出：“在一个东方文化传统的古老国度里发展商品经济，人的个性发展既是它的前提，又是它的必然结果。”① 健全的个体人格的理论研究和人格自由权利的实现终将是历史的必然。黑格尔哲学的现代价值就在于其体现的人类的自由和理性精神。在我们所处的这个时代，理性和自由的精神及其塑造的理想人格逐渐深入人心，每个人塑造

① 沈亚生：《人格自我与个体性》，吉林人民出版社 2005 年版，第 19 页。

自己的人格，尊重他人的人格，努力使自己成为真正的人。但是在个体人格及各种衍生人格不断发展完善的同时，在人格塑造和人格自由实现等方面还存在着许多问题，如“传统人格失效，现实人格失范，理想人格失落”① 等社会转型时期的人格问题。这就使我们从其他民族文明成果中汲取营养和加以借鉴的研究更加显示出重要性。

在现代社会的背景下研究“法”的范畴中的人格问题，像黑格尔那样，把自由精神和权利意识看作是人格的本质规定，把“法”与作为法之前提的人格论联结起来是非常重要的。从这个侧面而言，我们所说的人格自由思想研究，即是在以法和法律为基础的多种社会规范中去探析和解答人的命运、生存境遇和理想生存方式的研究。正如黑格尔所说，法是自由的定在（理性地包容了客观法则、主体自由和合理现实的存在），自由就是个体人格的定在和本质规定。自由内在展开的过程及其最高实现，是以人格作为载体进行的。黑格尔的绝对精神的最后实现也需要在作为人格完善的艺术、宗教和哲学中才能达到。马克思主义的理想社会的实现——每个人自由全面的发展成为一切人自由发展的条件，实质也是说，只有每个人的人格自由得到充分实现的社会才是真正理想的社会。

其次，我们对黑格尔法哲学的兴趣并非只是理论性的，更是具有实践层面的考虑。现代社会讲依法治国，追求实现社会正义，就离不开对人类思想史上的优秀法权思想和政治学说的温习，从这些温习中我们可以更为深入地理解当代我们面对的各领域、各种性质的社会生活问题。黑格尔的法哲学理论讲述的是普遍性的规律、普遍性的行为规范、社会正义原则和自由发展实现的过程。当然，这其中也

① 余潇枫：《哲学人格》，吉林教育出版社 1998 年版，第 3 页。

包括了我们在现代社会所讲的法治国家中的作为成文法规的“法”的问题。

公法、民法或私法的理论前提是对人性、人格、社会、历史等法哲学问题的正确理解，思想史上的人格理论成果为这样的正确理解提供了真正的资源和智慧。从人格思想出发，我们会看到，真正的人是体现着社会价值和意义的人、完整的人，人格就是这种意义上的人的资格。个体人格作为不同的社会角色与其他人格发生联系，呈现出法律人格、道德人格、心理人格、市民人格、政治人格等不同属性，在理论的层面可以解释为在法学、伦理学、心理学、社会学和政治学等不同层面对人的评判和表征。而在实践层面上，这些不同的人格并非完全独立排他，而是共同形成一个复杂的开放结构，每一种人格性与其他人格性以不同的形式和不同的手段产生交集，形成无数具体的个体人格。

最后，本书写作的意义还在于，如果我们对以黑格尔《法哲学原理》的文本为基础进行研究的文献进行梳理，就会发现将人格理论作为法哲学的中心线索进行全面深入研究的成果少之又少。我们认为在注重将黑格尔的法哲学理论当作法理学理论、权利理论、自由论、道德伦理理论和国家政治理论的同时，应该充分认识到，贯穿在上述理论中的具有根本意义的人格、人权、人的个体价值观的理论具有更重要的位置。

二、研究方法

第一，多角度地把握对人本身的理解。有学者提出，“传统哲学仅注重于人格自我的本质或统一性问题的探索，现代哲学更注重于人格自我的价值和意义思考。马克思主义哲学则把革命的实践活动作为新的理论基础，从而实现了人学观念的变革，所以我们必须把人格自我的本质论、价值论与实践论这几个角度的研究结合起来进行考察”①。同样，黑格尔的法哲学在人格论思想的内容结构上，存在着三个层次，即人格的本质、人格的价值和人格实践的理论，此外黑格尔还有自己独特的理论视角，体现在人格生成、人格自由、人格体验、共同体中的人格和伦理制度中的人格实现等内容上。依托黑格尔法哲学中的丰富的人格论思想，我们可以丰富充实上述人格理论的分析研究的框架，我们还可以分别从人格的抽象性、道德性、政治性、经济性、团体性和社会历史性等角度挖掘人格理论的内涵。在这些重要的研究视角中，人格的社会历史性是人格理论研究的重要维度，即是从人格的结构、类型、发展规律和社会历史条件等方面剖析，我们也可以如同黑格尔那样用“经验普遍性”的方式揭示实在人格的发展过程。

第二，局部和整体对照比较的研究方法。我们从整体把握到局部，从展开相互对照入手，先做黑格尔思想和著作的总体考察，再做他的法哲学理论的总体考察，然后进入他的法哲学中的人格论思想的考察。此后还要把他的人格自由思想重新置入他的逻辑学思想总体中，进行分析和评价。在进入黑格尔法哲学中的人格论思想研究时，先看这个思想在法哲学整体中的位置和线索，然后考察这个思想如何生成发展。我们还要看到黑格尔所说的自由意志发展的三个阶段，也就是人格内在展开的三个环节（法律、道德和伦理），以此来论证人格理解范式的进化过程。黑格尔的法哲学理论密切关联着他的历史哲学，而历史哲学的前提是他

① 沈亚生：《人格自我与个体性》，吉林人民出版社 2005 年版，第 2 页。

的精神现象学理论。他对抽象法、道德、伦理和国家的讨论是以在精神现象学中体现的自由精神和辩证方法为基础的，他是以精神发展的过程理论来导出法哲学相关理论的。

第三，辩证批判的方法。我们需要肯定，黑格尔思辨的法哲学承载着人类社会生活的现实，他运用历史和逻辑相统一的方法，通过法和自由展开的历时性的不一致展现共时性的人格自由性与社会、历史的逻辑关系。黑格尔的法哲学不仅是关于自然法和国家哲学的学说及社会正义理论，同时也是他关于社会的道德、伦理、经济、政治、文化、人类历史本质和规律等各方面问题进行全方位思考的哲学社会学和社会历史观。这个理论也体现了他对他所处时代的人格本质、基础和发展完善的辩证过程的考察，体现了他对人性、人格怎样支配了社会生活各领域的存在发展，怎样支配了人类历史的发展进程的考察。但是，黑格尔法哲学中的人格论思想体现出他的人道主义人性论和社会历史观与宗教神秘的、保守主义的人性论和社会历史观的两重性矛盾，我们的研究通过文本的梳理和解读，就是要吸取前者，而认清和批判后者，达到古为今用和西为中用的目标。

第四，我们以本书的论题为基础，将中外文献分为三大类：第一类是有关黑格尔整个哲学体系的著作，第二类是专门论述黑格尔法哲学理论的著作，第三类是切近本文论题的学位论文和期刊论文。我们尽可能多地占有和论题相关的文献资料，并对它们进行分析、比较、批判、综合，形成有创见的观点。

三、黑格尔法哲学及人格论的研究成果

当前我们对黑格尔法哲学的研究多集中在伦理学、政治学和法学领域，这些研究或者是把法哲学当作伦理学的研究、自由思想的研究，或者是作为“法”和法律思想的研究，或者是作为道德哲学研究，或者是作为以国家为对象的政治哲学研究，以及作为婚姻家庭的社会学研究等。上述这些角度都不是以黑格尔的人格论思想为对象的，所以在研究成果上缺乏以法哲学中的人格论思想作为研究主题的著作，但是我们需要看到，从整体和逻辑而言，黑格尔哲学的人格论思想内在于他各个时期的著作中，而对他的各个领域哲学的研究成果就间接地、不自觉地蕴含着对人格论思想的研究。从黑格尔法哲学理论的文本来看，伦理理论是主体，而从内容来看，包括人们的社会历史观念，以及由法律、道德、规章制度和风尚习俗等构成的社会正义的制度体系、秩序体系和社会结构，伦理同时也是个体人格自由存在、认知的基础和价值依据。

张世英先生在《论黑格尔的哲学》中认为，黑格尔最为关心政治，他的哲学观念就是在当时的社会政治现实的影响下形成的。黑格尔由于其阶级立场而站在人民群众的对立面，他为私有财产和等级制度辩护，反对资产阶级民主主义。张世英先生认为，黑格尔的绝对精神只不过是“经过哲学雕琢”的上帝，本质上只不过是夸大了的和绝对化的对人本身的思考而已，这反映了黑格尔哲学中的神秘主义。这就一语道破了黑格尔哲学和法哲学中隐藏着的关于人本身的丰富思考。杨一之先生的《康德黑格尔哲学讲稿》，概括了黑格尔之后的西方思想家对他的三种态

度，指出黑格尔的法哲学是法国革命、启蒙思想在德国思想上的表现。杨一之先生认为，即使是马克思也认为“黑格尔的《法哲学》这本书，是法哲学的最有系统、最科学的一本书，即把整个资产阶级的意识形态领域的这一方面，第一次提高到科学的程度”①。所以杨一之先生强调，对于黑格尔的法哲学，也要看到它科学和革命的一面。首先，从康德哲学到谢林哲学的发展，实质也是辩证法发展的过程，而黑格尔对辩证法的贡献首先是他创造性地提出的“否定”中包含肯定方面的思想，这使得辩证法并非只是一味否定，而是有积极成果的。其次，要重视黑格尔的“扬弃”概念和“实体和主体自己是自己原因”的思想。上述这些见解是精准的，因为这些内容都是辩证法思想的核心要义。我们知道，黑格尔辩证法思想的根本问题在于他的“颠倒”了的、客观唯心主义的世界观、哲学观，这使他强调事物自身的发展可以不依靠外部的因素，事物发展本质上是精神、概念的自身相关、自我否定的运动。在批判他的哲学的根本范式后，杨先生认为黑格尔的精神、概念的独立性和客观性的思想，也是人类认识发展的产物，是有合理性的，同时也是黑格尔的逻辑哲学、精神哲学的价值所在。

杨祖陶先生的《康德黑格尔哲学研究》，指出德国古典哲学的基本原则是主体与客体相统一的问题，黑格尔通过绝对精神的提出实现了主客体的绝对统一，从而在形式上是这个问题的最终解决。但是绝对精神只能是黑格尔头脑中的意识，是对他之前的时代精神的概括和总结，他是用一种主观性的精神发展的形式来完成与外部现实存在的统一，所以他所追求的那种理想的统一远未达到。根据这样的中心线索，我们就可以把法哲学当作人类在社会历史领域实现和谐统一的一种论证，这种论

---

① 杨一之：《康德黑格尔哲学讲稿》，商务印书馆 1996 年版，第 78 页。

证的依据和方法在于黑格尔的逻辑学，论证的过程则是他用异化的形式所描述的人类精神的发展。

高兆明教授的《黑格尔法哲学原理导读》是对《法哲学原理》的详细解读，他采用文本解读的方法，对《法哲学原理》中重要的文本段落进行了引申和详细的考察。他的这本书遵循黑格尔法哲学本身内在的逻辑，将黑格尔的法哲学当作哲学理论平台和问题域，阐发了自己对法哲学、道德哲学和政治哲学领域中一些重要问题的看法。高兆明教授认为，在《法哲学原理》中最有价值的部分即是黑格尔的自由精神和否定的辩证法，对自由内涵的揭示和对自由实现的追求是黑格尔这本书的核心要义，并且黑格尔阐述了自由实现的具体路径，而这个路径就存在于否定的辩证法当中。他认为自由的本质及实现是已经分裂了的两极的统一，即主体与客体、主观与客观、个体与整体、主体与主体、自由与必然、本质和现象等的统一，否定的辩证法则提供了研究每一系列统一的方法、基础和理念。从高教授的解读我们可以发现，黑格尔的法哲学具有鲜明的历史主义和现实主义的特征。我们也可以看到黑格尔讲的自由精神在内容上也就是一种人格自由、人格独立、人格平等的精神，而否定的辩证法则是对人的“类生存”本质的概念把握。在这里，高教授看到了黑格尔法哲学理论中包含着对人本身的深刻理解，这对本书的研究主题是有启发性的。

邓晓芒教授的《邓晓芒讲黑格尔》是对黑格尔整体思想的一个综述，这里最有价值的首先是它能够使读者清楚地把握其间的逻辑线索，使读者能够体会到体系的各个部分之间的紧密契合。同时作者的解读也是一个证明，即黑格尔的法哲学理论的本体、方法和理念在于逻辑学，而精神哲学则是逻辑学的外化和定在。作为精神科学（哲学）的一个环节，法哲学首先是关于社会历史的知识和规律，而社会历史领域的知识和规律是由人的精神活动负载和形成的，客观精神与人的精神活动本质是同一的，从意识的经验科学的角度，客观精神是由人的自我意识或主观精神客观化、普遍化而形成的，所以这个法哲学就是人的主观精神结构或自我意识结构的反映，它在揭示社会历史发展规律的同时，也反映了人的生存本质和精神发展。邓晓芒教授首先梳理了黑格尔哲学的体系，重点讲解了《法哲学原理》中法的概念及其与自由的关系，他认为黑格尔的整个法哲学理论体系蕴含着一种自由的层次理论，即抽象自由、主观自由和具体自由三个层次的自由思想。抽象法被黑格尔看作是关于法权人格的理论，法权人格与财产的占有、所有、转让及由此产生的"不法"和犯罪有着紧密的关系。黑格尔讲的道德则是自由意志从自在发展为自为，从外部转向人的内心的体现。他讲的伦理是抽象自由、主观自由与具体的社会历史条件间的统一，是在不同的伦理共同体中的自由的具体实现。由此，邓晓芒教授主要是把黑格尔的法哲学当作一种自由理论来看待，认为概念、实体、自由和实践等都是一体和同等层次的概念，自由就是人在实践和自我意识中的一种矛盾状态，人的本质就是自由的。在这里，邓教授看到并突出了人格自由在黑格尔法哲学中的重要位置，这也是本书思考的重要参照。

张君平的《黑格尔人学思想研究》是与本书主题亲缘关系最近的成果，在该书中作者认为人是黑格尔哲学的出发点和归宿。黑格尔在逻辑学、精神哲学中体现的社会历史观，实质是对人的本质和自由发展的揭示。黑格尔的人学思想首先是对哲学史上的人学理论的继承和发展，张君平将黑格尔的哲学体系转变为人学理论的体系，将黑格尔的人学思想置于整个哲学史的背景中，构造一个大跨度的比较分析和黑格尔哲学体系的人学解读。他认为黑格尔首先把人看作是在不同领域中的发展过程，即主观精神中的人、客观精神中的人、历史哲学中的人、宗教哲学中的人等。作者将黑格尔的人学与当代的经典人学理论进行比较，最后得出人的本质是自由，而法权是自由的外观，自由是自我认识、自我解放的过程等结论。这些思想中与本书论题有关的有益内容有许多被参考借鉴。

高全喜教授的《论相互承认的法权》立基于马克思和柯耶夫对黑格尔的“主奴辩证法”不同的解释路径，认为要建立“有条件、现实的”的自由，就要超越马克思和柯耶夫提供的理论模式并回到黑格尔。高教授认为马克思以革命实践代替黑格尔的自我意识的精神运动，来解决教化世界中人的异化问题，而柯耶夫则以相互承认的法权去构建一个普遍同质性的社会的方式，来实现社会整体及个体的自由，但是马克思和柯耶夫仅是以《精神现象学》的否定性的自由，筑造了左派自由主义的立场，而黑格尔的《法哲学原理》则是以一种政治上更加“成熟”的方式提出了“中介性”的自由，也即是扬弃了否定性的抽象自由和主观任性的自由的现实具体的自由，并且以道德和伦理限定的方式予以确定。高教授以古典自由主义的立场把马克思和柯耶夫的积极的否定性的自由转变为宪政和法律基础上的人格自由。

王天成教授在论文《黑格尔概念辩证法中的个体生命原则》中认为，黑格尔的概念辩证法阐述的是由概念的必然性保证的普遍性，由于黑格尔将概念的辩证法立基于人类自我的本性上面，所以他将概念自我化，在自我的本性中挖掘概念的否定性、辩证性，因此概念的普遍性源自自我的普遍性。黑格尔继承了莱布尼茨的“单子论”的理论和方法，认为每个自我就是一个独立、排他、自足的单子，每个自我的意识都能表象“整全”的宇宙，每个自我当中都包含着自我的普遍性，也就是包含着概念的普遍性。概念及其辩证性是人类自我生存原则的表达，而这种普遍性的生存原则就存在于自我的个体性当中，个体性在自然中显现出来就是生命。这样王天成教授就在逻辑学的层面上，为我们找到了个体自我与个体人格在黑格尔整个哲学体系中的位置，为我们解释法哲学中的人格自由发展的逻辑铺平了道路。

孙海霞的论文《自由存在者：黑格尔人格思想研究》，专注于在《法哲学原理》中探究黑格尔的人格思想。她认为，在本体论的立场上，黑格尔将自由作为人格的本质规定，而在经验论的立场上，法哲学表现为法权人格、道德人格和伦理人格三种形态。平等的法权人格与超越的道德人格只有在伦理关系和制度中才会成为真实有效的，而在伦理构建的制度理性中，同样要坚持现代法律精神和法律原则，要发挥人的主体性、独立性、自觉性的道德超越精神，人格自由才能真正是现实的。孙海霞从由逻辑决定的人格的经验形态角度设定了人格分析的框架，我们受到启发并接受了人格的这种分类，不同的是，我们关注的是在这些不同的人格性或人格形态中蕴含的自由精神，以及由人格自由精神决定的人格的精神构成，和由人格的精神构成决定的人格的普遍性。再有，与这篇论文相同的是，本书同样注意到并重视黑格尔将人格自由发展的终点设置为伦理的推论，并将伦理中自由的具体性、现实性看作是自由的真正实现。

国外研究黑格尔哲学及法哲学的著作也较为丰富。查尔斯·泰勒的《黑格尔》是关于黑格尔哲学的鸿篇巨制，主要阐释了黑格尔哲学思想的来源，并试图在这些不同的理论倾向间寻找平衡点，并达成对黑格尔哲学整体的合理性辩护。它揭示了贯穿在黑格尔哲学思想中的中心线索，解读了《精神现象学》的内容，分析了逻辑学的论证方式。通过黑格尔的历史哲学和政治哲学展现了现代社会的困境，并在结论中试图将黑格尔的哲学理解为一种文化。按照译者的观点，此书的价值在于泰勒认同并阐发的黑格尔的辩证法思想，在于他将黑格尔哲学的保守性理解为一种积极的价值，在于他在此著作中看到了黑格尔哲学的历史与逻辑相统一的方法，在于黑格尔整个哲学体系中充满着的现实主义的态度。这些积极的理论倾向与我们的论述主题是自然契合的，在本书正文的各个章节，都可以看到这些方法的运用和这些观点的论证。泰勒这本著作的缩写版《黑格尔与现代社会》与其共有相同的主题，并将之明确地表达出来：由于现代理性主体的成长，导致了启蒙思想的功利主义、工具理性与浪漫主义的表现主义、人性情操之间的张力和矛盾。泰勒将黑格尔哲学设定为企图将这两种“道德理想”加以融合、达致和解的努力，虽然最后尚未成功。

阿克塞尔·霍耐特的重要著作《不确定性之痛：黑格尔法哲学的再现实化》，试图深入挖掘黑格尔法哲学理论的现实意义，企图以此构建一种规范正义的理论。霍耐特认为尽管黑格尔法哲学存在着保守的理论和方法，但是它的目的和结构仍然是有效的。黑格尔法哲学的目的是建立能够实现个人自由的正义制度，而法哲学的结构以“客观精神”和“伦理”两个概念为中心。霍耐特论证了黑格尔法哲学理论中不同层次的自由：否定的自由（消极的自由）、主观自由（选择自由）和社会自由（具体的自由）。最后，霍耐特试图建立一个不同于康德和罗尔斯的、治疗性的、以承认为核心的正义理论。

洛苏尔多的著作《黑格尔与现代人的自由》，颠覆了人们对黑格尔形成的保守主义和整体主义的形象，并且有力地表明，黑格尔展示了现代社会个人自由的诸多而复杂的维度。在黑格尔看来，现代社会不是简单的二元对立结构，而是集中表现在现代性的诸多规定之间的张力和平衡之中，只有以此为基础我们才能深入而全面地理解现代人的自由。洛苏尔多认为，单纯的个人自由只能是“自然状态”中不能实现的空虚原则，只能走向个体自由的反面。因而真正的个人自由只能是所有人的自由，个体平等也是现代社会的一个重要的原则，黑格尔哲学内在深层的矛盾正是自由和平等之间的平衡。黑格尔以历史主义的方法和现实主义的态度深入考察了自己所处的时代，通过对普遍与特殊、国家与个体及自由与平等之间复杂关系的揭示，想要努力达成这些方面的和解。洛苏尔多的著作《黑格尔与现代人的自由》证明：黑格尔“恰恰是现代人自由的真正坚定的捍卫者”。

艾莉森·利·布朗的著作《黑格尔》是一部独辟蹊径的著作，作者把自己的研究成果直接融入著作中，具体阐述了黑格尔与生命的意义，黑格尔对康德的回答，哲学家在文化分析中的作用和黑格尔的批评者等内容，对黑格尔哲学及法哲学的研究具有重要的启发意义。沃·考夫曼的《黑格尔——一种新解说》，是一部关于黑格尔生平、著作和思想的介绍性的著作，是对黑格尔哲学整体的新解读。沃·考夫曼运用他的“历史兼哲学”的方法对黑格尔的主要著作进行评价和解析，以求认识黑格尔哲学的全貌。

周雪峰的博士论文《法、自由、人格的内在逻辑结构研究》，则立基于康德和黑格尔的自由哲学理论及两者的比较，力图论证法、自由和人格之间的逻辑关系，从而得出“法”的确定性和本质。作为一篇法理学的论文，作者论及的法的领域限于法理学，周雪峰的这篇论文对本文有价值的部分，在于他对人格的自由本质及两者关系的分析。他将法、人格、自由两两结合，意图揭示其间的复杂关系，而如果我们借用黑格尔的论证方法，那么从我们的研究主题的角度，对上述关系更简便的概括则是：法的本质是人格自由。周雪峰认为自由是自我规定的资格和能力，也就是人的主体性，而在最后对法的本质的揭示中，他将法的正当性定位在“主客体统一”的交互主体性中，也即是在普遍的人格平等的基础上对人格自由和人格尊严的尊重上面。这样的论证逻辑和结论，显示出周雪峰博士对康德和黑格尔的主体理性哲学及黑格尔的相互承认学说的重视。而我们如果将人格自由作为论证的最后归宿，那么我们所认为的自由，就不仅在于主体的自我规定，而更在于通过个人主体间的交互性关系体现出来的对人格自由的伦理规定或限定上面，这是我们和该文间相通和不同的所在。我们受到周雪峰博士的论文启发而深化的观点是：黑格尔将自由看作客观精神本身及其通过自我否定而展开的过程，因而自由精神在逻辑上相对于人而言，是客观性、主导性和支配性的，它决定着个人自由的存在和发展，所以从这个角度（逻辑上），好像那种神秘的自由可以脱离人而独立存在。

冯川博士的著作《黑格尔〈法哲学原理〉的道德哲学研究——伦理精神的辩证发展之路》，以伦理学的视角研究黑格尔的法哲学理论。他以文本解读和历史解读的方式，比较了黑格尔的法哲学理论体系和其他重要的伦理学思想，依托黑格尔自身的理论逻辑，最后总结归纳出黑格尔法哲学蕴含的“共同体精神”，他认为“共同体精神”是黑格尔法哲学的核心思想。冯川博士认为黑格尔将法扩展至伦理层次，伦理不仅是价值判断，也是一种整体的社会生活。伦理生活不仅是对人伦规律的服从义务，而且还是权利和义务的统一和对个体权利及特殊性的尊重。伦理是概念、逻辑、历史和现实的统一，是自由意志的产物，是自由概念和现实社会生活的统一。黑格尔的伦理思想是个体和整体的统一，不仅关涉个人之间及个人与社会之间的关系，而且主要关涉个人与国家之间的关系，因为只有在国家中个人自由才能得到具体而真实的实现。

在黑格尔哲学的研究中，除去心理学研究外，针对黑格尔哲学人格思想研究的文献相对较少，这也体现了本书所选主题研究的必要性。沈亚生教授在《人格自我与个体性》中认为，“我们对人格自我论要研究哪些基本理论问题认识不很明确。有的作品专注于思想史的考察，又有的人专注于人格自我的本质和表现形式，或者专注于价值伦理方面的研究，也有人把实践活动作为人的个体研究主题，却很少有人把这几个角度结合在一起形成对人格自我的一个全方面立体格局的认识”①。黑格尔的法哲学理论恰恰就是这样的整合性的自由理论、正义理论和人格理论。作为一个整全的体系，黑格尔法哲学理论对法、人及人格形成了全面和综合的研究，如果我们先悬置其自身的理论缺陷和马克思主义经典作家对其所做的批判，我们就可能从中解析和挖掘出与现代社会相通的普遍性的、有价值的人格自由的思想来。

余潇枫教授的著作《哲学人格》将人格看作多维度的、复合性的概念和存在，这与黑格尔在法哲学中将人格看作是整全性的、多种人格性的统一体的看法是一致的。余教授突破了在单一学科内对人格的针对性分析，把人格看作是社会历史和文化价值的存在，力图在统合性的哲学人格基础上开拓出人格的“价值时空”。余教授强调的人格价值或理想性的人格具有“自为性”、“发展性”、“总体性”、“理性”和“独立性”等特征，他对哲学人格的分析解读具有针对性、现实性和展望性，他以类哲学、类伦理学为理论内核，表达了对人格理论和实践的双重关切。这种对人格内涵、形态和本质的综合分析与黑格尔的人格自由思想是相通的。余教授对人格的本质特征的分析，启发了本书对人格自由本性的概念式把握。我们认为，黑格尔法哲学人格论的有价值之处在于他以逻辑的方法立定了人格的自由实体和本质，而把在精神性的社会历史中演变发展的社会意识、民族精神和包括法律在内的社会规范的制度体系都当作是人格自由的实质内容本身，从而解除了自由和必然、“共体”和

① 沈亚生：《人格自我与个体性》，吉林人民出版社2005年版，第21页。

个人等的二元对立。

余潇枫教授以现代社会存在的人格危机为出发点，梳理了哲学史上重要的哲学家或哲学派别对人格问题的基本观点，在这些理论观点中探析人格存在的基本类型，我们在本书中借鉴了这种从现实和哲学史出发，在哲学史和现实人格的存在样态中着重分析人格与人格构成的方法。《人格之境——类伦理学引论》是余教授哲学人格理论的进一步深化和具体化，它改变了从哲学的一般性和普遍性角度出发的研究路径，而是从伦理学的范式和形态入手，分析了伦理学的范畴、形态、范式和人格实现，以及人与自我、人与他人及人与社会的伦理关系，加深了我们对人格的伦理性的认识。

总的来说，对黑格尔哲学进行整体解读的文献将重点放在逻辑学上，而逻辑学又是我们理解人格及其自由的方法。对黑格尔法哲学进行分析的文献分别从不同的角度或解读或分析或论述了黑格尔关于自由与必然、自由与社会、自由与国家以及人格与自由的关系，这些文献共同认为法哲学中最有价值的思想是自由、否定的辩证法等方面。从人格角度展开的研究和本书相关的就是一些有关德国古典哲学和黑格尔哲学的人格思想的文献，以及在法学领域的法权人格考察的成果。这些成果对黑格尔哲学和法哲学考察的角度不同，但思想实质是一致的，大多数的研究成果都看到了自由意志和它的展开及限定是黑格尔法哲学理论的主线。而本书则是进一步认为，人性与人格本质的展开与限定是黑格尔法哲学，也是整个黑格尔哲学体系的起始之点和主线，只不过这个主线被异化和神秘化了。我们的立意即是把黑格尔的法哲学理论当作一种考察研究人格的伦理自由本质如何确立和展开的理论，把它作为一个多重化、多层次的人格自由如何具体化和现实化的理论体系来分析考察。自由是黑格尔人格理论的核心概念，也是黑格尔对人性与人格的本质规定。所有上述文献对黑格尔自由思想的分析和研究都可以作为有益的资源被我们加以研究利用。

四、逻辑线索和正文结构

黑格尔是哲学史上最后一个“百科全书式”的哲学家，在他的所有著作中，都直接或间接地、隐含或直白地表现出了对社会现实及人的生存发展的深层关切。作为一个“书斋式”的思想家，在他的精神性的形而上学的哲学体系中，体现出鲜明的现实主义的特征，他深知没有现实关切的哲学理论就没有生命力。本书思考和写作的逻辑是：首先对黑格尔哲学的整体背景和它在思想史上的位置，黑格尔前期和后期思想的变化进行一个简要的把握。再结合思想史上的人格思想，不同学科的人格概念和黑格尔自身对人格的界定，对黑格尔逻辑学中的人格自由发展的辩证法，《精神现象学》中个体人格的心灵成长史和社会伦理人格的发展史进行分析阐述。我们首先应该予以确认的是：黑格尔的神秘主义逻辑学是其哲学的基础，但是其中隐含着的是人格自由发展的辩证法；《精神现象学》描述了个人心灵成长和个体人格成熟的过程；法哲学则是集中阐述了社会伦理人格形态及其可能获得的自由。我们从黑格尔的文献作品，特别是他的《法哲学原理》一书的解读中看到，黑格尔在伦理人格的产生形成，人格的本质、需要、利益、价值，人在社会生活、家庭、市民社会和民族国家中的地位、权利等问题上都有独特的思考，他虽然在抽象层面把神秘的绝对精神和它的外化作为逻辑初始，但是在具体理论内容上，他实际是把现实生活中的人性和人格作为他思考各种社会生活和理论问题的出发点，从而构成了一个完整的、立足于人性和人格论的人道主义社会历史观的理论体系。

其次，阐发他怎样把作为他的社会历史观的法哲学建立在逻辑原点——个体人格的自我意识和自由意志基础之上，并如何把自由意志当作人格的本质规定。黑格尔将自由意志当作法和自由理论的起点，是把精神和自由意志的概念画上了等号。精神是自我意识的统一性，是行动着的自我意识的理性，因而就建立了从认知理性到实践理性自然过渡的路径，因而也就能够将自由意志当作精神自我的本质。黑格尔将自由意志的概念设置为法哲学理论的起点，这个设定的内在根据是由逻辑学的必然性和精神的主体性来保证的，从而他就将自由的基础和内容设置在内在的人性、理性上面，而不是向外寻求。他所谓的自由是精神自我在他物中保持自身的一种矛盾状态，是精神的运动过程，它体现为抽象、任性和具体等人格自由形式。

再次就是阐发黑格尔怎样以抽象人格和法律人格为基础，通过道德限定和伦理限定去发掘人格自由的具体内容，去梳理蕴含在道德伦理当中的关于人性、人格理论的思想。在《法哲学原理》看来，人的自由意志是绝对精神的抽象逻辑辩证发展过程中的社会化和现实化的环节，绝对精神社会化和外化的发展，存在三个内在环节：抽象法、道德和伦理。我们先分析了法律人格论中包含的财产权以及在犯罪中的人格自主和人格尊重等思想，指出黑格尔如何将人格看作个人的道德修养和对善的意识及认知能力。他认为道德是主观意志追求善的自我反思和自我规范，是主观意志普遍性的道德人格的精神结构。道德人格是已经超出个体私利和个体意识的精神层面的人格特征，体现了人类的“精神”追求，是人格自由实现的更高形态。黑格尔还认为为避免伪善的发生和使人格达至内外、抽象与具体的统一，道德必须通过自我否定而过渡到伦理。

黑格尔认为伦理具有三个环节：家庭、市民社会和国家，人格自由在伦理共同体中发展完善为具体性和现实性，伦理及其法律和制度是人格存在和发展的母体和平台。家庭是自然的、介于人的自然本能和社会性之间的伦理实体，以爱与责任为基本原则。个体主体性和交互主体性是市民社会的基本原则，个人对自我主体性的自我意识形成独立人格，并在个人主体交互关系中满足个人需要，实现自由权利。国家则凭借其具有的强大力量和制度，能够确证人类自由和正义精神的客观存在，能够使人格自由权利从抽象主观变为具体现实。

最后，我们在结论的意义上对黑格尔法哲学人格论思想提出几点评价。由于受到法国启蒙思想的影响，黑格尔的法哲学人格论表现出人道主义的历史观和价值观的倾向。他论证的人格自由实现的过程背后，存在着一个操控一切的绝对主体或绝对人格。绝对人格是主客体的绝对同一，实际上是神或上帝的代名词，这就使他的人性、人格论和社会历史观退回到宗教神秘主义的观念中去了。黑格尔认为伦理共同体是人格自由实现的实在承担者，而伦理人格的演进体现出身份性和契约性的双重特质。伦理实体作为伦理精神或自由精神，为任何社会的完善发展提供了最终的标准。黑格尔的法哲学蕴含着人格自由发展的辩证法，在伦理的现实中还包含着道德的超越性，黑格尔的历史哲学还展现为一个自由和理性的发展史。

如果说本书在黑格尔法哲学研究方面有所创新的话，那么主要是多数学者都看到黑格尔法哲学呈现出他在对自由问题的全面探索的基础上，进一步看到了黑格尔在对各种社会规范的思考中，对自由问题的全面解答中，贯穿着他把自由作为人格本质的理论倾向。他把人格的自由本质当作一切社会结构和历史发展的原点，并且在对合理的人格自由做出的各种伦理限定的论述中，阐明了人格自由意志生成和发展的辩证法，以此为基础来解答人类社会各领域的伦理本质问题，以及人类社会发展的最终原点和动力问题。但是本书的研究有着难点和不足，那就是局限于对黑格尔文献的思考，限于对黑格尔文献的占有和思想把握不能达到高水平和全面深入，因而对他的法哲学思想，对他的人性、人格自由思想所做的考察也必有众多的遗漏之处。我们的基本评价和观点的论证也肯定会有不足和偏颇。这些都是需要笔者在今后进一步学习和研究黑格尔哲学的进程中努力克服和提高的。

第一章 黑格尔哲学体系中的人格论

第一节 黑格尔哲学形成的背景及其人格论思想的背景

一、时代和哲学背景

黑格尔的一生正处在欧洲社会急剧变革的年代，彼时的德国政治分裂，经济落后，劳动人民受到残酷剥削，人权得不到保障。德国没有英国工业革命的丰硕成果和现实条件，也没有法国人的革命精神和事业，但是德国人“戴着睡帽”在精神哲学领域掀起了一次次浪潮，用一种内在精神的方式进行着与英国和法国同样的事业。欧洲范围内思想家之间的往来及文化交流的传统和便利，使落后的德国也产生了思想解放的要求，以歌德和席勒为代表的德国文人掀起了“狂飙突进”运动，开启了德国资产阶级自我意识觉醒的进程。而德国古典哲学从17世纪末开始，也以抽象思辨的形式来呼应在法国和英国经济政治等现实生活领域所实现了的人性、人格解放的人道主义启蒙。自我和主体性哲学的开创正是启蒙思想的德国式表达，在这种思想解放的条件下，人的主体性和理性得到了前所未有的彰显，理性和科学提升为最高智慧。这时期的德国哲学还体现出颠覆宗教神秘观念的启蒙精神。宗教改革运动逐渐使宗教和教会去神圣化，它们统治社会并形成社会秩序的作用开始弱化，世俗的民族国家开始成为主要的社会力量和价值依据。近代启蒙思想建立在人类对自然的征服、真理性认知以及自由平等的人类社会理想的构建上，它打破了基督教一统天下的局面，动摇了封建等级制度和意识形态，弘扬了理性批判和自我批判的精神，是人类思想和社会发展的巨大进步。

近代哲学的核心问题是思维与存在或主体与客体的统一问题。笛卡尔确立的理性主义哲学影响了整个近代西方哲学的发展进程，但是他的心灵和物质分立的二元论在主体和客体间划下了一道鸿沟。休谟经验主义的怀疑论认为，人们既不能从感性经验获得真理性的知识，也不能认为理性先验地具有真理。为着主客体统一问题的解决，在科学的形而上学体系的建构上，欧洲大陆的唯理主义与英国的经验主义总体上是不成功的，唯理主义表现为非批判的独断论，而经验主义无法科学地解释经验归纳得出的结论如何过渡到理性规律。康德开启了哲学领域中的“哥白尼式的革命”，他认为不仅需要对“一切内在的知识和外在的事物进行理性的审查，无论是人们长期以来确信不疑的真理，还是人们生活于其间的物理世界，都必须得到理性的认可”①，并且理性在作为上述的审查尺度之前，也需要对其自身进行批判性的审查，只有这样我们才能获得可靠的知识。康德将世界分为可知的现象世界和“物自体”的实践、道德的本体世界，这种骑墙的做法当然不能使后来的德国唯心主义

① 姚大志：《从笛卡尔到胡塞尔：西方哲学思维方式的三次变换》，《社会科学战线》1994年第2期。

哲学家们满意。费希特为了强调精神的力量和主动性，引入了主体“自我”的概念，谢林则直接假定了一个非人格的精神本原。康德和费希特开创的自我和主体性的哲学一方面体现出启蒙思想的人性和人道精神，另一方面也给宗教神秘主义留下了余地。

在启蒙思想的批判下，旧世界的伦理被宣告失去了正当性，但是建立新世界伦理的尝试——法国大革命最后失败了，到底何去何从，这是德国哲学界必须面对的重大理论问题。如同恩格斯所说，德国思想家用哲学革命来响应法国的政治革命，也用哲学特别是社会历史哲学的保守转向来应对法国革命的失败，黑格尔哲学正是充分担当了这样的角色。青年时代的黑格尔受到启蒙思想的影响，拥有青年人特有的蓬勃朝气和勇于进取的个性，具有改变现实的愿望和革命的激情，他积极参加争取个人自由权利的活动，表现出追求自由、平等、理性的进步要求，所以即使在其晚年思想日益保守的情况下，在他的演讲和著作中仍然贯穿着人性解放和确认人格自由的思想旋律。但是另一方面，法国大革命造成的致命破坏又使他感到震惊，因而如何将对他有重大影响的、反映时代进步的理性和自由等思想同现存的、他所在其中的社会秩序和伦理价值调和起来，便成了他构建法哲学理论的初衷之一。

黑格尔所处的社会环境、生活阅历以及性格特征是他保守思想的来源之一。黑格尔出生于一个保守的家庭，他的父亲认为，学习的目的是为了“认识权威和秩序”，这个思想影响了黑格尔的一生。① 他哲学中的保守主义倾向与此也有着某种渊源。他读书和学习涉猎广泛，这也为他成为百科全书式的人物打下了基础。“他的中学毕业演讲的题目是《土耳其人治下艺术与科学之衰落》，借题发挥，触目惊心地对比了家乡

① 参见苏宁：《纯粹人格——黑格尔》，长江文艺出版社 1996 年版，第 10 页。

符腾堡的优秀，取悦了老师、学监特别是公爵。"① 他与社会现实妥协、调和的现实主义倾向，此时已经得到了充分体现。黑格尔在担任大学教职期间，虽然内心同情学生争取自由权利的运动，但也只能在乘船时通过向关押在监狱里的学生挥手致意表达隐晦的支持。他在晚年的《法哲学原理》中的国家理论部分，更是明确地表达了对普鲁士的封建专制制度的支持和对普鲁士国王的效忠，这充分反映了黑格尔的价值观选择。我们也可以从中看出黑格尔重视现实伦理，与现实妥协的倾向。因而对于《法哲学原理》序言中的著名的"现实与合理性"之间关系的著名论断，不能一边倒地做出完全积极的解释。他在《法哲学原理》认为"伦理就是去做社会生活中你所熟知的事情"，这和上述观点恰好能够相互佐证，我们从中清楚地看到了黑格尔哲学思想的保守性和他对现实的妥协。

黑格尔在早期更加推崇精神领域的革命，从而关注和支持德国的宗教改革运动。神学的学习经历影响到他对神学的态度和宗教在其哲学体系中的位置设定，神学也可以看作他的哲学中泛神论和神秘主义理论倾向的来源。青年黑格尔通过对传统宗教的批判，阐发其重视精神自由的思想。他迁居耶拿后，哲学思想日趋成熟，他虽然承认上帝的存在，但却是从人性和人的精神发展的角度赋予神和宗教存在的根据和价值，这表现出一定的人道主义精神。他对人的精神发展、理性本质和个体性的重视以及在社会历史领域提倡科学、自由精神等内容，都在《精神现象学》中得到集中的体现。在他未完成的手稿《基督教精神及命运》中就已经展露出辩证法的萌芽。在他早期的著作《费希特和谢林哲学体系的差别》中，他"把费希特从'自我'引申到'非我'，从一个范畴引

① 苏宁：《纯粹人格——黑格尔》，长江文艺出版社 1996 年版，第 2 页。

申出另一个范畴的原则运用到自己后来的哲学体系中”[①]，他的逻辑学理论从中得到了启示。黑格尔在撰写《精神现象学》期间，逻辑学的基本原则已经孕育成熟，并通过意识的经验科学展现出来，最后的成果就是大小《逻辑学》两本巨著，他早期的思想有较多的进步和辩证法的内容。

由于资本主义的生产方式在德国的发展存在着先天不足，所以与老牌的资本主义国家，如英国、法国相比，德国的经济发展水平处在落后的境地，这决定了德国资产阶级及其知识阶层在哲学和政治上的两面性和妥协性。他们不要求推翻国王和贵族的统治，只寄希望于统治者实行开明统治，给予他们一定的、进行资本主义生产和政治上的自由权利。启蒙运动的政治后果——法国大革命的巨大影响，也使德国资产阶级敌视劳动群众，害怕他们在德国也掀起革命的浪潮。追求真理就要使知识和认识对象当面对质以检验两者是否具有一致性，实现人的自由平等就要在人们的自由要求与社会的统一和谐之间建立平衡，然而这些重大任务的科学解决，在马克思的科学的实践理论出现之前，几乎是不可能的。

二、哲学史中的人格论思想背景

作为黑格尔哲学思想背景的文艺复兴和启蒙运动的首要问题不再是关注神，而是关注世俗的人本身，这在哲学中表现为对人性、人格的理论思考。而这种思考和探索始于古希腊哲学，这一时期以来的哲学主要表现为本体论的思维模式，哲学家要求建立绝对真理的形而上学体系，并在这个体系当中赋予人的地位和价值。“传统形而上学中，哲学

---

① 苏宁：《纯粹人格——黑格尔》，长江文艺出版社 1996 年版，第 25 页。

家们往往从本体论出发中经自然哲学将形而上学下降到伦理学”①，这样的评价意在说明，古代思想家是从自然哲学、世界观哲学出发来考察、看待人和社会的，这种本体论的思维模式在中国和西方延续了一千多年，内容仍在不断地发生变化。

普罗太戈拉的哲学把人当作万物的尺度，他认为道德、法律和政体都是人为设定的，人们可以通过对这些内容的学习成为有教养的人。如果说泰勒斯将哲学研究的主题从天上拉回了地面，古希腊的诡辩论学派则将哲学研究的主题确定为地面上的人，它把人、人与人的关系纳入了哲学研究的范围。苏格拉底将哲学进一步世俗化，把人生幸福当作哲学思考的主题，但他认为在个人私利之外还存在着社会正义和善，并想要通过“精神的助产术”达成道德和知识的真理。苏格拉底首次对道德进行了界定，提出了“美德就是知识”的看法，认为人有了关于灵魂（理智）的知识，就能明辨是非，做一个有道德的人。知识是人的心灵先天具有的，教育只是一个启发的过程，所以人真诚地从自己出发，独立地达到对自己灵魂的认识，并且按照这种认识去行为，就是道德。道德在这里实际上取决于个人的良心，如果良心受到了破坏，行为就是不道德的。

黑格尔的哲学与柏拉图的哲学有着紧密的亲缘关系，柏拉图的理念论实质就是概念论，他把理念当作实体和本质，而将现实的个别事物当作理念表现出来的现象。柏拉图的理念除“至善”外，都是一些特殊的概念，黑格尔将这些特殊的概念发展为普遍、纯粹的概念，以此构建了他的逻辑学体系。作为奴隶主贵族，柏拉图重视集体和国家，力图建立一个伦理的体系，不过由于他的伦理体系的普遍性过于强大，以至于

① 王天成：《从人学到形而上学》，《吉林大学社会科学学报》2013 年第 1 期。

个别性的原则受到了压抑。柏拉图在《理想国》中认为人类拥有理性的灵魂，是最接近神的存在。人的灵魂除了理性之外，还有意志和情感(欲望)。相应于这三部分有三种美德，即智慧、勇敢和节制。理性居于支配地位，意志协助理性控制情欲，情欲则完全处于服从地位。当三者各司其职、各安本位，就产生了正义。一个具有智慧、勇敢、节制和正义美德的人，其实也就是一个具有理想人格的人。柏拉图从他的奴隶主贵族的阶级立场出发，建立了等级人格制度理论。他认为统治阶级是神用黄金制成的，武士阶级是神用白银制成的，是统治阶级的保护者，平民是神用铜和铁制成的而且地位最低，而奴隶则直接不在这个等级系列之内，不被当作人来看待。

亚里士多德把人当作政治的动物，实质是将国家当作人的社会性的最高表现，黑格尔接受了希腊先辈们的观点，而能够从不同角度超越这种国家至上主义的，主要是马克思和无政府主义。亚里士多德认为德性是理性的灵魂的呈现，是个人对城邦应尽的义务，是理性对人的各种品质的平衡。斯多亚学派则指出人的本性就是理性，美德就是按照人的理性生活，理性即是宇宙中没有例外的规律。从某种意义上讲，黑格尔是这种思维方式的顶峰和结束，他也关注到人本身，但是仅仅把人看作是从属于更高、更为绝对的那种神秘存在的。

这里应该强调的是，自古希腊以来西方就存在着或从人的理性，或突出强调人的自然属性，或从更全面的角度解读人性的几种倾向，以及在此基础上对人格的认定。古希腊哲学主要是意图全面解读人性、人格，而文艺复兴运动则是在对宗教及神学的“大剂量的否定”基础上，更强调人的自然属性。近代哲学是主体性哲学或理性哲学，它把人看作是理性的人格，启蒙运动则是将人看作是平等、自由的人格，法国唯物主义从物质统一性的角度把人看作是受动性的人格，而主动性的方面则被唯心主义发展了。黑格尔从自我意识的角度阐释个人的成长，从精神的辩证发展方面描述普遍的自由人格的成熟过程，虽然他也努力将精神与人的自然欲求相调和，但是他所表达的人格主要是精神性的。

“中世纪的人格理论其根本特点就是通过肯定上帝、神的人格的整全性与无限性，来限定人格的有限性与非独立性，进而彻底否定人的自然本性和个体人格的自主性。”① 奥古斯丁认为人的原罪只有通过上帝的恩惠才能得救，人不能做正义和善的事情，因为一切都是上帝安排好的，说人有自由意志与上帝的万能的教义相矛盾。上帝安排的人世间的一切都是善的，只是受到了人的罪恶意志的影响才变坏了，为此人类要受到法律和权威的约束。经院哲学的集大成者托马斯·阿奎那认为上帝在自己创造的万物中体现了自己的全善，万物都以上帝为自己的目的，有理性的创造物即人通过认识上帝来达到这个目的。认识上帝是人最大的幸福，也是人达到至善的状态。

古代思想家对人生幸福的关注和肯定，在漫长的中世纪经院哲学时代被完全否定了，世俗的人和人格人欲，人的自由意志及理性选择在宗教经典中完全成为了原罪。与启蒙运动相伴随的欧洲认识论或知识论哲学的兴起，是从心理或认知方面重新确立了人本身或理性的最高价值。近代形而上学哲学体系建立的基点是主体的理性，对人的理解建立在理性的自我认识和自我批判上。主体理性的发展颠覆了前近代时期存在的神学宗教的权威，恢复了人的价值、尊严和独立的人格。笛卡尔是人格心理论的奠基者，他从心理活动、内感知和认知能力的角度确证自我人格的存在，近代认识论哲学几乎都秉承这一路径。笛卡尔认为，一切都可以怀疑，但唯独我在思想或我在怀疑不能被怀疑。所以这个

① 余潇枫：《哲学人格》，吉林教育出版社 1998 年版，第 87—88 页。

"我"实际上是实体的心灵，是理性，"我思故我在"中的"我"实际上也是理性。而黑格尔超越笛卡尔之处在于他认为真正的实体也是主体，能够自我否定形成发展，所以在人格自我问题上主要是一个生成论，而不是仅仅把人格自我作为不可分解的精神实体。

在西方思想史上，人格首先是一个法律概念，表达了特定社会不同的人在所参与的权利义务关系中所处的地位，洛克承袭了这样一个思想传统。在认识论哲学的探索中，人性和个体人格问题不断地被突出展现，比如洛克就特别关心人格的同一性问题，即如何确定人格的延续性和稳定性。洛克认为自我或自我意识是人格的逻辑前提，并在相同的意义上使用人格和自我概念。他说："所谓人格就是有思想、有智慧的一种东西，它有理性、能反省，并且能在异时异地认自己是自己，是同一的能思维的东西。……自我与人格是同义的。"① 洛克区分了自然人和人格人，自然人是肉体和意识的统一，人格则和笛卡尔的观点一样，主要是指向人的精神、理性。洛克认为在自然状态中人人遵守自然法，为了解决人们权利之间的纠纷，人们通过社会契约的形式建立了国家。统治者作为契约的一方，也受法律和契约的约束，如果统治者违反契约，人们就有权推翻他们。

休谟认为哲学的目标就是培养完善的人格，他的哲学以人为出发点，他认为人格不是一个实体性的存在，而是在人的意识活动和实践活动中构造而成的，人格是处在永远流动和运动之中的知觉的集合体，所以人格不具有时间上的前后一致性和不可分解的单一性。人格和自我的概念都是反省式、反思式的，意识的反省、反思能力构成了自我意识和自我观念，使人成为个体性的存在，从而与物、他人相互区分。莱布尼

① 沈亚生：《人格自我与个体性》，吉林人民出版社 2005 年版，第 56—57 页。

茨认为世界由无数各自独立、互不联系的“单子”构成。单子是互不相同的、多样的实体，不能分解，并形成从无机物到人的意识的存在序列。

康德回应休谟的怀疑论，找到了在认识论中重构人格自我的新路径。康德首先使人格完全先验化和逻辑化，他从认识论的角度回答了人的自我认识问题，但是他的人格论还只是形而上学的，没有回答人格的现实基础问题。其次康德把人格看作先验的、不证自明的存在。康德所谓的先验统觉，不仅构成设定了对象性的存在，而且也确证了自我的存在。他设定任何人都是目的，都不应该成为手段，每个人都有尊严和人格，都是平等的。费希特则从“自我发生学”出发，认为作为主体理性的自我设定“非我”，自我与非我辩证统一形成理智和意志同一的人格。人格并非先天具有的，而是由经验的自我（主体）和非我（客体）在认识和实践活动当中的统一形成的，自我是对个体人格的主观确认。谢林认为作为人类认识和实践活动基础的不是自我，而是将自我和非我完全同一的客观精神，这个客观精神在科学认识和实践中无法认识自身，只有在艺术的直观中才能意识到自己是自然和精神的本体。截至费希特，西方近代哲学除旧唯物主义外，几乎都把人的本质归结为个人理性或自由，体现了这些哲学的唯心主义和理想主义的倾向。

有研究者认为近代西方四百年的哲学主要是意识哲学，也有学者将其细分为唯物主义的自然哲学、意识哲学或认识论哲学及人本论哲学的阶段性发展，不管怎样，黑格尔的哲学是建立在哲学发展成果基础之上的。虽然哲学认识论离不开人本学，但是当时的许多哲学家不能自觉地把对人本身的理解作为解答心理认知和社会伦理问题的前提，在这一点上，黑格尔相较他们是进步的。他是从《精神现象学》中对个体人格心理生成和理性本质的前提出发，来了解一切社会文化及自然科学问题的。黑格尔重建的形而上学体系包含着人格论的篇章，如果《逻辑学》所能构建的是哲学人格论及人格自由的辩证发展论，精神哲学和《精神现象学》的意识理论构建的则是心理认知意义上的理性自我，那么精神哲学中的客观精神和《法哲学原理》构建的是伦理学意义上的人格。马克思在写作《1844年经济学哲学手稿》时，一方面认同传统哲学将人的本质认定为自由和理性的看法，另一方面在批判私有制和分析人的异化问题的同时，已经开始注意到社会生产关系和劳动方式对人的本质的决定作用。

第二节　黑格尔哲学体系的结构

为了研究黑格尔法哲学中的人格论思想，我们需要对黑格尔的思想和文献总体，特别是关系到其人格论的文献和思想，和这些文献与思想之间的逻辑关系，勾画出一个简要的图景。关于黑格尔哲学体系的构成，主要是贺麟先生提出的两种观点。第一种认为黑格尔的哲学体系包括三个部分，即逻辑学、自然哲学和精神哲学①，这是按照黑格尔撰写的《哲学全书》的体例确定的。第二种观点同样认为黑格尔的哲学体系包括三个部分，只不过是变化为精神现象学、逻辑学、自然哲学和精神哲学，这种观点不同于前一种观点之处在于，它将《精神现象学》作为独立的构成部分。这两种编排方法实质是相同的。邓晓芒先生认为，黑格尔在写作《精神现象学》之前，已经将《逻辑学》中的理论基本酝酿

① 参见邓晓芒：《邓晓芒讲黑格尔》，北京大学出版社2006年版，第66—67页。

成熟[①]，《精神现象学》是黑格尔哲学体系的导言、前提、开端、意识形态和形式中的全体，而《逻辑学》作为思辨哲学的方法论是通过概念之间的过渡、反映和发展建立起来的，但是逻辑学形式上是作为一门学问或知识出现的，是人的认识成果，因而这个知识和方法论的来源就是《精神现象学》。

贺麟先生认为，自然哲学和精神哲学，都是逻辑学的应用和补充，所以他将逻辑学作为黑格尔哲学体系的第一个组成部分。黑格尔哲学的逻辑结构是一个由若干层级的“小圆圈”构成“大圆圈”的统一体，就体系而言，从哪个“小圆圈”开始，无碍于体系的完整和结构。逻辑学以纯粹概念为对象，是绝对精神的本质，是最抽象、最普遍的概念推论，是黑格尔哲学的“核心和命脉”，是对本质、普遍、概念、真理的认识，是逻辑结构和方法。逻辑学是概念之间的逻辑关系，是概念的自我发展、自我认识，是自然界和人类社会的本体和本质，也是真理性的认识原则。世界的发展就是概念自身内在的运动，概念之间的逻辑关系即是认识的过程和本质。黑格尔在《精神现象学》、《逻辑学》等主要著作中，对当时的人文、社会、历史、文化等各个领域中一些最为基本性的问题进行了思考，并把个体生命的生成看作是一个与人类社会、与世界历史发展因果相关的过程，他的时代所讲的意识哲学或精神哲学，不像我们今天理解的那样狭窄，而是泛指一切对个人的心理和社会文化问题的研究。

《精神现象学》中个人意识的内容，从最低级的直接的感性认识开始一直到绝对知识，都是个人意识（心理）的成长以及社会意识和人类精神变为现实存在的过程，是绝对精神的自我认识过程。“马克思特别

① 参见邓晓芒：《邓晓芒讲黑格尔》，北京大学出版社 2006 年版，第 66—67 页。

注重黑格尔的《精神现象学》，曾称‘精神现象学是黑格尔哲学的真正起源和秘密’。”[①] 作为黑格尔整个哲学发展的一个环节，或阶段，或过程，《精神现象学》是其体系的“一个整全”，是其体系的发展全程的体现，它用“意识的经验科学”的方式表达了其体系的基本原则、基本概念、思维方法等。精神现象学是黑格尔整个哲学的“前提”，并且蕴含着黑格尔哲学的根本原则，“即思维与存在或主体与客体统一于纯概念中”[②]，也即是说逻辑学是精神现象学合理发展的必然结果，这与逻辑学是精神现象学的基础和本质的看法是一致的。《精神现象学》是黑格尔哲学体系的“导言”，但这个导言不同于一般的导言、引论、绪论，而是以意识形态或意识现象的形式含蕴着整个体系的原则和逻辑结构。

黑格尔的自然哲学和精神哲学是逻辑学的应用，即“应用逻辑学”。他的自然哲学阐述了自然界的变化和发展，自然界发展的最终结果是人的产生。自然哲学以自然界为对象，揭示自然界运动变化的过程和规律。逻辑学的概念世界不是分离于现实世界而独立存在的，它必然演化为客观实存，即自然界。人是最高阶段的生命体，也是自然界本身自然进化的最高阶段。人不仅有生命，而且还有精神意识，于是就发展到精神哲学。逻辑学的规律存在于自然和精神各个领域，“使普遍与特殊、概念与经验达到统一，从而建立起哲学中最高、最具体、最困难的科学——关于人的精神、本质和自由的哲学，即精神哲学”[③]。在结构上，精神哲学包括主观精神、客观精神和绝对精神三个部分。主观精神即是人的意识理论，包含灵魂、意识和精神三个环节，客观精神理论主要就是黑格尔的法哲学理论。黑格尔法哲学中的人格论以逻辑学的概念

---

① ［德］黑格尔：《精神现象学》上卷，贺麟、王玖兴译，商务印书馆 1979 年版，第 29 页。

② 杨祖陶：《康德黑格尔哲学研究》，武汉大学出版社 2001 年版，第 247—255 页。

③ 苏宁：《纯粹人格——黑格尔》，长江文艺出版社 1996 年版，第 69 页。

辩证法为本质和方法论，又是对精神现象学的延续和引申，要想真正理解法哲学和其中的人格论，就要对黑格尔哲学有一个整体的把握。

《精神现象学》、《逻辑学》、《法哲学原理》关注于人的不同方面。《逻辑学》关注的是自然生理人格，关键在于生命；《精神现象学》关注的是心理人格，关键在于理性；《法哲学原理》关注的是伦理人格，关键在于自由；而三者最终的归宿则是绝对人格，关键在于逻辑。就人格自由的问题而言，《逻辑学》是从本体论的角度，《精神现象学》是从认识论的角度，而《法哲学原理》作为《逻辑学》中客观精神生成展开的一个环节，则是从社会历史的角度阐述了人格自由发展的辩证过程。从社会现实来看，法哲学理论的构建是在德国落后的政治经济状况，以及法国大革命力图实现普遍的个人自由但最后归于失败的历史背景下，去建立在合理的个人独立和自由基础上的、理性的社会秩序的努力。

正如贺麟先生指出的，黑格尔在《法哲学原理》中的方法和立场必须加以明确，即他并不是从社会历史的客观现实中，通过实践活动概括出社会历史发展和人格自由发展的一般规律，而是相反，社会历史和人只不过是这个逻辑学的必然性的显现、展开和回复自身的过程。所以，就《法哲学原理》而言，黑格尔真正想说明的是那种神秘的、绝对的、“逻辑”的规律或运动着的绝对精神自身，而不是具体的社会历史现实。首先，黑格尔在《法哲学原理》中所论及的抽象法和道德，不是指现实的法律精神和法律规定，不是指作为道德意识和道德行为的统一的具体道德，而只是指伦理扬弃的、构成伦理自身的、在“逻辑上或精神上”的环节，而不是作为社会规范和伦理现实的法律和道德。所以黑格尔在《法哲学原理》中所讲的抽象法和道德主要指涉它们作为伦理的精神性的构成环节，而伦理主要是指理想性的伦理精神或者说理性的伦理制度和规范，也并不简单地等同于伦理实存。尽管黑格尔的法哲学有着一种神秘主义的“绝对精神”的外壳，但是，其中毕竟包含着对那个时代和当时德国社会的现实生活内容的深刻思考，所以我们仍然热衷于对《法哲学原理》中蕴含着的世俗的人格自由思想的探析。我们主要是以抽象法及其包含的法律精神和时代精神，道德意识、道德理性及其道德行为，以及伦理精神及其异化和外化的伦理现实为立足点和出发点。

黑格尔的哲学体现了其将主体和客体绝对同一的企图，即自然规律、社会历史发展规律和思维规律的同一，具体化为认识与实践的同一、人与人的同一、人与社会的同一、社会与自然的同一和精神主体与客体的同一，这种同一最后成就的是绝对的人格。绝对人格最具普遍性，是永恒不变的实体，是理性的上帝，这也决定了其是缺乏实质内容的绝对抽象，旧唯物主义哲学家没有发展的精神的能动性被黑格尔无限膨胀了。在绝对人格统摄下的人格首先是普遍的精神性的人格，然后才是以普遍的精神人格为本质的个体人格，个体人格是被扬弃的环节性存在和显现精神自我意识的工具性的存在。普遍性的人格在家庭、市民社会及其内部的社会团体和社会组织、国家等伦理共同体中得以实存，共同体是人格具体存在和持续发展的载体。在共同体间的相互包容和交互关系中，在人与人形成的伦理的普遍性（社会性）中，个体人格的具体形态还体现出身份和契约间的转换关系。

第三节　《精神现象学》中的人格论

把握黑格尔法哲学中的人格自由思想，我们的工作必须先从他的《精神现象学》中的关于个体人格心理生成的理论说起。如同这本书

1979 年中文版的译者导言中所说的，黑格尔所讲的意识和精神都有狭义和广义之分。狭义的精神主要指社会意识或文化，而广义的精神如同广义的“意识”一样，包含了个人的、社会的、绝对精神的所有活动和环节。在表现人道主义的对人的尊重的同时，黑格尔给出了精神的概念，即精神是实体和本质，是各自独立、相互区别的自我意识（个人）之间的统一性，精神就是自我意识的统一性。从这里可以得出的结论是：“我就是我们，我们就是我”①，也就是说，精神即是自我意识的普遍性，但是感觉、知觉和知性等意识形式尽管具有存在的普遍性，却是作为对象意识而在外部的对象中寻找真理的，所以还不是精神，只能是个人的主观意识；分立的自我意识如果不能相互承认，达成统一，同样也只能限于自我意识而不能成为精神。这样黑格尔就区分了个体的意识与作为个体意识整合的社会的精神，但是这精神的根源还是来自最初的个体心理意识，所以，个体人格心理活动的生成和发展是《精神现象学》所要阐明的首要内容。

在《精神现象学》中，黑格尔说：“各个个体，如就内容而言，也都必须走过普遍精神所走过的那些发展阶段，但这些阶段是作为精神已经蜕掉的外壳，是作为一条已经开辟和铺平了的道路上的段落而被个体走过的。”② 我们看到，《精神现象学》阐述的是一般意识或精神的发展过程，这个意识或精神不仅是个人意识、人类意识或精神的发展，而且还是一个自在自为的精神（绝对精神）的发展，人的特殊之处就在于可以认识绝对精神的不同发展阶段，然后比照人自己的意识发展。黑格尔要表明，《精神现象学》首先描述的是个体自我的理性本质，而当这个理

① ［德］黑格尔：《精神现象学》上卷，贺麟、王玖兴译，商务印书馆 1979 年版，第 138 页。

② ［德］黑格尔：《精神现象学》上卷，贺麟、王玖兴译，商务印书馆 1979 年版，第 17 页。

性本质客观化、普遍化为具体的理性，也就是成为现实的精神世界时，一方面，个体的人通过循着精神现象发展的路径，经过精神的中介，最后就会达到绝对知识；另一方面，个体自我以社会伦理人格的形式，循着社会意识到绝对精神发展的各个阶段，最后会达到人格完善和精神自由。

一、理性作为个人自我的本质规定

《精神现象学》中的一个重要思想就是把理性确立为人格的本质规定。从现代性的思维方式来看，《精神现象学》中的个体、自我概念是令人费解的，因为现代人已经习惯了从个人自我、个人主体出发去认识、理解、看待这个世界和他本身，但是相反，黑格尔的个体、自我同时具有个人自我和主体，特殊的自我和主体、普遍的自我和主体的含义，因此要结合上下文才能够理解他所阐述的对象。在《精神现象学》中，黑格尔从人的普遍性的意识形式出发，揭示了从最低级的感性确定到绝对知识的发展过程，但是个人在知识的绝对化的过程中是没有地位的，他在《精神现象学》的序言中作为结论提到，“在我们现在生活的这一个时代里，精神的普遍性已经大大加强，个别性已理所当然地变得无关紧要，……精神的全部事业中属于个人活动范围的那一部分，只能是微不足道的”①。因此，《精神现象学》最后的结论只能是普遍性的理性、精神，但是我们看到，黑格尔所讲的这种精神的进展毕竟体现在个体的人身上，所以它首先表现为个人的心灵、心理和知识的成长，这种成长从个人自我的角度来讲，最终的成果就是理性。《精神现象学》中的个体和自我首先指个人，特殊的个体和自我则是指伦理精神、教化、

① ［德］黑格尔：《精神现象学》上卷，贺麟、王玖兴译，商务印书馆1979年版，第56页。

启蒙和道德等精神个体、精神自我，而绝对个体和自我则是指绝对人格、绝对主体和绝对精神。个体与整体相对，小我与大我相对，这表达了黑格尔的全体观和整体观，在这样的观念下，个人不是分散的原子式的个人，而是社会整体的一分子，各种社会意识形式也不是各自独立、自成一体的，而只是绝对精神发展的环节。

黑格尔之所以从普遍的意识形式出发来考察知识的形成，是因为黑格尔已经认识到表象思维和对象性认识的缺陷。康德以意识中的先天的时空形式和知性范畴构建的是一个僵化静止的认知的主体理性，而这个主体理性思维的内容或者说获得的知识要么是经验对象的表象，要么是主体固有的思维形式及前两者的混合，因而都是有限的、非绝对的知识。在黑格尔看来，主体理性的认知形式和范畴就存在于对象本身当中，也就是说，思维的形式和内容同一的，而这个同一性的本体就是自我，就是主体理性。对于主体的理性而言，认识主体和认识所指向的对象是同一个东西，而知识的获得则是普遍性的自我自身运动的过程，是主体自我意识、自我认识的过程。黑格尔说这个过程正是哲学研究的方法，是从表象思维向概念思维的转变，因此意识形态发展的主体不再是个人主体，而是精神主体、绝对主体，这个绝对主体的自身运动呈现为《精神现象学》中个人主观意识、客观精神和绝对精神等环节扬弃的过程。

《精神现象学》的重要成就还在于科学地揭示了心理人格生成的丰富环节和详细过程。关于个人意识结构和成长的理论，除了《精神现象学》中关于感性确定性到理性的发展过程的描述外，还有黑格尔《哲学全书》中的主观精神的现象学理论，这些内容展现的过程，本质上是对人意识结构的揭示，也可以看作是对个体人格心灵成长历史的展示。《哲学全书》的主观精神内容包括人类学、现象学和心理学三个部分。人类学关注的是人的身体和灵魂相统一的个体性，尤其是关注在人的肉体包裹下的“灵魂”。现象学哲学关注的是人的意识与客体的对立，心理学则是关注意识和客体的对立被扬弃，这两部分理论都展示了心理人格的生成。黑格尔认为个人意识的前身是感觉和心理，它们并没有内外、我和非我之间的区分，这种感觉、心理是与自然一体化的，我即自然，自然即我。个人意识的真正产生始于自我和客体的分化，意识结构存在的前提就在于始终有一个对象与意识对立着。意识的发展在内容上表现为意识获得越来越多的关于对象、自身及与对象关系的经验的过程，在意识形式或形态上表现为从低级的感觉经验发展到知性、自我意识、理性的进展过程。自我意识的理性发展至精神，是普遍的个人意识结构的客观化，个人的心灵成长是在客观精神及其外化的社会伦理和现实中完成的。个体人格的成长是心理认知能力、个人和他人的交往关系与社会规范、正义原则、自由精神的统一过程，在这种复杂的主观心理和社会伦理的统一体中，个人从由个别性、偶然性和本能欲望支配的个人上升到具有普遍意义的个人，即人格自由逐步实现的过程，这个成长既是一个心理学的过程，也是一个伦理学的过程。

黑格尔认为，个人意识通过特定的意识形式把握对象的过程首先是否定性的。认识过程是把客体当作意识结构中的对象性存在，然后扬弃由意识和对象的对立产生的异化，并给予对象以普遍性、具体性的形式而在意识中把对象作为肯定的部分，这就是意识的成果：经验或知识。“所以，意识形态的系列延伸得越远，意识所经历的主客关系的形式越多，主体据为己有的对象的范围越深广，意识对于它自身的本质的经验（知识）也就越充分、越完全。”① 杨祖陶先生的这个看法说明，在

① 杨祖陶：《康德黑格尔哲学研究》，武汉大学出版社 2001 年版，第 304 页。

黑格尔看来，个人知识的积累和个人精神的成长是同一个过程。西方素来有“美德就是知识”的思想传统，这里的知识不仅是书本知识，还有在社会生活中的体验和感悟。在《精神现象学》中，个人意识的成长过程首先是从感觉确定性开始的。个人意识只有与他物、对象处于对立统一的关系中，其本身才是可能的，个人意识只有在与其对象的相互否定中才会发现个人意识和人类精神发展的经验科学规律。从个人意识发展的角度而言，他认为感性确定性是最初的和最低级的意识的形式，“意识作为主体最初是完全空虚的，它除去知道自己是在同一个外来的对象发生关系外，别的什么都不知道”①。意识通过感性确定性把自我和对象区分开来，我就是我，对象就是他物，这是很重要的，因为它意味着主观和客观、主体和客体的区分。通过自我和他物的初步区分，感性确定性不仅是意识的起点，而且没有这种感性确定性，人和物就混为一体，这是感性确定性的作用。

知觉是对感觉整体的把握，它能够确定对象是一个什么“东西”，对象作为整体的“物”面对知觉。这里的意义在于，当我知觉到我和“物”之间的“对立”时，我不仅知觉到“物”是一个“稳定”的对象，而且也知觉到自我的存在。感觉是当时的感受和体验，而知觉则需要一个稳定的自我的存在，自我和自己保持同一。作为对象的“物”始终在变化，人知觉到的物仅仅是自我构建的对象，还是物本身？康德认为人的先验自我意识具有一种统觉能力，我们所知觉到的万事万物都是由这种统觉能力构建的，但这些事物只是自我构建的现象，现象的背后还存在着无法认识的“物自体”。黑格尔则认为这种对象意识的真理性只能求之于意识的外部，而如果我们将知识当作是概念的运动，那么知识的

① 杨祖陶：《康德黑格尔哲学研究》，武汉大学出版社 2001 年版，第 308 页。

真理性就存在于意识和对象的矛盾关系当中，而这种矛盾关系就是自我。他把自我看作是对象的自在存在和对象的为意识存在的同一，因为所谓对象的自在存在也是由意识加以确认的，并不是纯粹、排他的自在，而对象的为意识存在同时也具有客观的意义，自我就是这种矛盾状态本身，而自我意识则是对这种矛盾状态的意识。知性的思维方式是概念分裂、非此即彼的，但是世界是一个充满对立和矛盾的世界，矛盾是知性所无法解释的，而理性的概念辩证法能够解释世界的矛盾状态，特别是能够解释人的自我相关和自我否定的矛盾。“这种自相对立、自相矛盾在实践领域中就是自由，……在意识的层面自相矛盾的就是自我意识。”① 当我用意识把握一个对象的时候，这个对象是自我意识构建的对象，这个对象是“我”的，我将自我投射在对象中。我们获得的对外部对象的认识要以对自我的认识为基础和前提，自我意识是深层次的意识结构。

在《精神现象学》中，这种自我意识的结构外在表现为自我对对象占有、改变的欲望。在自我与对象的关系中，自我是肯定的方面，对象必然要被否定、改变，自我才是目的，所以生命本身就是自我意识的必然环节。自我的欲望无穷，而生命有限，单个自我无法满足自我意识的无限性，但是这个世界并非只有一个自我，而是有无数个自我，只有这些自我意识间的相互承认才能最终满足自我的欲望。在《精神现象学》中黑格尔表现出某种人道主义精神，他想表明，作为概念对象（而不是表象的对象）的自我意识就是他眼中的人，他同样也认为人应该是独立的，是普遍性的目的本身而不能仅是偶然性的手段。

邓晓芒教授认为，自我意识不仅将自我作为对象，而且也将自我

① 邓晓芒：《邓晓芒讲黑格尔》，北京大学出版社2006年版，第89页。

与外在对象的关系作为对象，而外在对象本就是由自我构建的，是属于自我的，自我意识对这种关系的意识就构成了自我意识的结构。黑格尔将自我意识的结构当作对象的存在结构和人的认识结构，“要由人的内在体验附会到对象上去，我们才能对对象世界加以描述”①。这种认识结构需要得到社会和他人的承认，才能成为社会意识的结构，如此个人的自我意识、个人的人格及价值才能获得实现。但是在自我意识的诸多意识形式中，自我意识间的承认和现实化是一个长期的历史过程。在主奴依赖关系中的自我意识中，每一方通过斗争意图获得对方的承认，而结果是单方的被承认，而两方在这结果中都无法获得自我意识的确定性。斯多葛主义认为人的自我意识本性就是自由的，但是它设想的这种自由只能是抽象的，怀疑主义在否定客观事物及其规定所造成的持续的变化中经验到自由。

黑格尔认为，只有摆脱了自我意识的内在矛盾和不确定性的理性才是自我与对象的同一，理性是绝对的本质与个别意识统一的中介，“理性就是意识确知它自己即是一切实在这个确定性”，② 黑格尔说，理性的自身确定性是通过意识自身的发展道路来证明的。黑格尔所讲的自我与对象的同一不是两者直接的相等，不是简单的“我＝非我”的公式，两者的同一是以自我意识为平台，通过两者间的相互转化实现的。自我的本质就是概念、理性，但是，这个概念、理性不是意识从对象中抽绎概括出来的共相，而就是自我的本质规定，纯粹概念是自我的单纯统一性，特殊概念是自我的特殊规定，两者的统一即形成个别事物和个体人格。自我意识发展至理性意识，通过观察的理性、实践的理性和个

① 邓晓芒：《邓晓芒讲黑格尔》，北京大学出版社 2006 年版，第 99 页。

② ［德］黑格尔：《精神现象学》上卷，贺麟、王玖兴译，商务印书馆 1979 年版，第 175 页。

体性的发展，个体人格的意识已经成熟，他们已经能够构成不同层次的共同体来满足自我意识的自我确证的真理性的要求，对共同体的融入产生了共同体精神，一个自我在和其他自我的交互关系中形成了普遍的自我意识，形成了人的普遍性或普遍性的人格。

以上介绍和梳理出来的《精神现象学》中的个人意识内容，展示出黑格尔早年在神秘唯心主义的理论外壳中，包含着丰富的对人的现实本性与品格的思考。但是他的精神哲学是头足倒置的，他讲的东西都是观念的独立运动。马克思批判他说："黑格尔在《现象学》中用自我意识来代替人，最纷繁复杂的人的现实在这里只表现为自我意识的一种特定形式，只表现为自我意识的一种规定性。"① 黑格尔试图以人，或者准确地说，以人的意识及其客观化即社会意识为自己哲学的出发点，这是与近代主体性哲学发展的线索一脉相承的，但这个出发点局限于意识范围内，仅用意识的发展说明人的发展，显然是颠倒和片面的，这样理解的人只能是思辨的、抽象的和脱离现实的人。费尔巴哈的人本学唯物主义则基于对黑格尔思辨唯心主义的批判而走向了另一个极端：哲学的出发点变为生理学、生物学意义上的感性的人。哲学真正的出发点只能是在社会历史中从事社会实践活动的现实的人。

二、社会伦理人格的成长史

在黑格尔看来，个人意识的本质即是人类自我对外部对象的一种自我意识结构，这个自我意识结构外化为社会的结构、人的结构，就构成了客观精神，而客观精神具有实体性和主体性，因而它自身也有着否定发展的过程。邓晓芒教授主张，"黑格尔的《精神现象学》中所探讨

---

① 《马克思恩格斯文集》第1卷，人民出版社2009年版，第357页。

的是精神本身的结构”①。《精神现象学》阐述的是精神（人格心理和社会文化）发展过程所展现的逻辑结构，这里的精神是广义的精神，包括人的意识，也初步涉及他的“客观精神”。他讲的客观精神在不同文本中有不同含义，有时这个概念与他讲的“绝对精神”是同一的，有时指从绝对精神外化或异化出来的自然、社会和人的总体结构和规律，有时则专指与个体心理相对的社会文化。他的《逻辑学》所讲的客观精神主要指向后两种含义。他的法哲学理论也主要是在考察精神（客观精神即社会文化中的道德与伦理环节）的结构。但是精神的逻辑结构和现实的世界并非平行的两个世界而毫无瓜葛，精神发展的逻辑结构是隐藏在现实世界中的深层本质，这也是黑格尔哲学中的具体历史与抽象逻辑统一原则的体现。从个体人格的发展与绝对精神的自我显现过程以及两者的关系来看，黑格尔认为绝对精神外化自身，显现为实存的各个环节、阶段，采取了个人意识发展和客观精神及由其决定的社会现实的形式，但是个体人格的发展只不过是按照绝对精神决定好的必然性，重新经历绝对精神走过的过程，融入绝对精神确立的社会现实和伦理精神而已。如果我们排除这里的客观唯心主义，我们能够发现，《精神现象学》所展现的既是个体人的，同时也是整体人类的精神活动产生和发展的历史，这就是个体人格的诞生和人类本性产生发展的历史。②

在《精神现象学》的自我意识理论中，精神的本质是自我意识的理性，它不再是通过观察的理性在对象中发现自己，而是要通过自我本身的否定性的创造活动生成自我；精神是行动的理性，就是自由意志的概念，而自我创造自身的活动就是自由。精神是具体、普遍、客观的理

① 邓晓芒：《邓晓芒讲黑格尔》，北京大学出版社 2006 年版，第 66 页。

② 参见沈亚生：《人格自我与个体性》，吉林人民出版社 2005 年版，第 76 页。

性，在精神中自我意识与对象的对立已由精神及其实在的统一体所代替，精神一面是现实的、意识着的自我，另一面又是现实的客观世界。黑格尔强调："精神既然是实体，而且是普遍的、自身同一的、永恒不变的本质，那么它就是一切个人的行动的不可动摇和不可清除的根据地和出发点，——而且是一切个人的目的和目标，因为它是一切自我意识所思维的自在物。"① 这样个人与精神就是现象与本质、偶然与必然的关系，黑格尔利用柏拉图的"分有说"来解释个人从精神的本质中分得了自己的那一份，并构成了个人自身，因而个人是偶然的存在。无论是《精神现象学》，还是《法哲学原理》，都是从他的绝对精神观念出发展开后续的理论的，在精神的普遍性中，个人是没有地位的，都仅是精神实现自身的手段，但是其中也包含着他从现实的人和人的精神出发来探索哲学问题的人道主义立场。他在《精神现象学》中将个人当作与整体相对的个体看待，而在《法哲学原理》中则把个人普遍化为无差别的、抽象的自我意识。

黑格尔在《精神现象学》中向我们展示了理性是心理人格得以生成的本质根据，人格自由是从理性中生长出来的。他认为，个人意识经过了意识和自我意识等环节的生成运动，最终提升到理性的高度，从而达到了人的"个体性"，也就是社会性人格的实现，个人意识和个体人格也成为普遍性、客观性的"精神"的构成元素。精神在自然界和人类社会中成就和显现自身，同时又能自主独立地回归自身，精神的本质也不是死板一块、静止不变的，而是由无数个人的主体性创造着的、运动着的本质，这即是精神的自由实质。黑格尔解释说，精神虽然开始就是自身，但是它缺乏对自身的认识，对于"它就是精神本身的事实"也

① ［德］黑格尔：《精神现象学》下卷，贺麟、王玖兴译，商务印书馆 2016 年版，第 3 页。

并不自知，因而精神经历的异化、外化的环节，实质是精神自我认识的过程，也是精神自我实现的过程。他认为绝对精神即存在于人类共同体中，从实体和本质上看，它即是共同体的伦理精神，从经验的意识形态的历史发展来看，精神首先实现为直接性的伦理社会，即古希腊的城邦社会。在这个自然的伦理社会中，对立的双方是城邦和家庭。黑格尔一直以古希腊的城邦社会为样板，想要用重构现代伦理的方式重现人类社会的统一，另一方面他也指出古希腊的伦理社会尽管和谐，但个人缺乏自觉意识和主动反思，还需要在主体理性的基础上予以改造。

在被黑格尔扬弃的古希腊城邦伦理社会中，个体的和社会的理性都是低级不成熟的。在那个时代，由人的自为性和个体性制造出毁灭自身的力量——战争，在战争中，“人的规律”和既有的伦理秩序统统失去了效准，偶然性的武力成为最后的决定原则，美好的自然伦理社会就此“沉沦”为古罗马的法权社会。黑格尔说：“这个普遍的共体就它的单纯普遍性来说，它是无灵魂无生命的，而当它作为个别事物，当它是个别的个体时，它是活生生的、有生命力的。”① 这个法权社会之所以是“无生命无灵魂的”，是因为统一和谐的伦理精神已经“析出”个人之外而代之以一切人平等的抽象原则，个人分割于共同体之外而成为自在自为的实体，个人自我成为伦理社会的目的和原则，黑格尔认为这是个人（人格）的异化，因为法权社会虽然没有如同教化世界那样分离为两个对立世界，但是伦理精神在无数个人和人格中找不到自己，个人和人格是无精神、无本质的存在。相对于伦理精神的本质普遍性，个人只是一种无法持存的非本质的偶然性，法权社会分裂为无数的原子式的个人，这些个人以法律上的人格互相对待，比较而言，他们更关心个人权利和

① ［德］黑格尔：《精神现象学》下卷，贺麟、王玖兴译，商务印书馆2016年版，第36页。

利益。在法权社会中，个人的自我意识有了发展，能够对共同体和个人的命运进行反思，这也成为伦理社会自我否定发展的主体性力量，个人主体性的发展使古罗马法权社会呈现为个人与个人之间、个人与国家之间的对立状态。

《精神现象学》对理性化的个人意识和社会精神的生成过程进行了描述，这其实也是人类真实历史过程的展现。黑格尔论述的精神实体就是精神自身和它外化的世界，这个外部世界是由精神异化得来的，本质是精神，与精神自身一同构成了精神的世界。他所讲的精神的本质不仅存在于当前现实中，而且还存在于精神对现实的否定环节中，所以精神在古罗马法权社会后将自身一分为二，异化为文化或教化的世界和信仰或本质的王国，前者是君主专制的世俗世界，后者是上帝统治一切的神的世界；一个是只能以现象世界为对象的知识王国，另一个是“物自体”的信仰和自由的王国。精神和现实的分裂就是精神世界自身的异化，精神主体要摆脱异化回归自我，而自我的回归一方面现实化为专制君主及其统治的世俗世界，君主一个人格就代表着现实世界的精神，另一方面超拔为精神的纯粹意识即信仰，黑格尔认为这两个世界的问题在于，君主和信仰都把自身当作不变的真理本身：在一个世界里，君权神授，朕即国家，君主是真理和精神的化身，在另一个世界里，真理则是脱离现实、彼岸的信仰世界。

黑格尔认为启蒙运动在历史上来看，则是对这两个世界的反对，一方面反对君主专制的僭越，成果是法国大革命；一方面反对信仰的空虚抽象，表现为反宗教、教会的思想和活动。尽管如此，他仍批评启蒙运动把两个分裂的世界弄得颠倒错乱，表现在法国大革命力图建立自由的人类世界，结果是非但没有结束专制所导致的压迫、贫穷、等级制和对个人自由权利的束缚，反而造成了只能是非现实的、抽象的绝对自由和绝对自由的恐怖。启蒙运动的理想和由其造成的现实形成了鲜明的对比，当人们在外部似乎找不到统一精神和现实的可能时，精神便退回个人的自我意识，形成主观意志的道德世界。在道德世界中，个人寻求道德与幸福、道德与感性、道德与自然、特殊义务与纯粹义务、良心与精神的统一。①

在《精神现象学》中，黑格尔从个人意识发展的角度，还比较重视个体性、个人自由权利和个体人格的发展，这说明他的早期哲学在辩证法的指导下有较多的进步意义，但是在他关于个体性的论述中，虽然包含了对科学与社会规则的认可，却也包含着对当时的宗教信仰、对封建制度的确认。如果说《精神现象学》还比较重视普遍的个体性，而《法哲学原理》更为强调个体的普遍性，为了强调精神的普遍性和客观性，他把个人作为完全从属性的、工具性的存在，这说明他受到了体系建构和执政当局的影响，并由于他的阶级立场，黑格尔的哲学日趋保守。在《精神现象学》中黑格尔强调个人只能在社会历史实践中才能走向个体性的人格自由，而在《法哲学原理》中他主要进行的是抽象概念的逻辑演绎，所涉的社会历史现实也是为了说明思辨哲学的逻辑，所能展现的人格自由的发展状态都是指向普遍的精神性的人格。黑格尔用普遍性统治之下的个体性来描述个体人格，个体性是相对于整体的个体性，整体是个体的实体，他用这样的关系取消个人的独立和价值，是价值观和历史观上的整体主义。

总体说来，《精神现象学》是黑格尔哲学体系建构过程中的产物，当时他的体系还没有最后完成，所以在《精神现象学》中体系和方法的矛盾还没有那么尖锐，所以它是黑格尔的著作中最少独断保守和最富有

① 《精神现象学》和《法哲学原理》中的道德是对应的部分，我们将在后面比较分析。

自由精神的作品。青年黑格尔和他的《精神现象学》与黑格尔晚年的作品，特别是《法哲学原理》在价值观和历史观的基础和前提上有很大的差异。《精神现象学》里讲人格、自我意识、独立、自由、理性和个体性等问题，有很强的自由主义倾向，这也是年轻的马克思作为青年黑格尔派学者写博士论文时考虑的问题。马克思总结了黑格尔的《精神现象学》的两个成果：一是作为推动原则和创造原则的否定的辩证法；二是黑格尔把人的自我创造认作一种过程，把对象化的人了解为自己劳动的结果。但是这个劳动只是精神的活动。① 黑格尔重视劳动在人格发展中的重要作用，试图用劳动解释个人自我创造的过程，但他所谓的劳动并不是在社会基础上的实践活动，所以并没有科学地揭示人格的实践本质。

第四节　逻辑学：人格生成发展的辩证否定原则

黑格尔的逻辑学不是一般作为思维和表达意义上的逻辑学，而是作为对世界存在和发展最一般规律研究的大写的"逻辑学"。逻辑学是黑格尔哲学的基本结构和方法论，是自然哲学和精神哲学的灵魂。按照其三统一的原则，这里的"逻辑"是指自然、社会、人本身的存在和发展的规律，同时也是绝对的上帝和神展现自身的规律。法哲学也不过是逻辑学的补充，它作为"应用逻辑学"蕴含着和逻辑学一致的逻辑结构，从这个意义说，逻辑学即是黑格尔认为的整个世界的基本结构，从

① ［德］黑格尔：《精神现象学》下卷（译者导言），贺麟、王玖兴译，商务印书馆 1978 年版，第 31 页。

而也是人存在发展的基本结构。这里确定的自我否定和扬弃式的辩证发展的原则也成为黑格尔人性、人格本身生成和发展的辩证否定原则。

有研究者认为在前马克思哲学的时代，只有黑格尔真正达到了辩证法，这是因为他把逻辑当作是一种可能性，而且它并不单独存在，他将神秘抽象的逻辑可能性与自然和人的经验现实性结合在一起，逻辑对于现实而言，具有逻辑先在的关系，对逻辑结构和逻辑关系的分析同时也是对经验现实的描述。基于这样的看法和依据，我们认为黑格尔的哲学不仅具有泛逻辑主义、神秘主义的特点，同时又有很强的现实主义、历史主义的色彩，这也表明了其哲学可能具有的现代价值。他所推论出的概念并不孤零零地脱离具体事物而存在，而是与具体事物是一体的，概念和具体事物并不是分立为两个世界，而是就存在于现实世界中。黑格尔的辩证法不是事物的对立面之间单纯否定的方法，不是矛盾的存在状态，不是绝对真理的不断趋近，不是远离常识的方法，他的概念辩证法是有肯定内容并且是现实存在于世界当中的，所以我们掌握了辩证的认识方法就能把握具体事物的真理。

黑格尔对人的定位是：人是特殊的存在，但人和其他一切存在都是绝对精神的自我显现；人的特殊之处就在于人凭借意识可以认识这个真理性的、客观的精神。他的社会历史辩证法和自然辩证法当中蕴含的是人的辩证法。他主张，人的意识是显现着的精神，精神的本质和规律是逻辑学，精神的外在客观化即是客观精神。逻辑学的研究对象是“纯概念”及其自我认识、自我发展，是最抽象的概念间的过渡、反映和发展的关系。逻辑学虽然抽象，但并不空洞，黑格尔虽然将逻辑学设定为客观、先验的精神本质，但它实质是对自然界、社会历史和人本身辩证发展的反映，它是从现实世界中抽绎出的世界发展变化的最一般规律即辩证法。逻辑学是精神的整体、本质和基础，纯概念及其辩证关系是个人意识和个体人格自由发展过程的本质，同时也是精神客观化而成的自然界、人类社会的本质。自然界、人类社会和有限的精神即人按照逻辑学的真理产生、发展和消亡。逻辑学是黑格尔整个哲学体系的灵魂，也是人格理论的精髓。

费尔巴哈看到黑格尔哲学已经暴露出来的“思辨的秘密”，即逻辑学作为世界的本质和基础只不过是人的本质的体现，逻辑学作为思维与存在、主体与客体统一的基础和根据，也不过是把人作为统一的根据。“黑格尔逻辑学的特点是把整个世界精神化和拟人化，把整个世界看作是一个神秘的人格。他把本来只能用作理解和描述人和人的精神活动的语言借用去说明人以外的事物。”① 黑格尔坚持自然规律、社会规律和思维规律的统一原则本身并无问题，问题在于他将人类逻辑思维的过程和人类的理性、观念异化而成的形而上学“理想”当作世界的本体，把人类的理性和观念当作完全客观的原则并用它们解释世界生成的方法论和源泉，这就是马克思批判他的“头足倒置的唯心主义辩证法”。“黑格尔的绝对精神是斯宾诺莎的实体和费希特的自我的‘必然矛盾的统一’，是形而上学改了装的以上两个因素的统一，即现实的人和现实的人类。”② 绝对精神是人类理性、时代精神和价值观普遍化、抽象化而成的精神原则，黑格尔把它异化为具有主动性、能动性的绝对主体、绝对人格。黑格尔说，任何人都跳不出他的时代，拥有天才头脑的黑格尔也不例外，绝对精神也不过是存在于现实的人——黑格尔头脑中的“有限精神”。

我们透过对《精神现象学》这个黑格尔哲学的诞生地和秘密的考

---

① 沈亚生：《人格自我与个体性》，吉林人民出版社 2005 年版，第 29—30 页。

② 《马克思恩格斯全集》第 2 卷，人民出版社 1957 年版，第 177 页。

察可以看到，黑格尔后期的逻辑学可以看作是一种“自我”学，这个自我即是个体自我，又是人类的一般自我，对概念及其关系的揭示就是对人的说明。逻辑学的开端是没有任何进一步规定的纯存在，其实就是人的纯粹自我，它单纯而无须任何他物独立存在。纯存在（纯粹自我）是没有任何内容的纯粹抽象，潜在地存在着无数的可能性，这使它可以成为理念的开端。纯存在（纯粹自我）作为开端只能是抽象的，黑格尔虚构出来的作为世界绝对真理、绝对本质的理念也只能是抽象的，因为理念具有任何具体内容都意味着非绝对、非本质，这是和逻辑学中的辩证方法根本对立的。

黑格尔主张，一般认为本质是必然性的领域，是和自由对立的，精神才是自由的王国，但实质上本质的必然性是自由的前提条件，自由是逻辑必然性发展的过程，这样他就把必然和自由结合起来了。在必然向自由转化的本体论上，他吸收了斯宾诺莎的绝对必然性即自由和莱布尼茨的单子论的思想，认为每一个体都包含着全体的必然性和自由性，并呈现为从低到高的连续系列，从而解释了必然向自由的过渡。① 在认识论上，必然性的概念在被人认识而成为精神的真理性时，逻辑的必然性就转化为精神自我的自由，自由是对逻辑必然性的认识。必然向自由的转化是以人类活动为基础的，自由是人在人类活动中获得的本质的规定性，但是人只有在认识到他是自由的时候，他才是自由的，因而对自由的认识程度是衡量人自由程度的尺度。逻辑学的研究对象是“纯粹思维”，它不仅是主观思维的逻辑规定，也是存在于客观事物内部的规律和本质，还是人性、人的价值和人格自由的本质，这就是黑格尔超出康德之所在。

---

① 参见王天成、程宇驰：《黑格尔自由观的基本路径》，《社会科学战线》2012 年第 9 期。

逻辑学不仅是认知的真理性，而且还是实践的自由性，之所以如此，是因为黑格尔的“概念论”建立在人类精神活动的对立统一的辩证性质上，从而逻辑学不仅能够使人类获得关于世界的绝对知识，而且它本身还是人类自由发展的实现路径。我们能够进一步推论出的是，概念的生命力不仅在于作为思维逻辑和事物规律的工具价值，而且还在于它揭示了人类的普遍性本质、个体人格认知和自由活动的根本原则即理性。黑格尔的概念论超越了知性范畴的抽象同一性和僵化的界限，这源于概念是对个体人格的自由本质所包含的内在矛盾的理性表达，是个体人格自由活动的自我否定、自我超越本性的体现。因而黑格尔的逻辑学理论表达的并不是冷酷的、“非人”的客观概念，而是个体人格自由实现的历程、本质和规律。

通过以上阐述我们可以看到，对黑格尔而言，逻辑学是规律、本质和真理，它同时也是关于人之辩证发展、获得自由的理论。逻辑学为我们描述了这样的自由规律：精神的自由不在于精神自身的无限性，而在于精神存在于具体物中同时又不受物的限制而保持自身的独立，精神只有受到他物的“限制”才能达到真正的不受限制。人如果在物中看不到自己，则是人的异化，没有自由可言；人如果看不到精神和物质的统一性，把自由设置在彼岸世界，同样也得不到真正的自由。黑格尔的逻辑学实际上已经把自由作为其哲学体系的基础和目的，并为自由的实现提供了一条可能性的路径，这是逻辑学对人格自由发展的现实意义所在。但是另一方面，逻辑学中作为主观精神起始环节的生命与个体性成为了“绝对人格、绝对精神”的一个逻辑环节，这就回归到宗教神秘主义，失去了他在《精神现象学》中那样的人道主义精神。

我们能够看到，黑格尔的人格自由思想前后有别。他早年在《精神现象学》等文献中，汲取了那个时代的心理学、哲学、人文科学的成果，对个体人格的产生和发展过程，以及个体人格的本质，其与社会文化的关系做了全面性的考察，那个时期的黑格尔出于科学和自由的精神，道出了许多对社会文化、法权和人格问题的合理看法。但是他晚年的《法哲学原理》有一个在哲学观和社会价值观上的保守性转向，他对社会和法、对个体人格的看法陷入了非人道化。尽管如此，他把人性、人格作为人类社会所有法权和伦理问题的根源，把自由设定为人性和人格的首要品性，对人性和人格的具体内容做出丰富的探讨，还是难能可贵的。

黑格尔哲学的理论倾向应从当时的社会历史条件、时代精神和对以往哲学的优秀成果的继承等几个方面来考察。强烈的现实主义以及妥协、保守态度，对辩证方法和自由精神的重视和表达，构成了他哲学上的两重性矛盾。他既是启蒙思想热情的鼓吹者，又是它无情的批判者，他的哲学以抽象思辨的形式呼应人性、人格解放的人道主义启蒙，是启蒙思想德国式表达的一部分，同时黑格尔也用哲学、特别是社会历史哲学的保守转向来应对法国革命的失败。在思想上，欧洲近代哲学史上存在着唯理主义的独断论和经验主义感性表象的局限性，康德的批判哲学使人的主体理性“从辉煌走向黄昏”，黑格尔就是在这样的基础上重建科学的形而上学。

黑格尔的人格论首先源于德国古典哲学对康德主体理性、道德自由和费希特自我论的扬弃，以及对启蒙运动人格自由权利思想的继承。个人的生存样式和具体人格的发展状态，归根到底决定于特定时代的社会历史发展的现实，而思想史或哲学史就是对这种现实与个体人格自由、能动的和创造性的精神的交互关系及其造就的具体个人的历史际遇和命运的理论把握和表征。古代哲学的本体论的思维模式用“观察的理性或直观的方式”来考察和看待人和社会。古代思想家对人生幸福的关注和肯定在漫长的中世纪经院哲学时代被完全否定了。欧洲认识论或知识论哲学的兴起，是从心理或认知方面重新确立了人本身或理性的最高价值，黑格尔的哲学是这种理性思维方式的绝对化和顶峰，他也关注人本身，自觉地把对人本身的理解作为解答心理认知和社会伦理问题的前提。他是从《精神现象学》中对个体人格心理生成和理性本质的前提出发来了解一切社会文化及自然科学问题的。

《精神现象学》、《逻辑学》、《法哲学原理》关注于人的不同方面。《逻辑学》关注的是生理人格，关键在于生命；《精神现象学》关注的是心理人格，关键在于理性；《法哲学原理》关注的是伦理人格，关键在于自由；而三者最终的归宿则是绝对人格，关键在于逻辑。就人格论思想而言，《逻辑学》是从本体论的角度，《精神现象学》是从认识论的角度，而《法哲学原理》则是从社会历史的角度阐述了人格自由发展的辩证过程。逻辑学将世界拟人化、精神化，把精神看作一个神秘的绝对人格，实质是将人类理性异化为世界的本体，并用其解释世界的生成变化。在逻辑学冰冷严肃的本质和规律的表象内部，深藏着的是人类自我的本性，逻辑学同时就是“自我学”和人学，概念辩证法就是人学辩证法或人性的形而上学。

《精神现象学》把理性确立为个体人格的本质规定，科学地揭示了心理人格生成的丰富环节和详细过程，它描述了心灵、心理成长的过程；黑格尔依据历史与逻辑相统一的原则，将社会伦理现实和制度看作是普遍的人类自我意识结构的外化，个体人格在个人意识与普遍意识及其现实化的互动中实现具体人格的阶段性发展。他对理性化的个体意识和社会精神的生成过程进行了描述，这其实也是人类真实历史过程的展现。《逻辑学》和《精神现象学》的意识理论描述的是从自然人到社会人，从无人格的人到有人格的人，从只有感觉的自然人到有理性意识的个体性的社会人的成长过程。

黑格尔人格论的价值首先在于，在他的由主体绝对化而形成的客观唯心主义体系中包含着辩证法、人性和人格自由的合理内容，在于他把人格的发展看作是一个自我否定、自我创造的过程，在于他将精神和自由的真理性植根于人类自我的本性当中。他在整体主义、理性主义和唯心主义的哲学体系中为个人自由权利留有了相当的空间，还将人的自由意志作为法哲学理论的逻辑起点，这就为我们研究他的法哲学中的个体性和人格理论提供了可能性。

第二章 《法哲学原理》将自由作为人格的本质规定

黑格尔在法哲学理论中讲意志自由的抽象存在时，与他在讲“精神现象”，讲普遍化的“逻辑”等问题时不同，他在讲后两个问题时并不明确究竟是讲神或绝对的精神、逻辑，还是在讲世俗现实的人的精神、逻辑。但是黑格尔在《法哲学原理》第四节，直接肯定只有人才有思维和意志，那么意志自由就是现实的人的本质性品格。他还认为自由的定在和具体现实化则是人和社会历史的生成和发展过程。通过对自然规律和自然哲学的内在否定而形成的精神哲学的自我否定的辩证发展过程，是黑格尔法哲学关于人与社会学说的中心线索。就他的法哲学而言，社会规范的本质和结构如何确立，这是其直接的研究对象；人格自由及其现实化如何成为社会规范的目的和归宿，这是其研究的出发点和前提。因而法哲学就是法理、伦理之哲学，也是人之自由获得实现的哲学。他认为人的社会伦理行为的自主、理性选择自由的逻辑起点是意志，而人的意志和自由是一体两面的存在，正是因为意志是自由的，所以自然的人能够成为社会的人，自由也就构成了人性或现实人格的本质要素。黑格尔的这个见解不是神秘主义的，而是人道主义和科学现实的，这也是必须给予肯定的。在本章，我们主要通过对黑格尔《法哲学原理》中“序言”和“导论”文本的考察，揭示他如何把自由确立为人格的本质，又如何把人之自由确立为研究一切形式的社会规范的逻辑起点。

第一节 《法哲学原理》中的人格概念

在《法哲学原理》中，黑格尔认为：“人格的要义在于，我作为这个人，在一切方面（在内部任性、冲动和情欲方面，以及在直接外部的定在方面）都完全是被规定了的和有限的，毕竟我全然是纯自我相关系；因此我是在有限中知道自己是某种无限的、普遍的、自由的东西。”① 他的这段话意思是说，首先，作为一个人，他在自然意志和与自然物的关系方面的规定是直接性的，因此这个人是有着具体感性存在的有限的人；其次，个人的自我意识同时又是纯粹自我相关的抽象性，除了自身的抽象同一性外别无内容，这就决定了这个自我意识的无限性；没有内容即意味着没有限制或者可以发展出任何内容，因此自我意识是自由的；同时自我意识的无限性、自由性又是普遍的。在感性实在的人与人格相区别的意义上，人格是无限的、自由的、普遍的。

以上是黑格尔对人格在形式上的规定，在《法哲学原理》中，除抽象人格外，并没有其他明确的人格概念，同时也没有正面赋予人格的实质内容，但是我们依据法哲学的文本，还是能够从“反面”得出他对人格实质内容的认定。他说：“割让人格的实例有奴隶制、农奴制、无取得财产的能力、没有行使所有权的自由等。割让理智的合理性、道

① ［德］黑格尔：《法哲学原理》，范杨、张企泰译，商务印书馆 1961 年版，第 45 页。

德、伦理、宗教则表现在迷信方面，他如果把权威和全权授予他人，使他规定和命令我所应做的事（例如明白表示受雇行窃杀人等等，或做有犯罪可能的事），或者我所应履行的良心义务，应服膺的宗教真理等等均属之。”① 我们通过分析以上他对割让人格情形的描述，能够得出以下判断。首先，人身被占有和存在人身依附关系的人是无人格或人格不完整的人，也就是人格应该是独立自主的。人格存在的必要条件是权利能力，而人格真实享有的基础是财产所有权及其转让权。其次是理智、道德、伦理、宗教等人格的精神品质，而迷信则使人格丧失这些品质，表现在缺乏理性的判断能力，背叛自己的宗教信仰，出卖自己的良心等。通过对人格的形式和实质规定的分析，黑格尔给他的法哲学的人格论奠定了一个基调，即其中蕴含的人格概念是复合性的，人格的存在形式是多形态的，并且表现在人格自由实现的多个环节之中。

一、思想史上和各个学科中的人格概念

因为我们透过黑格尔法哲学人格论所要确定的意志自由的主体是现实的个体人格，所以我们需要对“人格”概念有一个清晰的理解。给研究对象下一个定义马上就会使其陷于片面，但总要确定讨论的所指和能指，使自己和别人清楚它指称哪一个和言说什么。一般人格概念首先是词源的原初意义，在具体的衍化和研究的过程中具体化为不同学科的具体人格概念，之后其含义在不断演变。我们首先从历史的角度考察人格概念含义的演变。古罗马法中的人格是指具有特定身份的个人即自由人，奴隶并没有人格。“在古罗马政论家西塞罗的著作中最早出现‘人格’的引申意义，它包含四方面的内容：1. 一个人给他人的印象；2. 人

① ［德］黑格尔：《法哲学原理》，范杨、张企泰译，商务印书馆 1961 年版，第 74 页。

的社会身份或角色；3. 特指有优异品质的人；4. 人的尊严和声望。”[①]古代汉语没有“人格”这个词汇，只有与其意义相近的性格、品格和个性等词语，现代汉语中的“人格”一词是从日语中引入的，而日语中的“人格”又是来源于英语中的“personality”。在《法哲学原理》的英译本中，“personality”包含人格、个性、人物和名人等词义，“源自拉丁文的Persona，意谓演员所戴的面具，引申为人物、角色及内心特征”[②]。西方现代主要是从心理学和法律的角度解读人格概念。人格概念的法律含义是指人的社会角色或者社会地位、身份，只涉及人的资格能力方面的问题；心理学含义则是指个人的心理、生理上使其在社会关系中与他人相区分的特质，两种含义均没有道德含义。但是在中国，人格却主要是指人的道德修养和道德境界，随着社会的发展，人格概念的含义逐渐也包含了人格权的内容。

马克思主义人学理论认为，人格是人之个体能够成为他自己的特有规定性，“主观性是主体的规定，人格是人的规定”[③]。我们以为，人格的“格”，包含有资格、能力、层次等意思。人性是普遍存在于所有人中的令其成为人的资格，而所谓人格，亦即一个人区别于其他人的特有的资格和特有的境界。人格中的“格”在原初意义上是一个空间概念，既表示人之为人的可达至的范围和本质性内容，同时也表示与其他存在相互区别的界限。这个“格”不仅使作为类的人与物或非人相区分，而且还使类中的个体的人相互区分，所以这里的“格”是一种标准或尺度，并且具有多元化和层次递进的特点。人格是特定个体的人的生

① 余潇枫：《哲学人格》，吉林教育出版社1998年版，第23—24页。

② 袁贵仁：《试论人格》，《北京师范大学学报》（社会科学版）1999年第5期。

③ 廖清胜：《论马克思主义人学的类道德人格概念》，《河南大学学报》（社会科学版）2010年第6期。

活、价值、尊严的依据和尺度。人格不仅指个体之人的生理特点，而且指人的社会特性。人性是所有人的整体性和共性基础，而人格是在这个基础上表现为个性和特殊性，表现为人性普遍性与个体特殊性两者统一的具体的人的现实形态。人格不仅指个体人的特定格位，而且还指特定历史时期的特定族群、民族、阶级、国家等共同体的品格境界。

邓晓芒教授认为，黑格尔《法哲学原理》中的德文“Person”是一个具有经验和感性内容的人格概念，而与此相对应的是人格性“Persönlichkeit”的概念，这个人格性概念把人格引向更高的层次，它同时也向我们表明人格是可发展的、可完善的。[①] 因此我们解读黑格尔法哲学中的人格论，是按照我们中国传统和现代的文化和哲学以及黑格尔法哲学理论中人格自由思想的逻辑，将人格看作是一个综合的、具有多层次人格内涵的整体。将人格区分为多种类型会引来批评，因为现实人格是一个统一的整体，我们拟将黑格尔法哲学中的人格区分为抽象人格、法律人格、道德人格、伦理人格等予以分析，这不是说我们认为现实上存在着多样的独立人格，毋宁按照邓晓芒教授的分析，认为这些都是整体人格的不同方面的“人格性”。在人的社会实践活动和不同的社会关系中，在个人所扮演的不同的社会角色中，许多研究者都看到了黑格尔所讲的人格概念具有抽象人性和具体人格两方面的所指。黑格尔最初是讲自由的抽象形态的存在，这种自由的主体当然也是抽象、普遍意义上的人格，是指自由成为人类的共同本质。但是在他讲人的有了具体限定的意志自由时，则是在讲具体的个体人格所达到的不同境界。

我们知道，法律人格研究的是人的资格，是作为法律上权利义务

---

① 邓晓芒：《关于 Person 和 Persönlichkeit 的翻译问题——以康德、黑格尔和马克思为例》，《哲学动态》2010 年第 5 期。

主体的基本条件，常常和人格权紧密地联系在一起。民法上的人格区分为自然人人格和法人人格。自然人人格即是自然人享有民事权利和负担民事义务的能力或资格。法人人格是作为社会组织享有民事权利和承担民事义务的能力或资格。法人作为社会组织本不是“人”，但是它通过法律拟制而成为“法律上的人”。公法上的人格即是人的政治身份或政治资格，政治人格主要是指个体的人格在与国家关系中的定位。道德伦理人格关注的则是人的道德追求、尊严、价值和品格等，关注人生崇高与卑下的人生境界的分别。黑格尔的法哲学是讲在不同社会结构中，人的自由应遵守不同的规范限定，这样才能实现为不同的特定境界的自由人格。这些都是在讲具体的人格，而不是指抽象的人格问题。

对人格的理解在考察其与自我、主体、个体、人性、人的本质、人格权等近义概念的关联和区别的基础上才能更加深入，人格概念和这些概念的理解相结合才能达到对人的整体理解。在某种意义上人格和人格权是同一个概念，只有具备了相应的人格权利，人格才能成立。人格权和“物权”、债权等权利不同，它是内在于人的，所以在西方各国的立法体例中，都把人格权当作人之本体来保护。但是严格说来人格是一个整全的概念，除了人格权之外，人格还包含着伦理道德价值、人格自由、人格发展完善的内容，这样人格权只是人格内容的一部分。人格具有的精神和物质利益就是人格权，没有人格权就没有人格的现实存在，在此意义上人格等同于人格权。现代社会个人法律人格的享有是无条件的、普遍的，但人格权的实现却须有必要的物质基础，黑格尔在这里没有明确区分自然人和法人的人格与财产的关系。但历史和现代民法理论及实践已经表明，法人也是一种人格，不仅集体的人可以成为法人，财产也可以成为法人。

人的本质是人存在的根据，对人的认识要以对人的本质的认识作为基础和前提。对人的本质的理解应该从人和动物、人和社会、人和他人几个层级进行考察。“而人的本质属性是指那些把人类和其他物类相区分的东西。但人的本质属性可以有无穷多，从各种不同的角度可以把握到人的不同的本质属性。人的本质则是人的本质属性中最为深层的原因和根据，不同的哲学对人的本质解答全然不同，有些人把自由、有些人把理性、还有些人把实践作为人的最根本的性质或能力。”①把人的个别属性当作人的本质能够将人和动物相区分，但是这个属性也自有其根据来源，所以古代和近代很多重要的思想家由于不能够科学说明这个根据来源而在人的本质问题上陷入了唯心主义。将人类和动物相区分的本质是“类”本质，这个类本质只能是物质生产劳动，这个类本质形成了人的类人格。在人的类本质基础上在社会中将不同共同体中的个人相互区分的是“一切社会关系的总和”，即人的社会本质，这个社会本质形成了人的社会人格。人的类本质（生产劳动）和社会本质（一切社会关系的总和）的统一与人的自然属性相结合构成了人的个体性，即人的个体本质，个人的个体本质形成了人的个人人格。马克思主义关于人的本质学说去除了黑格尔辩证法的唯心主义杂质，接受了其在概念的辩证法中的普遍、特殊和个别关系的辩证逻辑，科学回答了人的本质。

休谟在《人性论》里认为，我们只有首先把握了人性才能去思考其他的哲学问题。人的本质是从相互区别的意义上考察人，人性则是从人的真实存在的角度理解人。人性是指现实的人所具有的共同属性，人性包含着人和高级动物共有的自然属性和人作为类而特有的本质属性。把人性当作人与动物相区别的本质属性的观点是片面的，因为人的存

① 沈亚生：《人格自我与个体性》，吉林人民出版社2005年版，第84页。

在有自然存在、社会存在、类存在和个人存在四种形态。人性是在类存在、社会存在统摄下的与自然存在、个人存在的统一，剥离了人的自然存在和个人存在就不是完整的人性。个人存在就是在三种其他存在形态统一的状态下而形成的个人的具体存在。人性表现在个体的人上是丰富多样的，文艺复兴重新恢复了人的价值和尊严，把人性从神性的压迫下解放出来，这里的人性是作为类的人的人性。启蒙运动确立了理性的价值和地位，强调了个人的权利、自由和平等，作为个体的人性和人格从类中独立出来。有学者认为，“人格以人性的存在为前提，脱离人性的人格是不可能有的。而人性又必须借助于特殊人格的存在才获得了现实性，离开了人格，人的个体性的存在，人性也就成了抽象和虚无缥缈的东西，成为形而上学思辨的对象”①。

人格是人的存在状态和发展状态，它包含着人的本质和人性等多层次的内容，所以不能用人格某一方面的内容指代人格整体。有学者认为，人从内在的角度表现为自我，外在的角度即为人格，这是一种简单化的理解。近代很多重要的思想家都把人格和自我混同使用，自我不仅是内在感官的自我感受，人格也不是完全外在的人的资格和角色，两者是现实的人的两个侧面。没有自我就无所谓人格，人格绝不是独立自足的领域，相反，人格需要道德观念、理想追求等作为支撑。自我不仅指人的肉身，而且尤其指人的理性反思的自我意识；自我不仅包括个人生存活动的经验内容，还包括作为个人存在的深层根据的纯粹自我。

个性和人格在很多内容上是重合的。个性相对于社会性和他人性而言，首先是指主体性、自觉性、自主性，其次是指人的特异性和唯一性。“哲学所说的个性就是个体的主体性，指个人所特有的独特性和创

① 沈亚生：《人格自我与个体性》，吉林人民出版社 2005 年版，第 85 页。

造性，个性和个体是有区分的，个性是指这个人区别于其他人的独特的心理—生理特征的有机结合。”① 个性不同于个体性，个体性是人的普遍性和特殊性对立统一而形成的和整体性相区别的个别性。个人人格以个体性为前提，以个体和整体间的辩证关系为基础去实现发展和完善的过程。

主体一般意义上是指从事认识活动和实践活动的具有相应能力的个人，但主体也可以包括作为群体和整体的人。黄楠森编著的《人学原理》指出：“主体是相对于客体而言的。主体和客体范畴不仅是纯粹的实体性范畴，也不只是一般的关系范畴，而主要是一对功能范畴。主体和客体则是标志着一定的人或事物在一定的对象性关系中的特殊地位、作用、影响和意义的功能范畴。”② 这是对主体作了扩大的解释。主体性哲学的前提是把人作为自主自由的个体、世界的中心和主人，是真理和秩序的制定者，所有的事物都依赖于人和为了人而存在。主体性则主要是指人的能动性、创造性和支配地位。人可以作为认识主体、实践主体、审美主体和价值主体等而存在。

人格概念和主体概念的关系是历时性的，古代社会的人格是身份性的，具有主体性但不一定有人格。黑格尔认为“人实质上不同于主体，因为主体只是人格的可能性。所有的生物一般说来都是主体”③。我们不同意所有生物都是主体的看法，但主体不一定具有完整的人格。奴隶具有实践能力和认识能力而是主体，但未被赋予权利能力，没有认识到自己是具有无限自由意志的个体而不具有人格。即使作为一个自由人，如果他不能自主理性思考，只会盲从权威或完全听命于别人，他也

① 沈亚生：《人格自我与个体性》，吉林人民出版社 2005 年版，第 86 页。

② 黄楠森：《人学原理》，广西人民出版社 2000 年版，第 245 页。

③ [德] 黑格尔：《法哲学原理》，商务印书馆 1961 年版，第 46 页。

不具有完整意义上的人格。因而黑格尔认为人格就是不仅要具有主体性，而且也要认识到自己的主体性，认识到自己是具有自由意志的独特的人。启蒙运动以来确立的理性、自由和平等等观念发展至现代社会，使每个自然人至少都具有基本的形式上的法律人格，所以即使个体的人不具有主体性也可以具有法律意义上的人格，主体性对人格的意义主要体现在人格发展完善方面。

二、抽象人格及其绝对性、无限性和平等性

黑格尔在《法哲学原理》中通过导论和序言的总括性分析，首先将人格论落实在抽象法上，并给出了抽象人格的概念，这是他在本书中唯一明确表述的人格概念。抽象人格是黑格尔为展开法哲学理论而抽象出来的概念，它的本质是人的自由意志和理性思维。抽象人格就是人类自身把自己从物中区分开来的“类”的自我意识，是人类对自身高于动物的能力和可能性的一种自尊感。自由意志概念被他当作是一种精神实体，但是他并没有如柏拉图那样将世界分为理念世界和现象世界，也没有如康德那样将世界分为现象世界和“物自体”世界，他的自由概念是跨越两界的统一体，因而自由意志与它的直接现实存在结合在一起，这种结合首先体现在人的有限性基础上的无限人格（抽象人格）和作为基本权利体现的法律人格的结合上。在抽象法中，人把外部世界当作对象而形成主客观的对立，个人在这种对立中形成关于外部世界的对象意识同时又作为自我意识而存在，但此时个人对于自我及自我与外部世界的关系的自我意识还只是抽象、直接的存在，只是社会发展和时代精神的直接产物，尚未经过主体自我的自觉反思，因而只能是人格自由的直接抽象的环节。抽象人格赋予个体人格以抽象的自由，是作为“类”的人的形式自由。

我们知道，黑格尔提出的“纯粹自我”是指抽象人格，是个人存在的最深层的本体，是人格自我同一的最终依据，是自我或自由意志的概念。人格在本体论上是自由意志的存在，同时还要有一个认识论上的概括性的自我的存在，以区别于非我。自由意志概念作为本体在逻辑上是无任何规定性的纯粹自我，人格始于对个体性的纯粹自我的意识和抽象。黑格尔意指对纯粹自我的意识是人格存在的开始，从逻辑而言，人格自由的初始阶段表现在纯粹自我上，纯粹自我没有任何规定，它就是绝对的自由，但是绝对自由不能实存，因为它是纯认识、纯思维。

我们通过分析能够知道，对抽象人格的自我意识是以纯粹自我本身为对象的，这里的人格是抽象、单一、无限的人格，这个人格是“……无内容的单纯自我相关”①。黑格尔区分了一般自我意识和抽象人格，意指当具体的个人对自身具有一般自我意识时，他尚未形成人格意识，因为这个自我意识是“……仅按照自然意志及其仍然是外在的各种对立的自我意识”②，即是说这个自我意识还只是把自我的具体规定作为与自我“对立”的认识对象，当然也就不是自我的单纯同一；同时这个自我意识还只是自在或自然的自我意识，因为它不能自觉地将纯粹自我从自我的具体规定中抽离出来而作为自我意识的唯一对象，这里的区别表明了抽象人格是人格自我同一性的根基。抽象人格表达了黑格尔的人格指向、人格实体和人格自我同一，他说：“个人和民族如果没有达到这种对自己的纯思维和纯认识，就未具有人格。”③这句话是说人格同一性首先落实在抽象人格上，也就是说人格首先是自我的抽象同一，然后才是附着在抽象人格上的精神、肉体、社会的具体属性。抽象人格同一关系

① ［德］黑格尔：《法哲学原理》，范杨、张企泰译，商务印书馆1961年版，第45页。
② ［德］黑格尔：《法哲学原理》，范杨、张企泰译，商务印书馆1961年版，第45页。
③ ［德］黑格尔：《法哲学原理》，范杨、张企泰译，商务印书馆1961年版，第45页。

到个人和民族的自我认同。我们说到某人时，首先也是对他的抽象指称，起初也并未涉及其具体属性。对于国家和民族而言，抽象人格则关系到民族国家的认同感和归属感，如中华民族、中国人等首先就是国格、"族格"的抽象人格的认同，没有这个抽象人格的认同，尽管在族源、文化、语言、生活方式甚至思维方式等方面完全相同，也会出现国家、民族在思想文化上的分裂。正由于各种因素形成的国格、"族格"的抽象认同，世界上才出现了有许多民族的国家和多种族的民族。

人格自我是具体特殊的，抽象的纯粹自我与具体人格自我是一体的，两者的分离只是一种抽象分析，具体的人格形态即是纯粹自我不断获得具体规定的过程，人格自由是纯粹自我获得具体自由的过程。人格自我实现是从人格自我在具体规定或人格自由的特定形态中，意识和体验到自我的普遍性和无限性的过程，但这个普遍性和无限性是纯粹自我的抽象的普遍性和抽象的无限性与人格具体规定、具体形态之间互为中介、相互渗透而形成的具体的普遍性和无限性。

抽象人格是体现于人类所有成员中每一个人身上普遍具有的原始素质，具有类的普遍性。抽象人格是人的统一人格的抽象，黑格尔认为它的本质就是人的自由意志，并且内在包含了人格所有规定的可能性，法律人格、道德人格、社会人格、政治人格等都是这个抽象人格的具体化和现实化。抽象人格是去除了人的具体内容的所有的人都有的人格，实质是对人的底线价值的尊重。更为重要的是黑格尔在人格自由本质认定的基础上通过作为普遍人的人格抽象、人人具有的权利能力和个人能够无差别享有的具体权利表达了某种意义上的人格平等的思想。以抽象人格为基础个人享有的基本权利在抽象法阶段只是一种可能性、一种理性的要求或者时代精神。黑格尔的用意不是将其和社会现实相印证，而是将其作为人格自由的基础或最低要求进行逻辑论证，通过人格自由意志的自我否定，由这种基础和底线权利逐步发展到主观精神自由和伦理阶段的具体自由。

人格自由首先是在抽象人格和法律人格形式下的自由，但是抽象人格仅是抽象的自我意识，法律人格也只是直接性的形式规定，人格自由在抽象法意义下的实现还要依赖不同个体的自我意识之间的相互承认，仅有个体的自我意识对自由意志普遍性的认知和体验还不够，只有在个体的人之间的相互承认中，抽象人格和法律人格才能成为现代社会的法律精神、法律意识，才能真正成为现代伦理精神的一部分。霍耐特认为，自由只有在平等者之间才是可能的，这当然是正确的，不同自我意识之间的相互承认就是一种平等。黑格尔把自由意志的概念等同于精神自我，等同于人格自由的精神，而将人格平等的精神排除在精神自我之外，这显然是霍耐特对其自由观的批判的合理性所在。自由和平等作为人类精神的内在规定是不可或缺的，黑格尔在对自由精神进行概念阐述的同时，也不自觉地由精神自我的概念必然性决定着，在某种范围内阐述了人格平等的思想。他在《精神现象学》中确认自我意识的统一性即是精神，而自我意识的统一性现实上也只有自我意识的相互承认才能够确定，在《法哲学原理》中他将精神确定为法和自由的精神，因而自由和法的精神同时也就是平等的精神。

在概念的思维方式之外，关于人格平等的思想都是知性分析和表象思维，我们准备在这样一个层面上将黑格尔可能的人格平等思想固化下来，至于关于人格自由和潜在的人格平等的概念思维的成果，则表现在对本书的整个的分析过程中。抽象人格只是“形式的普遍性”，由于具体内容上的贫乏，它只是自由的初级环节，抽象人格形式下的个人自由只是一种自由的可能性、抽象性，是一种获得自由的能力。如果把这种能力、可能性、抽象性当作绝对的和永恒的，就会得出“天赋人权”

和“人生来自由”的结论。

我们知道，人格原意是演员的面具，后来引申为人的社会角色，在社会关系中每个人都有自己的社会角色，因而每个人都有自身特殊的人格。人格首先是个体性的，个体性人格又是普遍的、抽象的，这个普遍性和抽象性也即是平等性。每一个人不论出身、财富和个人天赋，在抽象人格上都是平等的，并且都具有平等的基本人权。这种抽象性和形式性的权利，是每一个人都享有的，本质上是一种做人的资格，是关乎人本身的重要规定。黑格尔法哲学的人格有一个绝对命令：“成为一个人，并尊敬他人为人”，这与康德道德的绝对律令——人是目的相比较，两个准则的形式是一样的，从这一点说，黑格尔是继承了包括康德在内的启蒙思想的人格自由的前提。但是黑格尔是在抽象法的范围内确定的这个法律原则，尊重的也仅是个人的抽象人格，而康德则是在整个的人类实践领域确立这个道德原则，因而在人格自由发展理论上康德走得比黑格尔更远，更能得到新旧自由主义思想的接受。

抽象法中的人尚未特殊化，人格在形式上是平等的，但由于这种平等与目的、需要、任性、才能、外部情况等无关，所以只能是一种直接、抽象和形式的平等，现实中一般所说的人格平等首先是指抽象法意义上的平等，即抽象人格和法律人格的平等，我们把这种平等的内涵分为三个方面。其一，权利能力上的平等。严格说来，权利能力是一个法学、法律概念而不是一个哲学概念，在此意义上，权利能力的平等是一种法律拟制，在现代社会的文明条件下，个人不管有无自我意识、自由意志、责任能力，都可被认为具有权利能力，具有人之为人的基本资格。权利能力从法律拟制的角度来说，也是一个形式规定。其二，抽象人格意义上的平等。一方面是指个人在自由意志存在的可能性上是平等的。有些人尚未自觉到自由意志的存在，也即是说尚未意识到“纯粹自我”，但是在这些人的意识中都包含着自由意志存在可能性，所有的人在这一点上是平等的。另一方面是指在个人自由意志发展的可能性上是平等的。现实中有些人已经具有了自由意志，有些人尚未具备自由意志，他们之间是实质不平等的。有些人对自由意志的自我意识更为深入，实现自由意志的能力更强，有些人则相反，他们之间也是实质不平等的。但是对于拥有自由意志的个人而言，他们都具有使自由意志充分发展和实现的可能性，这一点是平等的。其三，法律人格包含的基本权利形式上的平等。抽象法确立的基本权利是自由意志的直接定在，但是这些基本权利的享有在黑格尔的时代甚至在当代在“实质”享有上也还没有达到真正的平等，也是一种应然的平等，所以黑格尔在论证的时候把这些基本权利放在抽象法的部分，以表明这种平等的形式性，因此抽象人格和法律人格的平等只能是人格可能性和形式性的平等。

我们从黑格尔对抽象人格的论证中得出了人格自由和平等的结论，但是他的论证过程是有缺陷的。首先是将人格的自由本质作为逻辑的必然性来接受。其次是人格自由与私有财产和商品经济没有必然联系，黑格尔将私有财产和制度作为人格自由的前提。我们以为，人格平等和自由实质是人类在长期社会实践和社会矛盾斗争的基础上形成的，是人类普遍自我意识结构的外化和固化，也是人类自身的自我设定。个人的自由意志并不是人先天具有的，个人在社会实践活动和社会关系的基础上具有了理性思维能力后才能形成和发展。教育的目的就在于使人萌生和发展自由意志并通过掌握知识而培养实现自由意志的能力。

我们通常所说的人格平等是抽象性、形式性的，是“法律面前人人平等”，在确定的意义上也仅指权利能力、抽象人格和基本权利形式上的平等。现实中人格总是不平等的，个人在财产和社会资源、基本自由权利的实质内容、人格自由发展的机会、先天禀赋和后天努力、道德修养和品质、社会和国家中拥有的权利等诸多方面是不平等的。即使在作为法律人格构成环节的基本权利方面，也不是所有的人都是平等的。个人在法律意识和法律知识基础上形成的法律人格，在自我规范和自我反思基础上形成的道德人格和在社会制度和国家中形成的具体人格也是有层级而在价值上也是有高低的，因而也是不平等的，但是每一个人都具有成就具有现代精神的法律人格、高尚的道德人格和完满的具体人格的可能性，在这一点上任何人都不能被轻视因而是平等的。罗尔斯的正义原则作为来自时代精神造就的正义直觉而言并不深刻，但它的重要性在于当人们都满足于人格的抽象形式平等时，他却给出了现实中实现人格平等的可操作的方案。

三、法律人格、道德人格和伦理人格

黑格尔在《法哲学原理》中对“法”做了扩大的解读，指出“法或权利不能只理解为有限制的法律的法或权利，而是要广泛地理解为自由的一切规定的定在”①，他明确将道德等非法律的部分也作为法的内容。贺麟先生在《黑格尔著〈法哲学原理〉一书评述》中对此进行了说明，因而人格在黑格尔法哲学范围内就包含法律人格、道德人格和伦理人格三个主要环节。黑格尔在《法哲学原理》中将抽象法所对应的个体的抽象人格和法律人格作为法权人格的“逻辑上”的第一个环节，第二个环节是道德人格，最后则是伦理人格，而这正是本书对黑格尔法哲学人格自由思想研究的主要线索之一。在《法哲学原理》中，法律人格是权利能力和基本权利的统一体。权利能力是作为法的意义上的人所具有的资格和能力，基本权利是个人在私法的范围内所享有的必要的权利。

---

① ［德］黑格尔：《精神哲学》，杨祖陶译，人民出版社 2006 年版，第 314 页。

需要明确的是，抽象法涵盖的仅是私法的内容，并不包括公民的政治权利和国家公权的内容，特别是黑格尔将刑法也当作对个人自由权的规范而不认为是公法的内容，因而抽象法所建立的是法律上的私法人格，我们在本书中所论述的法律人格就是这种私法人格，但是为了行文方便，我们仍将其称为法律人格。

在法学和法律的范围内，法律人格是人在法律上的主体资格或法律地位。黑格尔本人并没有明确提出法律人格的概念，这是我们根据法哲学理论并运用他的逻辑分析的结果。抽象人格作为人之为人的资格和个体自由的可能性，不仅局限于法律范围内，是作为人格自由发展的逻辑起点，抽象人格包含权利能力在内，但并不限于权利能力。抽象法是在对“法”的意义上的人的资格和能力及个体对自我自由可能性的自我意识认定的基础上，以法律意识、法律精神和法律原则为前提对个人的基本权利义务的确定，因而权利能力和基本权利是法律人格的两个环节。人和人之间由于抽象人格和法律人格的不可侵犯性而在某种意义上处于对立中，人格不会仅仅限于纯粹自我的抽象直接性和财产权的外在性，而要求对人格自我和不同自我意识间的关系进行主观反思。

在中国文化和哲学的范围内，人格主要是指道德人格，是个人在道德上的造诣和人生境界，并蕴含了人生的价值和意义，我们一般所说的“人格魅力”、“人格精神”、“人格高尚”等，主要就是在道德人格意义上来讲的，这不同于抽象人格和法律人格所规定的基础性的做人的资格和基本权利的内容。主观自为的道德主体，具有自我意识和自主性，能够把普遍的“善”作为主观意志自己的普遍性，能够将普遍的“善”内化于自身中，所以主观意志和普遍的“善”能够自为地同一。道德人格是对人格自由的直接自在的规定性进行反思，是对自由的本质或普遍的善的认定、认同，是达到主观意志普遍性的意志努力。

黑格尔从主观道德和客观伦理两个方面来展示伦理人格的现实结构。主观意志的法（道德）是道德人格合理性的依据，他关于道德本质、道德意识和道德的主观自我确信等内容的阐述，实际上也是对道德人格内在结构的设定。道德是一种关系，是主观意志与其可能达到的成就即主观性的普遍性之间的关系。从故意、意图到良心体现了个体自觉自省能力的发展，从责任意识和能力、普遍意图到良心，主观意志愈发普遍，道德境界愈发高尚，道德人格愈发崇高。主观意志与善的同一造就的是一种理想人格，道德实质上是处在抽象人格和理想人格之间的动态过程，并且是有境界高低区分的。虽然黑格尔明确表示反对，我们仍然认为人的道德观念和道德行为是有境界高低和价值大小之分的，是个人主观意志趋向普遍的善时能感受到的精神上的不同层级的自由。

在黑格尔看来，客观伦理的第一环节——家庭是家庭观念与自由意志概念的统一，市民社会是社会意识与自由意志概念的统一，国家是伦理精神与自由意志概念的“同一”，它们都体现了人格自由实现程度的差序结构。伦理是人格具体自由的实现，抽象法和道德分别是黑格尔分析伦理的逻辑构成而要予以扬弃的环节，是为了最终说明只有伦理才能成就人格的逻辑环节，同时人格的法律面向和道德面向统一在现实的伦理人格当中。具体的伦理人格自由同样需要不同的人格形态作为载体予以实现，抽象人格和道德人格都是“理性的设定”，而家庭成员、市民和公民则是不同形式的现实的伦理人格形态。黑格尔用伦理人格形态运动的逻辑直观地表达具体自由的发展过程，本质是人格自由特殊性与普遍性、实体性与主体性相统一的过程。

冯友兰先生认为人生有四种境界，在自然境界中人按照风俗习惯和本能生活，并由此形成了初民人格；法律境界大致对应于功利境界，产生的是法律人格。道德境界产生道德人格，天地境界产生宇宙人格。

人生的境界就是人们在社会意识中所能达到的人格自由程度。人格的多种属性之间存在着互相竞合的关系。就现代社会而言，主要存在着作为社会关系理想性追求和应然性标准的道德人格与体现现代法治精神的法律人格之间的冲突和协调。普遍的人的自由的普遍性的直接表现就是抽象法。在主观精神自由发展上，人格自由“正—反—合”的发展韵律同样会客观地表现出来。我们传统上对法的期望只是在于建立社会的行为规范，在价值上这种规范还低于道德等其他的规范，从现代法权人格论来看，法律人格是一种物化人格、依附人格，个人只有拥有必要的财产才不会使自己的人格流于形式。人有权把自己的自由意志外化在自己有权占有和支配的物上，从而使自己的人格脱离了主观性而具有物质载体，使其他的理性或自由存在者尊重他的自由具有了基本前提。黑格尔认为财产权的重要意义在于扬弃人格的纯粹主观性。财产是人生存的必备条件，是人社会生活的重要内容，是人格自由意志的显现，是人之为人的重要标志。

抽象法是人们对普遍的社会规范的共识性的理性法则，在普遍的理性法则指导下人对财产的支配和使用意味着个人独立自主意识的觉醒，因而对于人格独立具有积极意义。道德则是对抽象的理性法则予以反思的自为的自由精神，伦理是两者的统一。在伦理中的人格内涵和属性的变迁，反映了人格的法律属性与道德属性间的关系，反映了特定时代对人的态度和看法。在黑格尔的时代，法律人格与道德人格的关系发展，表现出人格的道德化和“去道德化”（法律化）统一的倾向。黑格尔认为道德上的自由主体具有承担责任的能力和意识，行为有普遍性的意图，能够通过良心达到善，即具有基本的人格尊严和不同层级的内心自由。这能够看出自文艺复兴以来的启蒙运动以自然法和自然权利理论作为政治革命的思想武器，通过人权、自由、平等、博爱等进步思想对黑格尔的政治法律观产生了重要影响。《拿破仑法典》破除了以身份确定人格的法律制度，标志着法律人格与道德因素结合的可能性的建立。人格之取得，不是因为他是怎样的人，而是因为他是人，同时人格被理解为人的存在价值、人的尊严、人的自由和作为人权获得的依据。人格的法律化、“去道德化”和泛道德化的倾向，体现了在社会伦理现实中的不同人格面向，黑格尔所设计的伦理试图统一这些倾向。

黑格尔在法哲学理论中，以自由为出发点、本质和目的阐述了关于人的自由的思想，他超越康德的自由形式定义的方面，首先是将自由作为概念上的一个逻辑演绎的过程，现实上的自由形态的进化过程。其次是他不把自由单纯地作为一个形式性的绝对命令，而是将其看作具有实质内容的具体的普遍性。自由的概念是理性，是源于人类而又普遍化、客观化的理性；自由是善；是概念辩证法中的生命原则，是人身上的矛盾状态——具体与抽象的矛盾，普遍与特殊的矛盾；是伦理精神、社会正义原则。自由的理念则是自由的概念与实存的统一体，是实现了的具体自由。人格自由是矛盾的存在，人格的不同面向之间存在着不同的矛盾状态。道德人格指向的人格完善是一种矛盾的解决状态，如“利他”完全压倒了“利己”，为人完全战胜了为己，经常表现为牺牲精神、奉献精神等。而伦理的人格则是一种平衡的状态，是根据时代精神及对人的理解和态度而在为人和为己、奉献和索取、利己和利他之间达成一种平衡，法对于人的规范就是这样一种平衡。

西方人把法当作一套概念体系，里面有逻辑、有规律、有普遍的东西，人按照法去做就可以实现人生的价值和意义。不同时代的人性、人格理论表达了该时代对人的基本看法和态度，也构成了该时代和相应的民族和国家法律制定的基础。黑格尔法哲学理论中的伦理精神更多的是一种法律精神，伦理的规章制度更多的是一种法律制度，现代社会治理的法治思维是黑格尔从他那个时代继承下来的。现代法治社会中，法律人格的确认和维护已经成为规范个人行为和人际关系的基本面向、价值判断的基本尺度。现代社会和国家治理的理想模式是法治，现代人际关系和社会关系的规范样板是法律规则和司法诉讼，法律在现代社会逐渐变成了与科学一样的准意识形态。

现代经济是商品经济和市场经济，以其为基础建立的是平等化和形式化的社会关系原则，个人表现为“经济人”和“法律人”的存在状态。现代社会中的人，只要其具备正常的心智，能够约束冲动的情感，能够理性地做出判断，并且能够负责任地承担行为的后果，就基本具备了在现代社会生存和发展的资格和能力。法律人格也逐渐成为现代社会一种对人的基本价值定位，人们主要以法律人格相互面对和发生联系，人们的行为主要是以一种道德的应然性要求为背景，以法律确立的最低限度的道德标准行事。法律人格成为现代社会个人之间相互对待的基本的人格形式，对我们而言，并不表明我们认可它是一种高阶的人格，是个人自我实现的最高形态。法律作为一种意识形态虽然强势，但是现代人不仅仅是法律上的主体，而且是也是道德主体，法律和道德并不是割裂分离的，也就是现代人不只按照法律行事，而且从人格完善发展的角度而言，现代人也应该对自己提出更高的道德要求。真正的人是体现着社会价值和意义的人、完整的人，法律人格、道德人格、伦理人格等，只不过是在伦理学、法学等层面对人的评判和表征。

第二节 自由意志的必然性和普遍性

黑格尔把自由看成是人的必然本质。康德则把自由意志的存在看作是先验性的，是在理论理性中为人类的自由“预留的地盘”，所以自由意志的存在是一种假设，虽然不能够证明，但是也不能否定。① 自由意志只能假设的根源在于康德在“物自体”的世界和现象世界之间设定的无法逾越的鸿沟上。黑格尔用概念的辩证法推论出本体论、认识论、方法论和逻辑学的统一，从而使自由意志具有了本质性、必然性、过程性、真理性的统一，自由意志的存在和发展不再需要假设。同时自由意志的必然性与个人自我的主体性之间相互支撑，由两者决定了自由意志具有普遍性，这个普遍性一方面是存在的普遍性，即自由意志广泛地存在于人类主体意识当中，另一方面是由自由意志形成的精神的普遍性，即在不同的个体人格中的共相、本质，也就是人格精神。人格精神就是人格自由，或者把两者合并起来称之为人格自由精神，表达的内容都是人格的自由本质。自由的人格具有普遍性的逻辑构成，表现为人格的形式规定和实质内容。

一、自由意志作为法和人格自由的逻辑起点

《精神现象学》和《法哲学原理》的基本任务之一，是在认识论和伦理学的维度上证成自由的真理性，而动因直接来自黑格尔对启蒙思想中抽象自由的接纳，也来自对康德认为自由作为“物自体”是不可知的思想的批判。他在《精神现象学》中指明，精神自身确定性的证明不是唯心主义的直接认定，而是精神自我概念的否定的辩证运动直接呈现出来的过程本身，也就是精神寻求自身确定性的运动过程就是自由的证明方法。这个证明方法从形式上说是自上而下的，他的自由真理性的证明是从哲学神学到近代独断论，再到康德的自由证明理论发

① 参见邓晓芒：《康德自由概念的三个层次》，《复旦学报》（社会科学版）2004 年第 2 期。

展的成果，“他继承了神学设定一个绝对自由的本体，再通过它的异化回归自身并证明自身绝对性的路径”①。黑格尔反对运用经验科学设定的方法，给哲学提出一个开端或前提，因为这个开端或前提不能保证其必然性，但是“形式”上他在法哲学中提出的自由意志具有设定的外部形态。法哲学是绝对精神经由人的意识客观化、普遍化而成的客观精神，客观的自由意志由绝对精神保证其客观存在，在文本上已经由逻辑学进行了证明，因而在法哲学的开篇中黑格尔直接将其作为逻辑起点。

黑格尔的法哲学也即是他的伦理学和社会历史学，与康德一样，他也直接将自由意志作为伦理学的逻辑起点，这说明在当时人格自由的观念已经深入人心，许多哲学家都认为自由不是外在于人的客观规定而是根源于人的内心和人性。法哲学虽然没有独立的人性论，但显然黑格尔已将自由的根基设置为人性、理性。黑格尔把理性区分为观察的理性和自我意识的理性，观察的理性是认知的理性，自我意识的理性才是行动的理性和自我创造自我的理性，因而作为自由的存在基地的只能是自我意识的理性，而这个自我意识的理性就是精神。自我意识的理性具有自我意识之间的统一性和自我意识运动的概念必然性。在《法哲学原理》中，黑格尔将精神等同于自由意志的概念，以凸显精神主体性、能动性和创造性的方面，那么由此我们可以知道，黑格尔实质是认为只有在精神的层面，人类才能达到和实现自由，因而局限在自我意识内的主奴意识、苦恼的意识、怀疑主义、斯多葛主义、变化的意识等，由于没有达到精神（社会化了的、人类共同体化了的意识）的高度，所以还没有达到自由。通过以上分析，我们能够知道，黑格尔把自由、精神与人

① 王天成、程宇驰：《黑格尔自由观的基本路径》，《社会科学战线》2012 年第 9 期。

的社会化联系到一起，只有这样，精神性的自我才能够达到具体自由的实现。

近代的主体理性哲学把人与理性画上等号，认为人性就是理性，理性不仅成为知识的标准，而且作为人类实践的普遍性的道德标准。康德认为纯粹理性和实践理性是分立的两个领域，与之相反，黑格尔则认为理性作为思维过程的另一面即是实践意志，认知理性和实践理性是同一思维的不同侧面。他在《精神现象学》中将精神描述为始自个人意识的社会化意识形态的自然发展过程，从观察的理性到精神是自然的过渡，两者之间并不存在不可逾越的鸿沟。康德的理性主体是立法者，为自然界和人本身确定理性的认识原则和实践原则，内在的任务是形成关于对象的知识，外在的任务是用理性构建形式的自由。黑格尔的理性主体是概念发展的一个特定环节，内在的任务是认识已经客观存在的概念的辩证法，外在的任务则是实现概念已经规定好了的自由，真理和自由就存在于人类世界的此岸。而且，他比康德走得更远，他同时也将自由作为人格、法、道德的本质，把历史看作是自由理性的历史。个人的自由意志普遍化、客观化为自由精神，法哲学就是自由精神外化为定在并形成辩证发展的过程。

黑格尔的法哲学理论以自由意志作为理论展开的逻辑起点，他在《法哲学原理》中明确指出，“法的基地一般说来是精神的东西，它的确定的地位和出发点是意志”①。在《法哲学原理》导论中黑格尔指出，法的逻辑起点是自由意志，但是关于“意志的本性是自由”的证明，在他之前主要是在经验心理学意义上进行的。他认为，“但是与其采用这种

① ［德］黑格尔：《法哲学原理》，范杨、张企泰译，商务印书馆1961年版，“序言”第10页。

方法，还不如直截了当地把自由当作现成的意识事实而对它不能不相信，来得更方便些”①。如果脱离黑格尔的哲学整体，特别是脱离他的逻辑学从表层来看，这种说法比经验心理学的说明更直接、更直白，即自由意志作为法哲学的开端是不言而喻、不证自明的，我们当作事实和理论演绎的前提接受就可以了。其实，为哲学和理论设立未经证明的前提，正是黑格尔批评的伪哲学、伪科学的一个重要方面。一方面，在当时的欧洲由于受到启蒙思想和法国大革命的影响，至少在当时的知识分子中间，人格自由权利的观念已经深入人心，所以将意志的自由当作理论的出发点是不违背常识和可欲的。另一方面，黑格尔实质上只是将在进步知识分子中间已经接受的、自己也深为赞同的自由权利观念当作一个既成的事实来接受，他本人也说过哲学家脱离不了他所处的时代，并受到时代精神的决定。而他的这种观点的根基与合法性证明存在于《逻辑学》所阐释的事物发展的逻辑必然性当中。

但是，他所说的“精神”（自由意志的概念）有神秘化和世俗化两方面的含义，他认为精神实体通过“纯粹的否定性”外化自身，精神是真正的实体即主体，这里的精神指向神秘的“绝对”，因此在“法哲学”中黑格尔又做了一次跳跃，即将这个神秘绝对的主体转换为人类主体，或者说精神主体就存在于人类自身当中。精神的否定性即是其实现自身的“绝对冲动”，也就是自由意志。因而，在他看来，自由意志不是人类的本性，而是绝对精神固有的属性，人的自由意志来自精神实体的外化和赋予。

他在《法哲学原理》导论中指出：“哲学形成为一个圆圈：它有一个最初的、直接的东西，因为它总得有一个开端，即一个未得到证明

① ［德］黑格尔：《法哲学原理》，范杨、张企泰译，商务印书馆 1961 年版，第 11 页。

的东西，而且也不是什么成果。”① 但是按照逻辑学规律，这个开端必然是前面一个发展的“圆圈”的终点，这个哲学的开端只是相对“直接”的，它总是哲学理论另一发展阶段的成果。我们同意并接受这样的观点，哲学的发展不是一条直线，而是螺旋式的否定之否定的过程。哲学不是凭空创造出来的，它是整个哲学发展史的一个环节。自由意志作为黑格尔法哲学的逻辑原点，在《法哲学原理》作为一个文本的形式上是并没有经过论证因而未被证明的，但自由意志必然性的依据在于他的逻辑学，逻辑学是他的哲学理论和法哲学理论的阿基米德支点。这是黑格尔把自由意志作为法哲学理论逻辑原点的一层意思。

自由意志作为开端不是不可证明的。黑格尔认为，法哲学作为科学的目的是考察作为事物发展的规律即“理念”，理念作为事物固有的规律则要通过事物的发展过程体现出来，那么先前的成果和真理作为理念已经经历的过程，是要被理念扬弃的环节，它们做出的证明是缺乏效准和真理性的，因为哲学是对发展成熟的现实进行的描绘，当它把现实的“灰色”描绘成“灰色”的时候，现实已经向前发展了，哲学所描绘的真理已经“过时”了。同时向前寻找论证的依据无异于开展了一个反向的证明过程，所得到的只是失去效准的、被扬弃了的环节的真理。黑格尔指出自己在《哲学全书》中关于理智作为意志，从感情直至思维经历的种种规定中产生自己的途径，并用此作为意志自由性证明的一个前提。他想以意志的产生过程来说明意志的自由性质，对自由意志而言，从其产生的必然性的角度来证明它的普遍性、客观性是最符合逻辑的，但这个意思他并没有直接点明。《法哲学原理》作为黑格尔的伦理学和社会发展理论，理论论证和演绎的过程本身就是对自由意志的存在发展

---

① ［德］黑格尔：《法哲学原理》，范杨、张企泰译，商务印书馆 1961 年版，第 4 页。

和人格自由权利实现的证明，这是自由意志作为法哲学理论逻辑原点的第二层意思。

贺麟先生在《黑格尔著〈法哲学原理〉一书评述》中认为黑格尔不是从社会存在出发，而是以抽象的意志来确定人格自由享有的逻辑，即人人都有意志，意志本质是自由的，人的自由本性决定了人即享有与生俱来的权利。我们接续贺麟先生的批判能够知道，黑格尔设定自由意志必然性中的逻辑是脱离现实的，“人生来自由”只是一种假定。贺麟先生这里虽然只说明了黑格尔思想的逻辑矛盾，但我们也能够清楚地看到黑格尔把自由意志看作是法的出发点存在的问题，他确定自由意志是法的实体和规定性，他把意志和自由看作是同一个东西，实际上是把自由看作是人的先验规定。他设定的自由意志实际上表达了现代社会到来之际人们对自由的渴望，尽管现实中人们在多数情况下是不自由的，但人们总是在自由意志的激发下追求着自由的实现。确立人的自由意志的先验存在，《法哲学原理》实质就为人格自由确立了一个前提，从而就可以进一步探讨在自由和法的发展过程中，人格自由完善的过程和不同人格自由形态的内在逻辑关系。

康德的《实践理性批判》和黑格尔的《精神现象学》、《法哲学原理》、《历史哲学》都设定意志自由作为一切人类社会问题思考的出发点和前提。这是那个时代人道主义的伦理和社会历史观念渐成意识形态主流的一种表现，也是黑格尔青年时代受到人道主义启蒙运动影响而表现出来的可贵之处。人道主义世界观的要义是认为，自然界服从自然律，而人类服从自由律，自由的本质在于理性和自主。人类的自由不是服从于，而是凌驾于客观的自然规律之上，人类有着独立于自然和优先于自然的意义。黑格尔的唯心论就是这样认为的。

包括黑格尔在内，德国古典哲学家一般以自由意志作为人格的本质，这体现了他们将自由和精神看作是人的本质的倾向。马克思把人看作是以实践为基础的生理、心理、伦理相统一的多维的存在，认为对人的研究应坚持两个原则，即现实性原则和实践性原则。黑格尔的人格自由思想以抽象概念的逻辑演绎为基础，同时又能够在伦理学说中实现逻辑与历史的统一，但是他的前提和出发点则是颠倒的，即不是从活生生的现实的人，而是从精神性的自我意识与自由意志出发阐释有关人格自由的思想。从以上的文本分析中，从学者们对黑格尔的研究文献中，我们都可以看到黑格尔把人格自由设定为一切社会历史研究的前提和出发点这一事实，我们可以看到我们在本章开始所指出的，虽然《法哲学原理》的直接研究对象是法或社会历史规范，但同时该书也是研究人本身、人性和人格的自由本质，以及它们在社会伦理规范的限定中如何获得实现的理论。

二、由主体性、必然性决定的自由意志的普遍性

黑格尔的概念辩证法中的“概念”自我相关、自我否定，自己是自己的原因，因而概念也是主体，虽然他将主体泛化，而不局限于人类主体，但是在法哲学的社会伦理领域他将一般抽象的概念主体明确地转变抽象为人类主体，把所有主体都具有的一般能动性替换为人的自由意志，这是由人的主体性保证的自由意志的普遍性。自由的普遍性和主体性最后是由自由的逻辑必然性保证的，而且由于自由总是外化体现在人身上，因而人格自由就具有了普遍性的逻辑结构。人格自由是普遍性的，具体说来就是抽象人格和法律人格的抽象的直接普遍性，道德人格的特殊的主观普遍性和伦理人格的现实的具体普遍性。因此人格就表现为普遍性的人格，由于黑格尔将精神看作自由的本质，这种普遍性的人格就是普遍性的人格精神，就《法哲学原理》整体而言，它首先要表达

的是人格自由的精神。

《精神现象学》中的意识形态可以是个人的，也可以是整个人类的，黑格尔虽然从经验的维度来考察人的意识形式，但是他得出的关于人类自我认识的知识却是概念性、普遍性的，因而其中的“自我”只能是普遍性的自我，人是普遍性的人，人格也只能是普遍性的人格。个人是一个自我，民族、国家和整个人类也是一个自我，人具有个体性，伦理共同体也具有个体性，为了加以区分，他将个人自我称之为个别的自我，但是这个个别的自我除了从概念中获得的必然性、普遍性和客观性外，那些人的偶然性的性征一概不被考虑。黑格尔在法哲学中特别强调，如果不使用概念，是没有资格进行哲学讨论的。在法哲学的抽象法和道德中，人被当作同质性的自我意识，由于同样被抽掉了偶然性的特征，所以个人的自我意识和共同体的自我意识是同一的，在伦理中虽然出现了个人，但也是伦理的偶然性和手段。普遍性的人或人格是一，而无数个个体的人格是多，每一个具体的人格都是感性具体的存在，而“一”并没有自己独立的实存，而只能存在于众多的、具体的人的意识当中，所以普遍的人和人格只能是一个共相、本质，或者说它就是人格概念和人格精神。从黑格尔的逻辑学、意识哲学、伦理学和历史哲学整体来看，他实际上已经设定了人性的尊严和价值一直客观存在着，而只是在不同的逻辑发展环节和历史阶段自我展现和“去蔽”的程度不同，人格尊严和价值是精神的固有内容，精神的主体性要为自身的现实化寻找依据，而这个依据就是现实化本身。

黑格尔在《法哲学原理》导论中确认“自由意志是普遍的”，在自由意志的普遍性中，特殊性和限制都被扬弃了，只有当人们对自由意志的主观认识与自由意志的概念之间，人的个体性与客观的自由意志之间存在差别时，普遍性才被限制，才具有特殊性的内容。他认为普遍性首先是表象层次的抽象或外在的普遍性，这个对应于抽象法的普遍性。尽管具有抽象、外在、直接的特点，但是抽象法反映的是它的自由概念的本质，自由意志概念的普遍性不是共同性或全体性（尽管抽象法首先就表现为共同性或全体性），也不是外在于具体事物和人的抽象的普遍性或理智的同一性，而是具体的普遍性、自为的普遍性。我们把自为的普遍性、具体的普遍性综合为主体性的普遍性，正如下文我们要分析的，自由意志、人格自由及其结构的普遍性正是来自这个主体性。在自由意志的主体性基础上，自由意志自我相关、自我否定，作为本质存在于对象和客体的内部，同时又不受到它们的限制而保持着自己与自身符合，保持自己在自己的内部，也就是保持着自己与自身的同一，因而具体的普遍性就是自由意志与自身的具体的同一性。

自由意志是普遍的，并且它作为客观的精神实体，是人的思维的本质，这个本质就是普遍的理性，同时它也是人的本质。我们把这个结论的证明分为以下几个部分：自由意志普遍性的证明；人格自由性的证明；人格自由的普遍及结构的证明。首先是自由意志普遍性的逻辑证明。逻辑学是黑格尔哲学的核心和命脉，它提供了绝对精神自我展现及实在化的逻辑必然性和真理性。逻辑必然性保证了绝对精神的客观性和实体性，但是由自然界的客观性、实体性向社会历史领域的普遍性或善的必然发展，或者说由真理性向价值的过渡如何实现，是重要的理论问题，为此黑格尔提出了“真正的实体即是主体”的思想。逻辑学中的必然性是和主体性一体的，并首先共同保证了自然界的客观性和实在性，但是在社会历史客观化和实在化的过程中，如果单从黑格尔的法哲学理论而言，他实际上是偷换了概念，他把具有能动性的一般主体换成了人类主体。这是因为只有人类主体才具有自由意志，而黑格尔通过主体的自由意志的发展过程，即通过在《精神现象学》中的个体意识的成长过程来保证自由意志的普遍性，然后再通过个体意识发展的最后成果——理性的客观化证明了客观精神或伦理精神，即抽象法、道德和伦理的普遍性。在人格自由思想的意义上，黑格尔用伦理精神的普遍性证明了人格自由的普遍性。如果放在黑格尔哲学整体的背景上，主体则是本体论和认识论相统一的概念，即绝对主体通过人类主体得以认识到，人类主体的思维规定即是对绝对主体的认识过程，又是绝对主体本身。因此，这里的关键就在于人的主体性。

为了弥合康德造成的对象和“物自体”、知识和真理间的巨大鸿沟，费希特设定一个自我来统摄客体和存在，谢林则采用了一个统一主客体的、无人格的、抽象自我同一的精神本原，面对批判康德批判哲学但是缺乏“效准”的两位前辈，黑格尔的理路从两个方面展开。首先，赋予费希特的自我以客观性，去除他的露骨的主观唯心主义，连同在费希特无法解决的个体自我向绝对自我过渡的问题上，用一个主客观完全同一的绝对精神来解决这个难题。绝对精神是一个绝对人格、绝对自我，一方面它可以被具体的人格认识，同时也作为具体人格的对方存在，获得了绝对知识，参透了绝对精神的具体人格本身就是一个绝对人格、绝对精神。而这个绝对知识的获得或两个人格的同一是通过《精神现象学》的意识发展过程的经验科学来揭示的，但是绝对精神就在世界中，它已经就是事情的自身和本质，是一个“神”一样的存在而确定了世界的“前定和谐”。因而包括在《法哲学原理》中，黑格尔并不刻意区分个人自我和精神自我、个人的自我意识和精神的自我意识，因为每一个通过自身的扬弃或异化都是对方，他从来不关注或蔑视原子式的、无精神的个人，在我＝我的公式中只有普遍的自我和人格。

其次，谢林的绝对同一的精神本原的问题在于，“不能回答我们怎样认识到、把握到这个‘绝对同一’以及用什么来证明这种认识的真理性的问题”[①]。对于这个疑难，从哲学史的角度而言，黑格尔吸收了斯宾诺莎的实体和“自因”说，因而形成了极为重要的、实体运动的“自己是自己的原因”的重要思想。黑格尔在《精神现象学》和《法哲学原理》中都讲道：应该把实体理解为主体。邓晓芒教授认为，“实体就是我们通常讲的一个实在的东西，主体就是我们通常讲的这个东西的能动性”[②]。张汝伦教授主张，黑格尔实现了主体从认识论向存在论范畴的过渡，主体不是单纯指建立在自我意识和能动性基础上的传统主体，而是表现为人的历史活动过程。[③]这样，从个人的意识到绝对精神中间的不同意识形态，从个人自我到绝对自我的不同伦理共同体中的自我，共同构成了不同层级的人格精神和精神人格，如家庭的整体人格、社会团体的人格、社会人格、国家的人格和君主的人格等。我们在前面分析过，这些共同体的人格是没有独立的外在形式载体的，它只能作为具体的人的意识中的人格精神存在。家庭人格就是家庭观念、家族精神，团体人格体现为成员的归属感、奉献精神及成员间的凝聚力，社会人格则是在劳动的交换关系、互相满足关系和法律形成的社会教养基础上的形式普遍性的平等精神和功利主义，国家人格即是国家的政治制度和文化体现的国家精神，现实中通过公民的爱国主义和民族精神予以体现。

自由从抽象、任性到具体，自由意志客观化形成抽象法、道德和伦理，这实质是个体“小我”与人类“大我”相统一的过程。个人的意识自由要客观化、普遍化为人类的自由精神，才能够在家庭、市民社会和国家等伦理共同体中实现社会伦理的统一和谐。抽象法、道德和伦理已经超越了个人意识的范围，而是在无数个人的交互主体性中体现的普

① 杨祖陶：《康德黑格尔哲学研究》，武汉大学出版社 2001 年版，第 9 页。

② 邓晓芒：《邓晓芒讲黑格尔》，北京大学出版社 2006 年版，第 3 页。

③ 参见张汝伦：《主体的颠覆：从黑格尔到马克思》，《学术月刊》2001 年第 3 期。

遍性、客观性，是“自我意识着”的客观的理性。法是自由意志的定在，但是这个自由意志并不是个人的意志，而是已经普遍化的客观的自由概念或自由精神。个人能够意识到自我的自由本质并能够使自我意识结构与其相一致，并内在化为个人意识的构成部分，个人就能够拥有现实而客观的自由。在黑格尔法哲学中根本看不到特殊的人，没有特殊个人的地位，他分析的都是普遍意义上的个人，讨论的都是在人类主体基础上的作为“类”的人格。他讨论的不是作为特殊个人的个性和非理性的内容，而是在概念的层次上分析作为人的实体和本质的理性。

第三节 自由是法和人格的本质规定

黑格尔不仅设定人的自由意志是法哲学理论的起点，而且更进一步将自由设定为人性和人格的本质。他的法哲学理论就是他的法律哲学、道德哲学和政治哲学，由于自由意志是法哲学的逻辑出发点、实体和本质，因而法哲学也是黑格尔理解的自由哲学，尽管他有意无意地想要去除自由哲学中的人的主观性、偶然性、非理性、自然性，但不能否认的是，法哲学的每一个部分都直接或间接地表达了他对个体的人、作为类的人的看法和态度。他说：“法和一切法的规定仅仅是基于自由的人格，即基于一种其实是自然决定的反面的自我决定。”[①] 黑格尔的法哲学规划了在法律、道德、家庭、社会和国家中的人的生存状态，也即是人的自由权利的实现，人的理想生存状态的实现和人格的完善及实现的过程。他认为具有理性自我意识、自由意志的个体才具有人格，才构成

① ［德］黑格尔：《精神哲学》，杨祖陶译，人民出版社 2006 年版，第 322 页。

一切社会伦理道德行为的主体，具有人格的人才配享有各种权利和承担道德义务，精神和自由是黑格尔人格概念的基本规定。

一、法是人的自由意志定在的体系

黑格尔法哲学讲的“法”是指一切社会伦理、道德和法律规范的总和。在他所处的时代，人们对自由的理解存在着多种理论倾向，如以康德为代表的形式主义的道德自由，启蒙思想的否定性的抽象自由，一般常识所理解的任性的自由，古典自由主义的自然放任的自由等，黑格尔力图揭示这些自由观的偶然性、主观性和特殊性，并在对自由的概念表述的基础上，通过抽象法、道德、伦理来确定自由的具体内容。他认为“规律分为两类，即自然律和法律”①，自然律是完全客观的，人们对它的认识不会对它有所增加或减少，只有人们对规律的认识才会错误。而法律或自由律除了存在与自然律相同的客观性外，“各种法律之间的分歧，就已引人注意到它们不是绝对的。法律是被设定的东西”②。这样的区分说明，法是超越了自然必然性的自由的体系，但是法的主观形式与社会现实会发生冲突，因此产生了研究“法”的必要。法存在于精神的领域，不是单纯指实定法，而是广义上的自由法，它已经超出了个人意识的范围，是自由意志的普遍性、客观性。

为了说明法哲学与人格自由的关系，首先要明确法哲学在黑格尔哲学体系中的地位和讨论的范围及内容。为了说明这个问题，有必要引用以下这段话，即“法的基地一般说来是精神的东西，它的确定的地位

---

① ［德］黑格尔：《法哲学原理》，范杨、张企泰译，商务印书馆 1961 年版，“序言”第 14 页。

② ［德］黑格尔：《法哲学原理》，范杨、张企泰译，商务印书馆 1961 年版，“序言”第 15 页。

和出发点是意志。意志是自由的，所以自由就构成法的实体和规定性。至于法的体系是实现了的自由的王国，是从精神自身产生出来的、作为第二天性的那精神的世界"[①]。"法的基地一般说来是精神的东西"，即是说"法"把精神作为自己的领域和界限，低于精神的个人意识和超出精神的绝对精神都不是法所能规范的领域，法就是精神。在黑格尔看来，法的出发点是自由意志，终点和目的也是自由意志，法是自由意志自身运动以求真理性的过程，所以法的范围和内容就是精神，同时也是自由意志的运动及运动中体现出来的自由的必然性，而这个自由的必然性就是自由的规律、知识和真理。所以精神、法、自由是同一内容的不同侧面的表达，法的体系是自由的必然性的体系，自由是逻辑必然性中的自由，这与认为自由是超出必然性的看法是不同的，是自由和必然的和解；法和自由都是精神自身运动的产物，精神自己创造自己，它创造出来的自由和法就是精神自身；精神不仅是自由的、必然的，而且是客观的，精神不是我们一般理解的主观性，而是客观的精神及其创造的外部现实世界的统一体——精神的世界。总结起来就是，自由只有在精神的层面才能达到和实现，法不是管人和约束人的规则，而是自由的必然性和规律，法哲学一面是精神的哲学，另一面也是自由的哲学。

黑格尔将法看作是自由意志的定在，这里的自由意志不再是个别人的自然意志、特殊意志、自我意识，而是具有超越性和普遍性的全社会甚至全人类的社会意识、社会意志。他强调法不是单独哪个人的个人意志的表达，也不是一些人、一部分人的意志的表达。首先这种看法是进步性的，它反映了黑格尔反对封建专制制度的思想要求。其次这个观

---

① ［德］黑格尔：《法哲学原理》，范杨、张企泰译，商务印书馆 1961 年版，第 12 页。

点也反映了法的社会性、客观性和普遍性的本质，也就是说法并不仅仅是强制力和各种规范，而更应当体现全社会、全人类自由发展的愿望及由这种要求客观化和普遍化而形成的社会正义原则。认定自由意志的法与人的关系是重要的：个人的主观意志以客观的理性或自由意志为本质和实体，这个客观的理性或自由意志（客观精神）就是法。“法的确定的地位和出发点是意志”，首先是说法的本体就是客观的自由意志或自由精神，而人的意志的本质同样也是客观的自由意志或自由精神，客观的自由意志内在于每一个拥有理性的人心中，法不是外在于人的一个精神体系、规范体系和义务体系，不是对人们自由意志和行为的约束，不是告诉人们可以做什么和不可以做什么的指示和命令，不是用来“管人”的制度，而就是人内心的理性需求和自由意志的实现，是人与生俱来的自由本性的现实化和具体化，法的本质就是自由，人的本质也是自由。

黑格尔说“法的体系是实现了的自由的王国”，是要说明法哲学的体系就是自由如何被实现的体系，他把这个体系分为自由意志的直接定在（抽象法）、自由意志的主观定在（道德）和自由意志的具体定在（伦理）三个阶段或部分。抽象法即是抽象人格、法律人格、财产权、契约和刑罚的抽象法律规定的体系；道德即是由主体的责任能力和责任意识，及目的是实现他人和社会福利的普遍意图和抽象的善构成的体系；伦理是个体人格的抽象形式和缺乏自觉反省的意志与主观特殊和任性的意志相结合、相统一，并转变为自在自为的、现实具体的自由意志的体系。伦理体系的客观形式是家庭、市民社会和国家，至此形成了现实具体而自由的法的体系。伦理作为个体自由具体实现的法的体系，已经成为与内容为个体的自然意志和生理需求的第一天性相对应的个体的第二天性，第一天性是个体的自然和必然的世界，而第二天性则是个体的自由和精神的世界。

黑格尔实质认为，人是在“法”或伦理中获得自由的，法绝不是外在异己的“枷锁”，而是自由实现的具有实在内容的形式。抽象法是外在形式的法（形式自由），道德是内心主观意志的法（主观自由），伦理是现实的法（具体自由）。这三种法的本质规定都是自由，只有在人运用它们时才会产生冲突，但由于三种法的实体和本质都是自由，所以冲突只是暂时的，而且“低级”的法要服从“高级”的法。按照黑格尔哲学的理论逻辑和《法哲学原理》文本内容的设计编排，实际上他提出了三种“法”的位阶排序：抽象法从属于道德，道德从属于伦理。

在人格的本质论上，黑格尔认为人格的本质是意志自由及其外在化或现实化。他认为自由的本质已经确立并且存在着，剩下的只是自由意志通过法的各种具体形式，通过自我否定向着这个自由本质的运动。一个详细具体的自由理念客观存在着，它通过“法”的辩证发展显现出来，它决定着人格的发展历程和人格的完美状态。这样法和人格自由就不是在社会实践活动中不断创造、生成、发展的，而是由自由的概念先验地确定完成了的。

二、人格的本质是自由

《法哲学原理》把人格的本质归结为自由。从哲学体系而言，黑格尔的最终目的是要重建科学的形而上学，因而人类经验及社会历史事实的意义在于，通过对应关系的形式去论证他构建的概念体系的科学性。他在法哲学中阐述的自由理论主要是一种普遍性的“自由的逻辑”，立意不在于自由的经验形态，至于在伦理部分的经验性描述，一方面是源于人的思维中理性和经验的不可分离的本性，另一方面是由于他的现实的政治考量。他的哲学和法哲学中的自由有多种规定，本质上是一种将自由限定在个人意识和精神层面的自由，这种自由思想的价值首先在于自由的普遍性。他演绎推论出自由意志是客观精神，是思维的另一面，同时也存在于个人的意识当中，因而尽管在论证的前提和方法上与康德、古典自由主义不同，但是也得出了人是普遍自由的的结论。其次是黑格尔将自由与人格紧密联结起来。自由的直接的表现形式即是抽象人格和法律人格。最后是黑格尔不把法律规定、道德规范和规章制度单纯地看作是人的负担、义务，而是看作人获得自由必须凭借的中介，必须经历的环节，特别是他把履行义务当作是自由的实现。这样从抽象法经由道德，直至伦理的发展过程，就不是对人格自由的束缚，而恰是自由发展必须经历的阶段。

黑格尔将自由意志“定在”于抽象人格和法律人格之上，对抽象人格和法律人格的内在否定即是道德，他将道德限定在人的主观意志领域，因而人的主观任性与法律的“客观”规定存在矛盾。但道德并不是凭空跳出来与人格相对立的完全不同的东西，而是自由意志自我否定形成的与人格接续的自由的另一阶段，人格自由的既有内容并不是被抛弃了，而是被道德保留在自己的内部，由此抽象人格和法律人格作为自由的形式转变为道德人格，而伦理人格则达到了人格各种形态的具体现实的统一。黑格尔并没有明确将道德和伦理当作人格自由发展的更高阶段，但是我们通过分析可以知道，人格与自由两个概念是不可分割的。首先从人格概念的开端——抽象人格来看，它源于对个人和人类纯粹自我的自我意识，纯粹自我就是自由意志的无限可能性，因此人格的内在自我先验地就是自由的，道德和伦理则是人格自由发展的成就。因此借用黑格尔的说法，即人格和自由是一体两面的东西，说人格无自由或说自由而无人格都是无意义的，正是在这个意义上我们将黑格尔的法哲学看作是他的人格自由理论。

关于人的自由如何可能，邓晓芒教授通过研究黑格尔哲学认为，自由就是一种主体的“矛盾”状态，就是主体无法与自己“相容”，并由此产生了主体的生成变化，自由就是主体运动发展的根据，而自由本身则是不需要根据的根据。自我相关、自我否定是人的原则，只有人才会“自己和自己过不去”，人对自己不满就是自由，因而自由就是一种人的矛盾状态。[①] 人的自由意志可以超越人的自然存在，超越人的肉体需求、欲望支配行为的限制。人的自我意识把没有任何具体规定的抽象自我当作对象，作为对象的抽象自我的精神形成和实践塑造，由自我自主决定，从抽象自我到具有不同程度自我规定性的人格自我都是人的思维和实践的对象，自我实现是一个内在的否定过程，也是一个人格自由不断实现、完善的过程。

自由是一种人的矛盾状态，黑格尔解释说，自由就是普遍性在与特殊性的统一中而不被限制，同时又回到自身而坚持成为自己。自由不是抽象的普遍性的共相，也非主观意志内部的任意特殊，而是自由意志概念与由其产生并与其匹配的客观现实的结合，这是超越了知性理解的理性的自由。人的自我意识总是不断地反思自己、批判自己和生成自己，但自由不能局限于人的自我意识的范围内，人格自我在自己的特殊规定性中反思自己，自觉使自己与自由的概念相一致而保持自身，使自我意识上升为自由意志概念的层面，也就是上升为“客观精神”的层面，才能表现为个体人格的自由。他举例说，在友谊和爱中，我们已经能够感觉到自由具体的概念的存在。正如黑格尔试图说明的，在理想的友谊和爱中我们不至于失去自我，又不完全限制在他人和某一具体规定

① 在这里，笔者接受了邓晓芒教授在《邓晓芒讲黑格尔》中关于自由本质剖析的观点。

中，而是有我的非我。纯粹否定的普遍性给人带来虚无感，完全局限于针对某一事物的意志当中给人带来约束感，只有两者的统一才会给人带来自尊感。我就是我，他物、他事和他人给我以规定，我在这些规定中感知自身的存在，同时又可以超越这种规定而追求普遍，在与“非我”的对立中我感知我的独特性和超越性，是为自尊。

从《精神现象学》的意识形态的经验科学以及《法哲学原理》的自由精神实现来看，我们认为，黑格尔在各种意识形式与精神间的繁复关系中形成的不仅是一种矛盾着的自由，而且还是一种运动着的自由。从人的主观意识的成长角度，自由是个人意识从感性确定性、知觉、知性、自我意识到理性的内在体验和感受，是个体心灵、心理成长的过程；在精神的方面，自由是法律、道德和伦理的经验发展和不断进步的历史进程，是人的意志自由与社会历史现实不断和解而逐步和谐的过程。黑格尔把法哲学的出发点设定为自由意志，而自由意志的概念就是客观的精神，因此自由要在精神的平台上才能认识和理解。在黑格尔这里，精神只能是自我意识的类的普遍性，并且他认为作为“类”的精神普遍性本身就是人的目的和价值实现所在，因此从这个角度，自由的本质还应包含着“类”的普遍性的规定，这当然与马克思的以实践为基础的现实的人的类的普遍性是不同的。他还指出，自由的概念即是精神，是源于人类而又普遍化、客观化的理性；自由是善，是概念辩证法中的生命原则，是伦理精神、社会正义原则。

以自由的“逻辑图式”为基础，在自由的经验内容上，黑格尔的自由观与古典自由主义的自由观有着区别和联系，两者在宪政国家、君主立宪、私人财产权、个人的主观自由等方面是一致的，原因在于在黑格尔所处的时代，个人自由已经成为时代精神，成为社会发展的潮流，即使是黑格尔这样看起来不那么自由的思想家也不得不接受个人自由的观念。他把法哲学的任务确定为个人自由与共同体的善之间的统一和同一的实现，因而他更感兴趣的是通过对个人自由进行道德和伦理限制的方式来体现善的普遍性和必然性。在传统自由主义的两个核心特征上，即“主体的自我决定”和“确获保障的私域”，同时在保守的自由主义所强调的社会自生自发的秩序上，黑格尔的自由观是与之矛盾的。在他看来，在社会政治和伦理的领域，自由思想理论上的任务是论证自由的逻辑必然性，而在实践上的任务则是落实自由的现实性、客观性。法哲学是自由的逻辑图式的继续展开，但是在自由的现实性上，他终于遇到了他或许不自知的困难，即从逻辑到现实的转化，所以从他的自由的逻辑到普鲁士的宪政国家、君主的无限主权的转化，只能是一个“附会”和他本人的政治投靠。

人的本质是人存在的根据，对人的认识要以对人的本质的认识作为基础和前提。黑格尔将自由作为人格的本质规定，是一种抽象的、非阶级的、人道主义的看法。将人看作自我意识或看作从事感性活动的人是黑格尔和马克思的自由观念之间的根本差别，在黑格尔所阐述的自我意识的普遍性产生及其同化、支配着个人的特殊性——财产、主观意志等的过程中，体现的是“精神”的自由，也就是说，将人看作自我意识，那么获得的自由也只能是精神上的自由。马克思主义关于人的本质学说去除了黑格尔辩证法的唯心主义杂质，接受了其在概念的辩证法中的普遍、特殊和个别关系的辩证逻辑，立足于人的实践活动和社会本质，科学回答了人的本质问题。

第四节　黑格尔法哲学中人格获得自由的不同层次和形式

关于自由的不同形式的理论，最为著名的是以赛亚·伯林的消极自由与积极自由的分类。消极自由理论强调的是自由包含的自主和理性两元素中的前一个方面，是在能够做的事情上不受干涉，而积极自由理论则是强调后一个方面。康德的自由论是消极的自由论，而且他将自由限定在道德领域，是形式、意志的自由，黑格尔的自由论则是积极的自由论。霍耐特认为黑格尔在法哲学中以概念的方式将自由划分为几种形式，他在使现代人在理解黑格尔的这几种自由时，知道其间存在的差异，他将黑格尔的自由形式理解为个体消极自由、反思性自律自由和客观社会自由三种形式。① 黑格尔法哲学中的自由呈现为从抽象法的抽象自由经主观意志的任性自由到伦理的具体自由的发展。但是在现实的伦理中，这些自由的形式要么是对应关系，要么是交叉融合的关系，如抽象自由同时也就是否定的自由、消极的自由，而主观自由则是道德自由，是达到反思理性后的自律的自由，而具体的自由即是客观的伦理自由。

一、黑格尔对抽象、任性的自由的否定

黑格尔认为，从人的心理构成而言，自由意志首先是自我相关的

① ［德］霍耐特：《论我们自由的贫乏——黑格尔伦理学说的伟大与局限》，王歌译，张慎校，《世界哲学》2013 年第 5 期。

纯粹自我，它没有任何具体规定，仅以自己为对象，包含着无限的可能性，因此具有最高自由的形式，但是由于它缺乏任何具体的规定，因而只能是空虚的自由。任何规定对纯粹自我而言都是一种限制，可是如果没有限制它的无限可能性又无处着力，所以为了克服它的空虚，它在对具体规定和限制的否定破坏中重回自身而感受自己的存在，纯粹自我在内容上因毫无规定而是抽象的自由，在形式上破坏一切而是否定的自由。抽象自由缺乏理性的定在，因而处于自由概念的最低层次，是只有消极意义的自由。

黑格尔认为法国大革命就是这种破坏一切的自由。起初革命的人们只是想废除不合理的制度，后来发现任何制度与他们抽象的自由和平等的理想都格格不入。人们建立起来一个机构、选举领导人，最后又把它推翻、杀掉，只剩下一个抽象的否定形式。印度的宗教取消一切差别，最后人连自己的生命都加以舍弃。这两种否定的自由表现出“破坏的怒涛和纯沉思的狂热”，同时也体现了人的自主自觉：只有人才能在自我意识的基础上把自己从自己那里分离出来，把自己变成自己予以改变甚至消灭的对象。这种不同于动物本能的自由源于人的普遍性的思维，但这种思维只是抽象同一的片面理智，它把绝对的否定、无规定的抽象当作本质；但是另一方面，这个抽象同一的普遍性也只有人类才能具有，人的意识发展至自我意识，虽然只是理智地区分自我和对象，但也预设了自我无限自由的能力和资格，这一能力和资格的自我设定最后普遍化、客观化为抽象法中的人格，变为客观的自由意志。

从黑格尔的论述中我们看到，抽象的自由虽然片面，但也反映了自由的本质。自由产生于人类认识和实践活动中的主体和客体分化的过程，客体不只是自我的非我、他者，客体的意义在于自我在它当中看到自己，在于客体产生为“我”的同一性，这种同一来自人类与自然的同源和同一的本性。人类之初与这个世界圆融一致、无他无外，经过对这种自在直接的和谐统一的否定后，人类还要回归这种同源和同一的本性，所以人一旦产生自我意识而有了与他物、他人的对立，同时却无力使这些对象为我同一，那自我只能通过破坏否定这些对象的方式回归自身同一的自由本性。但这种同一性的天性已经不同于动物与自然界的浑然一致，个人在自我与对象的区分中自觉到自我无限的可能性，这就是人类所独有的自由的可能性。自由的抽象性和否定性只是自由的一个侧面，缺乏具体内容的无限性还只是自由的可能性、抽象性，还不是真正的自由。

黑格尔看到，纯粹自我是思维的抽象，是抽象的意志，抽象的意志绝无可能独立，因而“自我就是过渡，即从无差别的无规定性过渡到区分、规定和设定一个规定性作为一种内容和对象”①。我们以为，他不是说先有一个纯自我，后又生成了它的具体内容，因为两者的分离只是概念的分析，这也提示我们关于个体意志自由的分析是在概念的范畴内进行的，至于事实或现存只是对概念分析的说明。要确定人格自由的具体内容，则要通过对自由意志的对象予以规定而实现人的目的的过程来实现，或者说自由意志就是人的目的本身。为了说明目的就是自由意志的内容，黑格尔引入了目的论加以论证，即自由意志不仅在内容上是被规定的，在形式上也是被规定的，“规定性就是目的和目的的实现”②，目的是形式的对立面，内容是形式的对立面，最后目的和内容是一回事，目的、形式、内容是一回事，意志以意志自身为内容。特殊意志的内容除了意志的抽象同一外，还包括主观目的和通过活动实现了的目的。自

① ［德］黑格尔：《法哲学原理》，范杨、张企泰译，商务印书馆 1961 年版，第 16 页。

② ［德］黑格尔：《法哲学原理》，范杨、张企泰译，商务印书馆 1961 年版，第 20 页。

我的对象就是意志本身，意志作为被加工的素材，来自外在的规定是个人的自然意志，来自内在的规定则是人的单纯的主观意志，这种经过特殊规定的意志就成为特殊的意志或特殊的自我。

抽象意志“过渡”到特殊意志，个人意志进入更高的“任性或任意”的自由。任性的自由有两种表现，一是将“直接或自然的意志”经过反思选择后变成“我”的东西，这些自然意志都是以直接性的形式存在的人的自然属性，选择哪些、实现哪些、实现的程度有多大对人而言都是偶然的、任意的；二是在所有可能成为“我”的东西中不加选择而保持所有的可能性，这也是一种任性。任性的自由“即自我意识形式上的普遍性和统一，是意志对于它自身自由的抽象确信”[①]。任性形式上是自由的，但在内容上不具有普遍性，还不是真正的自由。人们把自由错误地理解为为所欲为，但是为所欲为看似自由，本质却是不自由，因为其中没有理性的因素，它的问题在于偶然性、有限性。黑格尔认为自我是无规定的，是和任何东西相结合的可能性，一旦“外在地”赋予其具体内容，它就是不自由的，因为这种内容的“给予”是偶然的，并不是自由本身。一个人越是表现出他的个性，他越是不自由，因为他的个性是外在于自由本身的任意内容。

黑格尔说，“任性……是在单单由自然冲动所规定的意志和绝对自由的意志之间经过反思选择的中间物”[②]。他认为自然的和有限的意志只是自由的素材，而不是自由意志本身，他将自然意志当作个人自由发展要予以控制规范的对象，黑格尔哲学中的人性是绝对精神“空降下来的”，而不是在社会历史发展过程中逐渐形成的，他眼中的人性就是理

① ［德］黑格尔：《法哲学原理》，范杨、张企泰译，商务印书馆 1961 年版，第 26 页。
② ［德］黑格尔：《法哲学原理》，范杨、张企泰译，商务印书馆 1961 年版，第 25 页。

性，自然属性则是需要否定的对象，人的自我意识能够超越这些自然属性，并把它们规范为人自己的东西。以上这些文本的阐述和解读都表明，黑格尔在设定了抽象的意志自由之后，认定其仅是消极否定意义上的自由，因为其缺乏理性地对社会规范的接纳，有了这种接纳，意志自由才会在定在的形式上具有积极的意义。

二、有具体的社会历史条件限定的自由

从《法哲学原理》的逻辑结构的视角，我们能够发现黑格尔所着力批判的是哲学、政治理想、道德哲学等方面的抽象性和形式主义，而这种批判的对象以文本的形式体现在抽象法的直接的抽象性、形式性，在道德的主观形式和抽象性上面，他认为两者的片面性、环节性决定了它们不能与自由的具体实质内容相结合而达到精神的确定性和真理性。伦理在内容和形式上包含着前两者的自由的“基因”，所以不仅能够保证自由的普遍性，而且能够成就自由的现实性，伦理上的自由不是被动接受外在实存的直接性规定，也不是完全的主观任性，而是两者的结合。伦理的世界是由精神产生出来而对它自身的自我限定、规定，因而主导性和支配性的因素仍然是普遍性的精神，在价值和实体上，人格自由最终还是要指向精神。黑格尔的法哲学和伦理学最终要建立的是一个具有必然性、普遍性和客观性的“精神的世界”。但是，与我们一般理解的、局限于抽象的“空谈”的精神世界不同，他的精神世界包含着由这个精神产生、决定着的现实的世界，也就是通过限定而形成的伦理世界。

黑格尔认为在道德中，主观的信念被认为是自由的体现，这与自由的本质是矛盾的，所以要否定道德的主观任性和抽象的善，因而黑格尔把自由的最后实现确定为制度化的形式。制度的外在方面是法律、国

家、社会团体、商品生产交换等方面的制度，内在方面则是受风尚习俗决定的人们应有的主观心理、情绪情感等，因而在制度或伦理的世界里，自由从主观性（任性）和直接性（抽象性）中走出来，实现了主客观的统一。与康德道德自由的形式性不同，黑格尔注重的是自由的实质内容及其正当性，并且由其创造性的、否定的辩证法决定了自由的本质是一个发展的过程，从而避免了对自由本质的固化理解所导致的片面性和矛盾。自由的实质内容由伦理规定，他把现代社会的人道主义直观所得到的自由的直接和物化规定，及意识哲学和理性哲学发展形成的主体性反思、自律的成果与伦理共同体的精神、制度结合起来，并将之确定为客观的社会自由，这是他认为的人格自由所能达到的最高程度。

黑格尔想表达的是，在自然意志不受限制地释放的情况下，人遵守自然律从而无自由可言，而那种认为自由是经过理智反思的，是对自然意志和主观性的选择的观点则进了一步，但仍没有把自由本身作为对象和内容，所以还不是真正的自由。“自在自为的意志扬弃自然意志的直接性和理智思维反思自然性而沾染的特异性，达到思维的普遍性”①，这是意志自由的最高层次：具体的自由。抽象的自由形式上是普遍的，但这个抽象的普遍性也是一个有限规定从而限制着意志，任性的自由将意志设定在他物中从而缺乏普遍性，具体的自由则是一个奇妙的平衡状态：它要肯定自身却通过否定的形式予以表达，它将自身投入他物却同时守着自己的普遍性，他自我相关、自我规定但只将这些规定作为可能性而不拘束自身。现实具体的自由是人身上的一种矛盾状态，是自由意志的抽象普遍性与主观反思的特殊性的统一，黑格尔认为这就达到了自

① ［德］黑格尔：《法哲学原理》，范杨、张企泰译，商务印书馆1961年版，第30—31页。

由的概念。

在黑格尔的心目中，自由的概念是具体的普遍性即单一性，单一性即自我与对象的统一体，它不再是抽象的普遍和主观的特殊两者各自的片面性。在具体的自由阶段，意志从理智上升为能思维的理智，思维能够认识把握自由的概念，在思维的理性的指导下，意志成为自由而真实的意志。个人只有通过思维把握自我或自由的概念本质，才能“使自己摆脱偶然而不真的东西这种自我意识，就构成法、道德和一切伦理的原则”[①]。个人在自我意识中把握到具体自由，认识到自己的自由本质，才能使个人的自我意识通过思维的理性进入到精神。思维就是意志的普遍性，就是理性。个人意志将理性渗透于自己的对象，使对象也成为理性的、为我的东西而与对象成为统一体，同时又将自己超拔出来而自我同一。自由意志本身的矛盾使自由意志上升为客观的自由精神，并形成自由精神的客观体系，即法的体系。

伦理是人格具体自由的实现，抽象法和道德分别是黑格尔分析伦理的逻辑构成而要予以扬弃的环节，是为了最终说明只有伦理才能成就人格的现实形式，同时人格的法律面向和道德面向统一于现实的伦理人格当中。具体的伦理人格自由同样需要不同的人格形态作为载体予以实现，抽象人格和道德人格都是“理性的设定”，而家庭成员、市民和公民则是不同形式的现实的伦理人格形态。黑格尔用伦理人格形态线性运动的逻辑直观地表达具体自由的发展过程，本质是人格自由特殊性与普遍性、实体性与主体性相统一的过程。

伦理社会的发展逻辑在黑格尔的现代伦理社会仍有节律性的体现：家庭是自在直接性的伦理，市民社会是形式普遍性的伦理，而国家是自

---

① ［德］黑格尔：《法哲学原理》，范杨、张企泰译，商务印书馆 1961 年版，第 31 页。

在自为伦理。黑格尔说，家庭虽然是自然的伦理，但仍然是精神概念普遍性的体现，它包含着展现出伦理一切环节和内容的可能性。家庭本质是伦理精神，家庭成员之间的作为情感的爱是构成家庭整体的重要原则。爱是一种不可思议的矛盾，家庭成员放弃自己的独立，而在另一个人身上看到自己并得到他人的承认。爱不仅是一种情绪，还是自由的原始性的体现，因为自由就是人的矛盾的存在状态，就是在有限中的无限，具体中的普遍。古希腊的城邦社会是直接性的伦理社会，家庭在现代伦理社会中的位置相当于古希腊城邦社会在欧洲社会发展中的地位，这是伦理的逻辑在不同时代和社会发展的“必然性的圆圈”的体现。伦理精神在家庭成员间的爱中得到统一，家庭成员不是独立的人格，而是以伦理精神作为本质的个人，伦理的统一性决定了家庭的统一性，家庭成员统一在家庭中完全是自然而然的。但家庭的目的是特殊偶然的，其中的普遍性隐而不发，只有用更高更普遍的环节代替它，才能使伦理精神超越自然性和直接性而得到更充分的显现。

市民社会用伦理的形式普遍性代替了家庭的自然性和偶然性。“家庭要求每一个人放弃他的独立性，从而与抽象法和道德中的自由相抵触，因此，黑格尔法哲学的家庭解体具有必然性。”① 市民从家庭中独立出来而成为独立的人格，他们是有产者或有身份者，他们从属于一定的社会等级和社会团体，他们从抽象人格转变为具体的个人。市民作为特殊的个人有着特殊的需要和满足需要的方式，有着特殊的职业和目的，如果市民的规定性都是特殊性，那就无法成为伦理。市民社会的普遍性在于每个市民都把自己当作目的，把他人当作手段，但是反过来为了使自己成为目的，他也需要成为别人的手段，这样一个外在的形式普遍性

① 周德海：《论黑格尔法哲学的家庭理论》，《中共济南市委党校学报》2012 年第 5 期。

成为了市民社会的伦理精神。形式的普遍性成就了市民平等的法律人格、市民社会的契约精神和市民法，最后市民以市民社会的普遍性为自己的手段。市民社会是天然的平等派，社会分工和市民之间交换劳动的关系及商品经济等价交换的原则决定了市民社会的形式普遍性，并以法律的形式予以固化。

市民社会是特殊性与普遍性的统一，但是两者的地位并不均衡，普遍性被作为特殊性的手段，是特殊性中的普遍性，市民虽然都是具体的个人，但是最后谁成为目的，谁的人格能够得到实现则是偶然的。市民社会的特殊性原则不可避免地造成了贫富两极分化，一方面是欲望无限制的扩张，另一方面是“没有尺度的匮乏和贫困”，两者都不符合自由的概念。虽然特殊的人，即权利的享有者是市民社会的原则，但伦理的普遍性仍然是特殊性的基础和控制力量，普遍性的原则需要将市民的特殊性上升为知识和意志，即作为一个教养的过程才能真正发挥作用。教育是社会教养形成的主要手段，是为个人的特殊性设定界限，使行为符合事物的本性，使个人不至于特立独行而能够和他人处于平衡的关系中。尽管如此，市民作为特殊性和反思能力的主体，仍然和作为普遍性的市民社会整体产生了对立，形式的普遍性掩盖不了实质内容的分裂。

公民是真正具体人格自由的实现，是家庭中爱的情绪、抽象人格和市民的特殊性的统一体。家庭中作为个人情感的爱升华为公民的爱国主义情绪，从对自然的伦理共同体的本能的爱转化为对民族精神和国家制度的爱。在国家中，公民对个人自由的自我意识和国家的伦理精神完全一致，公民是权利义务的统一体，履行义务不是对公民的限制束缚，毋宁说是公民自我解放和自由的实现。公民的独立和自由是国家的原则，同时公民把国家的实体性作为本质，作为个人自由权利的最终目的。公民实现了伦理普遍性与个人特殊性的统一，个人主体性与伦理实体性的统一，是在人类社会中人格自由可能实现的最高形式。黑格尔认为君主作为特殊的公民，他代表国家的人格，当国家制度运行良好的时候，君主所能做的唯一的事情就是签署文件，同时君主也要服从法律。君主是具体的个人，但是在他身上却包含着从国家其他一切内容抽象出来的规定性。如果国家是伦理的最高阶段，而君主则是国家的顶峰，在黑格尔的君主身上已经包含着绝对人格的雏形。

马克思在《黑格尔法哲学批判》中认为，黑格尔在家庭、市民社会与国家的关系上是"逻辑的泛神论的神秘主义"，即把国家当作家庭、市民社会的前提，是头足倒置的思辨思维的想象的活动。国家是家庭和市民社会发展的结果，而黑格尔则把这种关系看作是逻辑概念的历史再现，因而不能真实地反映社会现实。公民不是人格的唯一的伦理形态，公民同时也是家庭成员和市民。黑格尔将市民社会与国家对立起来，并把整体的国家与政治国家混为一谈，而整体的国家以市民社会为基础并包含着市民社会，黑格尔的政治国家是脱离市民社会的抽象。

从《法哲学原理》来看，从抽象法经由道德，直至伦理的过程，体现了黑格尔法哲学从对人格的物质生活自由方面的关注到主观内心自由的关注，再到对人格自由的现实和政治的关注的转变，最后所有的成果都落实在伦理当中。黑格尔正是沿着上述路径，通过对抽象形式的自由概念进行道德、伦理限定的方式来设计自己的伦理世界，并兑现实现普遍的人格自由的承诺。他承诺在伦理中人格的有限性包含着自由的无限性，这种无限性的表现之一便是普遍的人格精神，之二则在"地上行走的神"——国家中，结果自由的无限性就从人格本身过渡到国家，他承诺的人格自由的现实性、具体性就存在于国家中。

黑格尔的逻辑学、精神现象学和精神哲学本质上是一种“自我”学，是对人类自我本身蕴含的普遍性、必然性和客观性的一种自我认识和逻辑表达，是对人的精神成长成熟的过程和自由本质及逻辑结构的揭示，因而内在的也是一种人格论。法哲学为了显示其科学性，通篇都没有把个体性的人放在一个重要的位置上，但是黑格尔的哲学和法哲学正如其自己所说，也跳不出时代和人类的限制，表面上他是在阐述一个“客观”精神的哲学，但就其本质和真实内容而言，他给出的是一种异化了的人的哲学。自由就是黑格尔对人的本质界定，他把自由意志作为法哲学和人格论的逻辑起点。他认为法的体系就是自由的王国，法就是客观的、必然的自由精神，自由精神必然外化为实存，世界就是自由的世界。

黑格尔的法哲学，或者说自由的哲学的出发点是抽象的自由意志，而不是现实的从事实践活动的人，因而他所追求的自由只能是意识和精神的自由。在这个精神的自由中个人的自由只能是从属性的，不是主词而只能是谓词，精神是实体而个人是偶性，个人自由是自由意志的否定性发展和现实化。虽然自由的属性和矛盾性特征等本质上都是源自活生生的人，但是黑格尔却把它异化为客观精神的固有属性，这是颠倒错位的关系。黑格尔用这种异化颠倒的方式描述了自由的基本特征，即自由是一种矛盾状态，是在他物中保持自身的一种矛盾状态；自由是一个过程；自由是一种理性或精神，理性是个体自我的本质，是普遍性的社会伦理人格的自由本质。

《精神现象学》关于意识和精神自由的学说和逻辑学关于自由本质和规律的理论最后落实在法哲学上，落实在伦理学、政治学和法学上，表现为自由在逻辑、精神和现实上共同展示出的结构性和阶段性。黑格尔将个人意识纳入到社会意识的普遍性中，两者经历同样的发展轨道。

自由首先表现为抽象的、否定性的、消极的自由，这种自由只达到了自由的共相，按照黑格尔的逻辑，它必然要向自我否定的概念环节发展，这就导向了黑格尔所说的“抽象法”的理论，法就是对抽象自由的限定和否定。任何的具体规定都被认为是对自由的限制，这种意义上的自由表现为对任何权威、制度和现存事物的否定。任性的自由否定了自由的抽象性、虚无性，而赋予自由意志以特殊内容，但仍是一种与自由的普遍性尚不符合的主观特殊性，还没有达到自由的概念。自由的理念是具体的自由，它是在具体的社会历史条件限定下的自由，是主观性与客观性、普遍性与特殊性、抽象性与具体性的统一。

第三章　人格自由的道德限定

研究黑格尔的法哲学思想如同研究黑格尔的其他理论一样，不能忘记他在逻辑学中确定的三段式辩证法，这是他一以贯之的理论方法。法哲学的逻辑起点，或最初的逻辑概念是（人的）自由意志，其后的各个理论环节都是自由意志本身的矛盾运动、否定之否定的结果。黑格尔在《法哲学原理》的导言中确立了具有能动性的、抽象性的自由意志本身，论证了这个抽象自由在抽象、任性、缺失理性的自我运动中怎样否定自身，导向了对自由本身的限定，走向它的对立面。而在之后的第一篇——“抽象法”的理论中，他表明了作为自由意志对立面的“法”如何成为这种否定和限定环节。抽象法中的私有财产权和“物权”的内容是古典自由主义理论的一部分，黑格尔把这些非政治的、不那么“激进”的私法上的权利当作自由发展的第一个环节，当作低层次的自由。第二篇的“道德”理论作为抽象自由和抽象法矛盾的“合题”理论，说明了自由意志在自我否定之否定的运动中达到了更高阶段的、作为道德的真理。第三篇的“伦理”理论则把自由意志抽象运动的正题、反题、合题的抽象逻辑现实化为社会生活各个领域中的家庭、市民社会、国家和法的实践性、经验性的内容。简言之，黑格尔想表达的就是，人的自由本质展开和构成了社会各领域生活的规范和历史；反过来，社会和历史的过程也限定和实现了人性和人格的本质——意志自由。

从《法哲学原理》的导言中我们看到，黑格尔并不认为抽象的意志自由具有现实和积极意义。他认为纯偶然的、个人任性规范的自由实际只是野蛮，只有理性地接受了社会化精神规范的自由才是定在的、具体现实的、具有真理意义的自由。而且他认为道德的领域是社会精神规范的初始环节，具体定在的自由是从这里开端而形成的。所以他在《法哲学原理》的第二篇考察了道德理论。他将道德与私有财产的占有联系在一起，但是把道德与伦理分开，这与我们一般把道德和伦理看成同一的观念有区别。因为在他那里，财产占有是与人格存在直接同一的，而道德主要指主观的善恶是非的意识。只有在把主观的道德意识转化为与社会客观存在相关的实践关系，才真正进入了伦理的领域。他认为，人格的自由意志进入到社会现实的各种关系中，必须被善恶良心的理性反思所限定才有合理性。在本章中，我们要通过对黑格尔道德理论的解读考察，来看他对这一思想的论证是否能够成立。

本章主要考察黑格尔关于抽象法，即关于财产权、契约和“不法”的理论，这些理论主要是用来补充论证抽象任性的意志自由，说明在不合规范、违背社会规范和契约时，这样的“自由”只能导向犯罪。而惩治“不法”和追究责任的根据在于，黑格尔不仅设定人格有自由意志，而且也设定人格是有道德和责任的意识。本章还要考察黑格尔的《法哲学原理》第三篇中关于道德的理论，他论述的道德是作为自由与法这两个对立面的合题，作为积极意义、形式上的自由而呈现的。他认为，人之所以对自己的行为有道义责任，是因为他确认人都有理性，都有责任和良心之善，善在与恶的矛盾中展现自身，这样人格发展才能导向积极的、定在意义上的自由。

第一节 建立在私有财产权之上的人格价值及道德反思

黑格尔的人格自由意志发展为自己的对立面，发展为对抽象自由进行否定和限制的“抽象法”，这是他的逻辑的必然结果。抽象法本质是人格主体相互间的理性契约，这也是可以理解的，但为什么抽象法要首先联系到人格的财产权和“物权”呢？为什么财产权问题成为黑格尔抽象法理论的第一个环节呢？黑格尔在《法哲学原理》的第 42 节中指出，抽象自由只能属于抽象的人，后者要成为研究的对象就必须客观化和现实化，也就是必须物化。按照我们思考的逻辑，主观精神的人物化、客观化为现实的人，首先是体现于这个人的肉体生命的存在。但黑格尔却跳过这个通俗的观念，把财产看成是人的首要标志，肉体的特殊性反而是次要的东西。他所说的“人”首先物化和客观化为这个人的财产。言外之意，没有财产的人的生命肉体不具有“人”的资格，不能有自由意志。要理解这一点必须看到，他那个时代在普鲁士的贵族国王制度下，还有大量农奴、仆役、无产者，他们在黑格尔眼中不但没有财产和任何权利，而且还不可能是具有自由本质的独立意义上的人。

在法国大革命前后的欧洲，财产所有权对人而言是自然的、直接性的存在，这首先是由于资本主义经济和资产阶级法律的发展，时代已经确立了私有财产的法律原则，已将对合法财产权的侵犯视为“不法”和犯罪，视为对人格自由权利的侵犯，再由于启蒙运动的影响，私有财产权已经成为当时社会的时代精神、法律精神，人们已把私有财产权及其保护当作不证自明的社会正义原则。财产权是人格自由的基础和最初体现，是客观上物化了的自由，至于主观上的自由则要在道德中实现。黑格尔认为，法律人格只有通过对财产的支配、占有、转让等环节实现需要的满足和享受，才能获得自己的实质内容，如果仅把自己限制在“作为自身中无限的普遍性”的主观性上，限制在抽象的人格上，那便是矛盾的和无意义的。他实质是主张法权人格不单纯是精神性的、身份性的，还需要有必要的物质载体。“美国心理学家詹姆士指出，在心理学中，我和我的是很难区分的，也就是说纯粹自我与不同形式表现的自我无法区分。”① 这段话是要说明“我”需要外化为和表现为身体、财产等物质性的客观存在以及对它们的占有，才能把人格和“我”区分开来。

一、所有权扬弃人格的纯粹主观性

黑格尔在抽象法的财产权部分想表达的是，对财产或物的占有是使人格的主观意志外化、实体化的直接表征。人使物处在自己的外部力量支配之下，即为占有。这种外部力量可以是肢体的直接把握，或者是以劳动改变物的形态，也可以是符号性的公示，通过这种外在形式使物变成“为人”的东西，人对物具有了排他性的所有权。财产所有权设定了这样的逻辑：我在所有权中直接地把握着财产，我的意志在财产中直接地表现出来，如果有人将该财产破坏或夺走，即使没有伤害到我的人身，也是对我自由意志的侵犯，对我人格的侵犯。该物是我辛苦劳动的果实，浸透着我的汗水，他人没有付出相应的代价即将其拿走，是对我劳动的不尊重和人格的侵犯。占有的公示，尽管是符号性和象征性的，但也是我的真实意思的表示，对人格的物质占有公示的破坏，即是对我的意志和权利的侵犯。在这种占有的过程中，人对物的处分、支配、享

① 沈亚生：《人格自我与个体性》，吉林人民出版社 2005 年版，第 63 页。

用关系构成了对象自我意识化和自我意识外化的双向过程，人格自我和“物”都变成了自我的对象。所有权和对物的占有使个人体会到了他的自由，个人自由在这种人和物的关系中初次变成了现实存在，自由具有了最初规定。在所有权中，人是一种抽象均质的存在，还不具有在道德和伦理阶段的各种具体规定。

如果从人格的角度来看待所有权，那么它就不仅是权利，同时还是一种权力。他人对我用身体直接对物的把握的侵犯，直接会遭到我的肢体的激烈反抗；劳动的添附和符号公示性的占有受国家强制力的保护。先占和取得占有将意志先予客观化，尽管这种先占和取得占有可能是非法的，但财产权在时间先在的意义上获得了权力，先占和取得占有是一种优势，是对未占有财产的他人的一种权力。福柯、哈贝马斯等认为，权力是社会制度、社会关系、政治体制中的重要管制方式和媒介，是政治、法律和伦理重要的分析工具。人格实现不仅是一种精神追求，还需要获得外在物化的形式，这就需要人格实现的可操作策略和现实条件。有了对特定物、特定财产的占有，人格权力才可能成为实现人格的能力和力量，具有了这种能力和力量，人格自由的实现才不是一句空话。

这样看来，抽象法仅是对占有财产、取得所有权的资格和能力进行确认，至于在占有数量和占有方式上则是偶然的。黑格尔说：“有时人们要求平均分配土地甚或其他现存财富，……那就愈显得这种要求是一种空虚而肤浅的理智。”① 这段话是要表明，他认为以偶然的根据所获得的财产是合理的，他敌视对私有财产的任何侵犯。他认为人格占有、人格实现、人格价值等方面的差异问题，需要运用统摄包括理智在

① ［德］黑格尔：《法哲学原理》，范杨、张企泰译，商务印书馆 1961 年版，第 58 页。

内的多种认知方式的理性予以考察，而如果理智只是僵化的、界限分明的、非此即彼的知性的思维方式，那么这些问题只能在理智的能力和考察范围之外。他认为抽象同一性是理智的思维方式，理智面对人格的差异性的具体内容时，也是首先运用抽象同一性看待这种差异，所以会要求在这些人格的具体规定上达到抽象同一。理智的抽象同一性的要求在财产所有权上表现为平均主义，要求个人平均占有财产或对财产进行平均分配，黑格尔认为这种要求"像一般单纯的善意愿望一样，它缺乏客观性"①。所以他认为要求财产的平均占有和分配是缺乏理性精神的理智的产物。他之所以要把财产占有与现实人格的确立，与具体的意志自由联系在一起，是为了证明私有财产合法性是优先于一切其他社会规范的元规范。

按照精神必然异化和外化自身的逻辑，个人在精神、人格、理想、能力等方面的差异总要外显出来，表现为占有什么、占有多少的不同，转变为现实性的为人占有的财产、社会地位、尊严等才能被人认知。黑格尔想表达的是，平等只能是抽象人格上的平等，他认为每个人(Person)都有占有一定社会财富的权利。这种看法是积极进步的，在一个正义的社会里，每个人都应占有一定的财产，以保证正常的生活和基本的体面尊严，如果不能保证这一要求，这个社会的制度就是非正义的。但是黑格尔所意指的财产占有或所有的平等，是指占有或所有的来源和机会的平等，而这即是法律人格在财产所有权上的形式平等。这种形式平等表现在：对于无主物和遗失物，所有人都可以占有；为了满足个人需要，个人可以按照商品经济等价交换的原则获取需要的商品，等价交换的原则是公平的，这些表述是占有或所有机会上的平等。他的这

① ［德］黑格尔：《法哲学原理》，范杨、张企泰译，商务印书馆1961年版，第58页。

些判断是要反对法国大革命所表达的、以平等为理由破坏贵族王公对豪华财产占有的革命理想。

论证了财产权之后，黑格尔才考虑到人格的客观化要表现为肉体生命。由于是最基本的常识，他确认要拥有人格上的物质自由，个人不仅要有财产所有权，还需要占有自己的身体。在他描述的市民社会理论中，财产权已经开始成为人格自由的载体，已经开始构成人们之间的基础性的社会关系，财产权划分了个人自由的可能性范围和个人与他人的界限。从黑格尔的表述中我们受到的启发是，人的身体是个人最原始的“财产”，但人对自己身体的占有并不总是自主和自明的，个人缺乏对身体有效占有的情况常有。个人没有自由意志而听命于他人时，是他人占据了个人的身体；个人沉迷于肉体欲望的满足和精神的消遣时，是非理性的欲望冲动占据了个人的身体；个人生病是疾病占据了身体。人对自己的占有，即人与自我的同一，是当自我成为自我意识的对象时才开始的。我们认为，只有当人的自由意志把自我当作对象，并且意识到自我是自由的，这时他才真正占有自己，不仅是占有自己的身体，还包括意识和精神。个人的意志只有到达精神的层面，也就是作为一个拥有自由意志的人时，个人意志、自我意识、自我和人的身体才是一体的。当人通过自由意志和理性思维使个体自我成为自由的人格，这时自我就不再是单纯的自我意识，而成为具有身体和人格、心灵和肉体相结合的活生生的人。

我们知道，人本身的第一个客观的外化形式就是他的肉体生命，可是黑格尔对此并不过多地注意，他特别关心财产问题，这是不合乎逻辑的。但是他对身体和财产的观点也不能违背常识，他区分了对人的身体和财产侵权的不同，指出人格的主要依据是人的精神和自由意志，但人的精神和身体是不能分割的统一体，对身体的伤害即是对精神或人格的伤害，对财产权的侵犯则不同，因为人的意志并没有直接地存在于财产中，所以侮辱人格和侵犯财产权是不同的。就此我们应该说，人对自己的身体和生命的所有权是人格自由的物质基础，是人之为人的最低标准。人和动物同样都有自己的肉身，但动物对自己的身体没有权利，首先正如黑格尔所说的，这是因为动物不存在自由意志，不能表达关于自己的意思。其次，权利总是在社会关系中实现的，而人类根本没有给予动物在自己的社会关系中和人一样的地位，所以动物不具有和人一样享有权利的资格。所谓的动物权利保护，并不是动物真的有和人一样或类似的权利，而是人以人的立场外在认知并赋予动物的“权利”，所以动物保护实质上是保护的人类自己，保护的是人类自己的权利。

黑格尔认为“康德所主张而为后人乐于采用的分类，把权利分为物权、人格权以及物权性质的人格权，也是同样混乱”[①]。人格权的首要意义在于要求社会对于每个人的肉体生命、身体的尊重和维护，在某种意义上人格和人身权利是同一的概念，只有具备了相应的人身权利，人格才能成立。物权、债权等权利是次要的，是在人身权利得到确认之后才要考虑到的。黑格尔把人身权利与财产、人的财产权利的关系颠倒了，他把人格权当作物权，之所以得出这样的结论，首先是因为这里所提及的权利是历史上形成的资产阶级生产经营所必需的私权，是在抽象人格基础上以对物的支配、占有为内容的；其次，抽象法中不法、犯罪和刑罚的内容主要集中在对财产和契约的破坏以及对这种破坏的修复上，他认为这实质也是物权的范围。所以抽象法的三个环节都被设计成了物权，这当然是和法学的逻辑、规律相矛盾的。黑格尔把权利的客体都归结为一般意义上的包括人的身体生命在内的物，这些物都是外在于

① 康德把权利分为物权、人格权和“物权”性质的人格权。

人的，所以人的身体和生命是可以和人格相分离的，是权利的客体。人格权中除了物质利益，还有精神尊严等内容，所以不能简单地将人格权归结为物权，而且以现代权利法学的角度来看，情况是相反的，广义的人格权是可以将物权包括在内的。

黑格尔表达了对人和物的关系的论证逻辑：人可以把他的意志体现在任何物中，物是人的目的的体现，没有人的意志和目的的投射，物没有任何规定性，也不必要有任何的规定。物是为人而存在的，其本身没有任何目的，这就是人对物的绝对权利的依据所在。他据此认为精神技能、科学知识、艺术等产品是精神外化为物，对人而言，实质上是一种“降格”，即将“人格”降为“物格”。物对于人格的意义在于，一方面人与物相区分而使人具有类人格的自我意识。另一方面物与物之间的区分实际体现了个人意志与他人意志间的关系，本质是所有权的区分，体现了个人意志支配范围的边界。对物的所有权的排他性是一种独立性，它不是他人所有权、共同所有权，而是个人独立拥有的占有、支配、收益等方面的权利，这种所有权的独立性为人格独立奠定了物质基础。因而所有权及财产的重要意义不仅在于使人格扬弃了纯粹主观性，而且也在于其支撑起了人格的独立性。人能够将目的和灵魂赋予物，将其完全作为为自己的存在，人将自己的意志注入物中，需要人以自己的外在活动为媒介才能实现，这种媒介即为抽象法的三个环节：占有或所有权、契约、“不法”和犯罪。

二、自由意志的运动：从所有权到契约

所有权中的对物的占有和使用是人的自由意志的体现，这里面内在具有自由意志无限性和有限性之间的矛盾。个人不满足于具体样式、内容和功能单一的具体物的使用，他要追求对物的占有、使用的无限

性，而通过契约可以满足人的这种需求。从个人的无限物质需要和个人之间的相互需要关系形成的契约而言，物之间的交换关系体现了不同个人的自由意志之间的关系。黑格尔认为在这种交换关系中，人的自由意志的无限性不会局限于单一特定物的占有和使用，它意图通过占有不同的物和使用物的不同使用价值或者通过对物“永恒同一”的东西即价值的占有而满足自我意志实现的要求。人们通过契约交换财产是在个人交互关系中实现自由的重要方式。通过这种财产的交换，人可以在共同意志中占有财产，这样人占有财产的范围增大了，占有的形式增多了，主观意志实现的程度提高了，因而契约对于更高程度的自由的实现是必要的。契约体现了人的自主意思和意思实现的多种可能，这较单纯的物权具有相对的优势。

按照马克思主义的观点，是以社会分工和私有制两个条件为基础，商品经济产生后，人们才有了签订契约的必要性和可能性。黑格尔则认为契约的存在和发展是人的理性使然，但这只是把契约的目的错误地当成了契约的原因；从另一方面，实质上他是在思考如何在现存条件下使人格自由变成现实存在的问题，在契约的形式下人们实现的虽然不是理想的人格，但是他们的人格却可以凭借契约变得具体现实。这种立场隐含着一个重要的观点，即签订契约的双方应该互相承认对方的对等人格和对方的合法所有权，这是现代社会和市场经济能够持存和发展的重要条件。在物的占有理论中，黑格尔并没有考虑到这种所有权和占有是需要他人承认的，而只是简单地认为通过身体把握、劳动赋予定形和标志公示等即可占有。在契约理论开始，他试图加以补救：客观精神已经包含着承认这一环节。

契约的标的为具体物或物的等价载体。黑格尔据此认为，由于婚姻和国家不是具体物，因而它们不是契约的对象。康德将婚姻视为男女双方对另一方性器官占有的契约关系，黑格尔认为这是对婚姻关系的一种歪曲，他将婚姻关系看作是一种伦理关系。社会契约论确认的是国家的普遍性，而黑格尔认为国家是一种必然性，因此他吸取了卢梭的观点，认为国家应该是“公意”而不是“众意”的产物，“众意”是无数个人意志的机械相加，不具有必然性、客观性和真理性，而“公意”则是概念的必然性的体现，是由精神保证的、客观的社会正义原则。国家产生的历史过程很难还原，社会契约论并不是认为国家真的是由人们统一了意志而产生的，而只是对国家和个人关系、权力和权利关系的一种假定，表明合理正当的国家就应该是社会契约理论规范下的国家。另一方面，人也并非如黑格尔认为的生来就是国家的成员，他实际上混淆了社会和国家的概念。

黑格尔在这里提出了一个重要的思想：权利的来源。他认为，人对物的占有和达成的契约，只要社会和他人承认，就可以成为权利的来源，这是权利的他人承认说。但同时他又看到，在同一物上人们的权利依据是不同的，所以会产生权利冲突。权利不是人先天具有的，人也不是生而自由的，在不同历史阶段人们享有权利的多少、种类和达到的自由状态，都只是客观精神自我体现的一个环节。我们因而可以得出以下结论：首先他人的承认会导致特定人的所有权，但这种所有权是单一的，仅仅是对他人所有权的否定，不具有客观普遍的性质；其次，他人的承认不仅仅是特殊意志，也包含着作为普遍意志的自在的法的因素，两者并不是决然分开的。最后，他人的承认和当事人的互认，实际上就是对实在法的承认，也即是契约当中体现的合意与实在法相一致，是“合法”的。

但是黑格尔还是把契约当作是一个中介性和过渡性的环节，他认为“该契约……固然十分正当，但在其中欠缺自在地存在的普遍物这一方面”[①]。这里的普遍物就是自由意志的法及外在化的公平正义原则。照此逻辑，人们占有财产和订立履行契约并不必然符合社会正义、社会伦理的要求。这个看法是有一定合理性的，如在商品经济中市场交易主体拥有物权，他们转让财产和签订合同并不就是天经地义的，因为合法的、合约定的不一定是道德的。他强调当事人在契约中达成的合意只是特殊偶然的，依据他对契约的批评，商品经济、资本主义的生产关系和经济制度也只是通往理想社会的中间环节，但是他没有把这个逻辑贯穿到底。这是黑格尔在抽象法中表现出的可贵思想，只不过这种进步思想最后被黑格尔的国家理论否定了。

三、从不法、刑罚到责任：他律到自律

契约达成的共同意志并不一定就是普遍的、正当的，双方达成共同意志的过程中有可能成就了否定性的特殊意志，仅当契约符合了普遍公共的自由精神时，它才是法的根据。特殊意志违反了普遍意志就是“不法”，这里的“不法”不仅是指狭义的触犯刑法，而是指向广义的对理性化的自由意志，对社会公约的违背。黑格尔指出契约不仅指商品交换的合同，而且还包括人们对社会正义原则（普遍的法）的明示同意和默认，那么如果他能够认定在具体形式上的合同欺诈、违约，以及普遍意义上对“法”的违背都是不法，逻辑上更能严谨。“不法”有三种情形：无犯意的“不法”、诈欺和犯罪，这里讲的也不仅仅是狭义上的刑事犯罪，而是指向广义上的承担责任。他认为，无犯意的“不法”是以“不法”为法，诈欺是以合法的形式掩盖非法的目的，犯罪是对法的直接违反。

① ［德］黑格尔：《法哲学原理》，范杨、张企泰译，商务印书馆1961年版，第95页。

黑格尔强调，无犯意的“不法”以“不法”为法，由于没有违法的主观意志，不符合犯罪的构成要件，所以不应处以刑罚。犯罪则是对法的直接破坏，所以要对犯罪行为施加暴力和强制。人的身体和外在方面是可以被强制的，但自由意志不能被强制，除非它存在于外在物及自由意志的表象中。犯罪不仅侵犯了具体自由，而且还侵犯了具体自由中所包容的普遍性的社会正义原则，所以要对犯罪行为施加暴力和强制。自由是人格的本质，所以对它的强制和暴力，即是对人格的直接侵犯。人格自由只有一种可能被强制，即自愿被强制。刑罚对人的暴力和强制实质是人的自由意志自己限制自己，刑罚的暴力与自由并不是对立的。犯罪是个体人格自由实现的过程中必然要否定的东西，是人格自由的自我否定，所以对犯罪的惩罚是合法的。这里体现了黑格尔的刑法理念，即刑罚不是对犯罪分子的外在报复，以恢复受害人的心理平衡和社会秩序，而在于通过改造教育使犯罪分子自觉到自由意志的存在，认识到要达到自由则犯罪是必须要否定的。

关于法的本质是强制力，黑格尔认为这种观点是从结果上理解法。法和道德是有区别的，道德以善为目的，是内心的东西，不能对其加以强制，而法是针对人的外在行为。当时主要的刑罚理论有预防说、儆戒说、威吓说和矫正说等，黑格尔认为这些都没有认清刑罚的本质。上述学说要么重视道德的主观方面，要么重视心理因素，都没有把刑罚当作自在自为的正义的实现。如此刑罚对于犯罪分子而言，并非异己的外在强制，而是他本身自由的体现。

黑格尔设定人是有理性的，对于包含了自己的自由意志在内的社会契约和法的规定，每个理性的人格都是认同的，所以罪犯一般都认识到了法的存在和规定，认识到自己的犯罪行为是对法的违反，他要么采取隐蔽的方式逃脱刑罚，要么采取暴力直接否定法而不计后果，所以他实际上是承认法的存在和法的效力的。当他实行犯罪行为时，他违背的是自己知道和认同的法，一旦罪行败露并被惩罚，他对刑罚和法的正当性是认可的，刑罚实际上是罪犯用他自己认可的法律惩罚自己。国家对罪犯施加刑罚，是尊重他为一个理性的人，是尊重他的自由意志，所以刑罚的前提是把犯人当作一个自由的人。在刑罚中犯罪分子不是要被施加痛苦的对象，他仍保有他的人格，对他施加的刑罚是对他的尊重，刑罚是他自己对自己的惩罚，目的是恢复他的人格和尊严。黑格尔认为那种把刑罚看作是对有犯罪可能的人的心理威慑和改造罪犯使其重新做人的手段的观点，实际上是把人降到没有自由意志的动物的层次，是把人格降为生物格。

黑格尔对死刑的态度是要区别对待，但他认为总的趋势是死刑应该逐渐减少。社会契约论认为，处在“自然状态”中的人们厌倦了“一切人对一切人”的战争，为了维护和平和社会秩序，把与生俱来的“自然权利”让渡给了国家，由国家代为行使。而为了监督国家，避免出现国家怠于行使权力、权力滥用等情形，人们让渡的权利并非全部，其中如果国家不能保护人们的人身和财产安全，他们可以取消契约，收回国家的代理权。在人们让渡的权利当中，不包括生命权，因此国家无权剥夺人的生命，所以也没有处人死刑的权力。黑格尔认为国家不是通过契约形成的，契约是人的任性和利益的体现，国家则是自由意志的法的体现，两者根本不是一回事，所以不能把社会契约理论当作国家不能处人死刑的依据。在国家和个人的关系上，黑格尔认为国家是自由理念实现的最高阶段，保护个人的生命财产安全不是国家的本质，国家是比个人更高的东西，必要的时候国家可以要求个人献出财产，甚至生命。

刑罚是对犯罪的扬弃。犯罪有一定的质和量的规定性，作为犯罪的否定，刑罚是对犯罪质和量两方面的否定，所以在确定刑罚的种类和处罚的幅度时是应该有标准可以遵循的。刑法学中的刑罚确定，一般要考虑受害者和犯罪人的主观状态，比如受害者遭受的痛苦、身体的伤害、家人的情感和遭受的物质损失等，对于犯罪人则是要考虑其犯罪时的主观心理状态，比如故意、疏忽和意外等。黑格尔认为这种普通科学的原理在科以刑法的时候当然要研究，但只有作为自由意志概念的法才是刑罚必须依据的基本原理。这就产生一个问题：在刑法司法实践中，刑罚有时未必真正符合社会正义的要求。按照黑格尔的观点，刑罚本质上是自由意志的自我否定，因此其和“法”本身都是自由意志概念的体现；从外在而言，相对于自由意志的法，作为刑罚的手段都是有限的，并无绝对规定，所以可以采取无限的形式。作为普通科学的刑法学应追求普遍自由的法，力争与其“同一”。

黑格尔认为刑罚作为报复，是对犯罪暴力与强制的暴力与强制，在表现形态上和犯罪相同，所以在内容和形式上存在着是否符合正义的问题。一般认为刑罚作为报复在内容上是正义的，其实不尽然。刑罚的内容即是针对犯罪的性质和情节确定刑罚的种类和量刑的幅度，两者不一定符合。如果刑罚是受害者和复仇者施加的，一定会带有主观性。在没有法律和法官的社会，刑罚能否和社会正义相符合是偶然的。黑格尔认为法官的意志就是法律的意志，所以法官能维护正义。这种理解显然是简单化的，且不说社会环境对法官裁决的影响，即使法官个人仍然也可以表现为“不法”和犯罪的三种情形。由于法官对法和正义的理解不同，存在着以“不法为法”的可能性；法官为了特殊目的、利益和观点进行诈欺；法官也可以犯罪。虽然这里没有展现法的全部领域，但是法官的裁决与社会正义的关系已经表明：对于人及其社会生活而言，法律并不是自足全能的，仍然需要其他社会规范和控制手段的存在。因而法治社会不是有了法律体系、法律统治和法律治理就万事大吉了，就可以解决一切问题。人类社会从来就不是单一的结构，我们在建设法治国家、法治政府和法治社会的过程中，应避免这种认识误区。

黑格尔认为，要从法律当中剥离出属于道德的内容，即剥离道德的抽象性和主观性，把法律完全当作对行为规则的认知问题。他认为小孩、无认知能力和有认知障碍的人由于缺乏对法律的认识或没有认识能力，就不具有责任能力或具有不完全的责任能力，在进行归责和追究刑事责任的时候，就要减轻他们的责任或免除他们的刑事责任。一个健康的成年人在偶然性的情绪和认识因素的影响下犯下了罪行，是否也要和上述那些缺乏或没有责任能力的人一样对待呢？黑格尔的答案是否定的。人的本性是普遍性的，所以人能够组成社会而生活，社会的基础就是人的普遍性。当一个人犯下了罪行时，就用偶然性为自己开脱，黑格尔认为这是此人自己没有把自己当作一个“人”来看待，如果真的能够免责，那么社会也没有把他当作“人”来看待。

动物是偶然性的存在，但它们尚且具有有限的普遍性，所以能够组成兽群而生存，它们尚且能够具有基本的普遍性的本能，如“虎毒不食子”。一个人如果以偶然性的情绪和认识因素而开脱自己的罪责，那简直和畜生无异。黑格尔在这里对刑法上的犯罪的主观构成要件进行了深化，提出了自己的看法。一个人承担法律上的责任要以明知为前提，在这里黑格尔认为一个人可能在犯罪的瞬间无法明确地认识到自己的行为是犯罪，但要以此脱罪，至少违背了两种原理。其一，法律主要的调整对象是人的行为，内心的主观因素则是道德的范畴，所以不论犯罪时的心理状态如何，都是要承担罪责的。其二，人的偶然性的情绪和认识因素是不能完全和人的理智、理性彻底分离的，当人在这些偶然性因素的影响下实施犯罪行为时，并没有完全丧失理智、理性，因此要承担罪责。至于完全分离的情况，只会发生在精神病人身上。

黑格尔指出，为了在刑罚中避免出现新的“不法”和犯罪，需要人的道德规范。抽象法只是抽象的规定，还不具有真正现实的形态，只有在主观意志中，才有了自由意志的法的具体内容。这实际凸显了法治建设中的一个重要问题，只有健全的法律制度是不够的，如果不能内化为人们的法律精神、法律意识，法律只是空洞的抽象规定，只是“书本上的法”，普遍自由的法的实现就是一句空话。所以道德同样是普遍的法的一个实现环节，它是在对抽象的法的否定的基础上使法得以实现的。“在抽象法中，意志的人格单单作为人格而存在，如今意志已把人格作为它的对象。这种自为地无限的自由的主观性构成了道德观点的原则。”①

依据法哲学中的逻辑，抽象法是自由意志的直接定在，是非反思、非反省的自由，因而缺乏合理性的依据。抽象法作为抽象自由的对立面，在两者的矛盾运动中产生了契约和“不法”对契约的否定。自由意志在向更高层次的运动中，返回到主观的、理性化的实践意识上来，返回到道德意识上来，才达到定在意义上的、合理现实的自由。黑格尔认为，道德是被严格限制在主观意识的范围之内的，伦理则是客观化了的道德实践，道德则是对法的反思，是对抽象法的内部矛盾的克服。抽象法由于其形式性、抽象性，可能会和自由的实质内容、社会正义存在冲突，为了解决这个矛盾，自在的、直接性的自由意志自我否定，发展至自为的、主观的自由意志即道德。贺麟先生认为，由于道德是比抽象法更高的阶段，黑格尔实质认为道德是抽象法合法性的基础。从人格的角

① ［德］黑格尔：《法哲学原理》，范杨、张企泰译，商务印书馆 1961 年版，第 108—109 页。

度，抽象法是人格的外在形式，而道德是人格的内在本质；抽象法“成就”的是抽象人格和法律人格，而道德使人格成为主体。[①] 抽象法不能内化为人们的法律精神、法律意识，那就只是空洞的抽象规定，主观意志的法同样是人格自由发展的一个环节，它是在对抽象法的否定的基础上得以实现的。

抽象法是人格自由实现的第一个环节，为了实现真正的自由，需要从直接自在的自由发展到主观意志的自由即道德。联结抽象法和道德并形成过渡的分别是刑罚和道德责任，刑罚的依据在于犯罪行为是人故意做出的，罪犯在直接的因果关系范围内承担责任，黑格尔并没有区分法律责任和道德责任，这很可能是故意为之，因为这样就可以在体系上形成抽象法向道德的自然过渡。刑罚是对抽象直接的自由意志的否定的否定，是抽象法内部矛盾的解决，但是法律规定与道德动机会发生冲突，而意图的普遍目的自身也有矛盾，特别是伪善的人格以善的面目出现而具有很大的欺骗性，这些都需要在道德所规定的主观自由中进行反思。

第二节　道德是善的未完成的中间状态

黑格尔认为道德是主观的，其中虽然包含着客观法则所需要的“善”的意识，但这种意识并未客观化的实现，并没有达到善的真理性，所以他所说的道德只是个中间状态。他认为抽象法之“抽象”，首先在于它的内容是从社会的既成现实中直接地继承下来的，自由直接等同于

---

① 参见贺麟：《黑格尔的〈法哲学原理〉》，《福建论坛》1983 年第 1 期。

人人具有的权利能力和基本的人格权，尚欠缺主动的反思和批判，不能够独立自存，仅是伦理的一个环节；其次，标志现代社会人格平等的抽象人格也仅是一个思维抽象，也不具有逻辑必然性；最后，抽象法将自由定在于外部的排他性的财产权上，那么自由只能是僵化外部的、缺乏精神的本质性。道德则是抽象法的抽象性质的扬弃，从而是对人格自由的道德限定，也是赋予人格自由以主观内在的规定，表现为主观自由的形式及其达到的成就。主观意志对人与外部世界关系的反思所引起的主观意志的自我规范，与抽象法的自在同一不同，在道德中主观意志存在着自己的对立面即普遍的善，道德是主观意志自为努力以达至与善同一的过程。只有借助人的主观意志所能达到的道德人格境界，人格自由才能进入通往现实具体的、自在自为的自由的路径。

特别要指出的是，黑格尔只是在主观意识的层面论述道德，只考察主观意志的内在规定性和其可能达到的普遍性即主观意志的法或道德精神，他认为道德是主观意志“自我相关的否定性”，所以并不是在社会实践的层面（那是客观化的伦理领域的事）考察道德。他所论述的道德是自由意志的概念定在为主观意志的过程，自由意志就存在于主观意志本身中，道德是主观意志与自由意志概念的符合，是主观自由意志的特殊性与普遍社会化的自由意志（社会伦理规范）的同一化和内在化。在道德中人由抽象法中的自然人格过渡为社会伦理人格的主体，道德主体的意志结构包括故意、意图和良心三个部分。道德主体首先把人格作为反思的对象，通过道德主体的自我否定取得了可能达到的主观自由，并生成了普遍的道德人格的精神结构（或精神成就）的三个环节：责任、福利和善，它们内在地与自由意志概念的符合程度和达到的主观普遍性的程度体现为道德人格的内在完善过程，并为合理的、积极的人格自由的实现奠定了主观基础。

一、道德意识的自我规定及矛盾

黑格尔将抽象法和道德设置为两个在自由意志的矛盾运动中先后被扬弃的环节，两者在伦理中以一种改变了的形式存在着，所以实际上它们并没有被“严肃认真”（以现实、经验性的态度）的对待，因为道德意识必须上升到对伦理法规的确认，伦理才是客观化了的、有必然性、严肃性的实践规范。我们认为，抽象直接的抽象法还不同于伦理中的法律，它仅是缺乏反思批判的法律精神、法律意识，而且必然要和现实充分结合，并被体现国家意志并通过制度和程序的立法所扬弃。《法哲学原理》中的道德从内容上而言，是否定多于肯定，故意和责任还没有完全脱离抽象法的形式性和抽象性，并不是道德反思和道德自由的真正内容，意图和福利建立的只是形式的规定，至于主观上的福利欲求并不能确定与法相一致。道德是法哲学的一个过渡和中介环节，黑格尔对伦理和道德概念的区分，已经表明道德将被设置为不完全、不完善的环节，事实上它的意义主要是在于通过自身的缺陷不足来凸显伦理的必然性和真理性。以此为基础他将道德的最高成就设定为抽象的善，而“真实的善”只存在于伦理中，他将更多的篇幅用于揭露良心的主观形式和道德人格的种种伪善形态。但是，《法哲学原理》中的道德不可能只有破坏没有建设，它的价值在于主观意志的普遍性达到的责任意识对自由人格的重要意义，在于意图中强调幸福的人格精神和利他的道德意识，以及通过良心的纯粹主观确信所达到的最高形式的主观自由（抽象的善）等方面。

《法哲学原理》中的义务是主观道德转化为客观伦理的中介。黑格尔认为义务是在人的自我意识当中存在的精神本质，义务与人的自我互相渗透，实质上是同一的存在，但是这种浑然一致是无知无觉的，道德要通过意识与对象之间的对立，即通过道德意识确认自身的确定性，或者说确认道德实质和什么是道德，确立关于道德本身的纯粹知识。《精神现象学》中的道德集中阐述了，在精神经历了教化世界和信仰世界的分裂异化后要求自我确定性的情形下，在人们的道德意识中存在着道德认知和道德世界观的复杂矛盾，为了解决这些矛盾，道德必须面对两个必须解决的问题：道德与自然的关系，理性和感性的关系。设定道德与自然、道德与感性之间的和谐是方便自然的做法，尽管这种设定本身也带来了需要克服的矛盾。黑格尔认为这种预定的和谐将道德看作现成的存在，但是义务的纯粹性、形式性决定了道德只能不断地创造于未来，同时道德也不是什么固定的本质，而只是不断发展的道德意识。除了道德意识中的矛盾外，个别道德行为与道德的普遍本质之间，道德与幸福之间也存在着矛盾，黑格尔一方面把这些矛盾当作予以扬弃的环节，另一方面又确认它们对道德认知和道德自我确证的片面真理性。

黑格尔认为，道德意识中的矛盾的认识根源在于道德意识的对象意识形式所具有的运用范畴的知性思维方式，这种知性的思维方式把道德的各个环节分离开来，独立出去，或者认为道德就是纯粹义务、绝对本质的实现，而特定义务的内容和履行则是“非道德”的；或者认为道德本质就是义务的纯粹形式与特定义务内容的统一，但是这种设定是以两者的分割为前提的，因而统一只能是外在的结合而不是道德自我意识的自我统一，因而这种道德只能存在于思维里。在这种道德思维中，义务被设定为道德与幸福的统一，黑格尔认为，这只是一种道德观念，还不等于现实的道德。非概念性的道德意识将道德的本质设立在主体之外，因而对于道德本质的认识是僵化和形式性的，这样的道德只是一个道德对象，而不是立基于主体自我之上的道德概念，也就是没有达到对道德本质的认识。

黑格尔在《精神现象学》中解释说："道德世界观的这种客观方式不是什么别的，只是道德自我意识本身的概念，只不过道德自我意识把它自己的概念弄成对象性的东西而已。"[①] 黑格尔此语是要说明，道德仅仅是主观意识中对自由与规范间矛盾的批思，道德自身矛盾的解决的症结在于将知性的思维方式转变为概念的思维方式。道德的绝对目的不论是纯粹义务还是善，在道德的领域内都是无法完成的，而只能留待在客观实践的领域中实现。但是就作为道德本身的构成环节和主观意志达到的普遍性成就而言，道德又是已经完成了的。他认为道德矛盾源于道德主体自我自身的矛盾，道德对象、道德观是道德主体创造出来的并与自身是统一的，但同时道德主体又将它们作为自己的对象设置在彼岸，由此产生了道德主体趋向于自身以达致同一的行动着的道德意识。个别的道德行为达到的道德目的只能是偶然的、非道德的，普遍的精神自我的道德行为只能以纯粹义务为目的，但是它的完成即意味着道德的取消，因此黑格尔认为道德只能是一种善的未完成的"中间状态"。

在这里，黑格尔实际上提出了道德的实质问题。哲学史上苏格拉底首次对道德进行了界定，提出了"美德就是知识"的看法，人有了关于灵魂（理智）的知识，就能明辨是非，做一个有道德的人。亚里士多德认为知识是人的心灵先天具有的，所以人真诚地从自己出发，独立地达到对自己灵魂的认识，并且按照这种认识去行为，就是道德。道德在这里取决于个人的良心，如果良心受到了破坏，行为就是不道德的。康

① ［德］黑格尔：《精神现象学》（下卷），贺麟、王玖兴译，商务印书馆 1979 年版，第 151 页。

德认为道德主体并不是经验的人，而是抽象的理性存在，道德原则是抽象的、无内容的形式命令，只有符合善良意志的行为才是道德的。

黑格尔对这些观点进行了扬弃，批判了道德的形式主义、禁欲主义，认为道德的实质是主观意志与普遍的善的统一，是在主观意志范围内实现的自由。“主观意志的这种规定性是一种关系的观点、应然的观点和要求的观点。”① 在《法哲学原理》中，黑格尔将道德看作主观意志与自由意志的概念符合一致的关系、要求和应然。道德具有下面几个特征：首先，道德的内容是普遍的，但是通过主观形式予以体现的，所以当道德体现在外部行为中时，这个行为中包含着我的“故意、意图和良心”。其次，道德不是形式的普遍性，是有特殊规定的，但这个特殊规定是和普遍的善相统一的。同时由于道德的主观形式，道德的内容还有可能和普遍的善不一致。最后，道德就是扬弃个人主观意志中的完全特殊的东西（因而可能与他人的意志矛盾冲突的东西）而与他人意志的统一。他人既是我的目的，又是我的对象，道德是对他人意志的肯定，还要考虑到他人的幸福。

处在中间状态的道德是现实的道德，它的现实对象主要是外在的自然规律和自然对象，以及主体内心的感性欲望。黑格尔在法哲学中将自然简化为幸福，将道德与自然的关系转化为道德和幸福的关系，并将这种关系限定在个人之间。在《精神现象学》中，他认为从道德意识的角度而言，由于道德本身尚未完成，那么对德福是否一致的观点就无法以道德为依据来进行判断，因此“不道德的人却生活得很好”的看法来自人们的妒忌，而“有些人该当幸福”则是出于人们的好意。法哲学中的道德意识主要是意图和福利的关系，精神哲学对福利做了限定，限定

① ［德］黑格尔：《法哲学原理》，范杨、张企泰译，商务印书馆 1961 年版，第 112 页。

福利为合“法”的幸福，包括个人的幸福、他人的幸福和普遍的幸福，并指出利他的意图往往被称为道德的。

概念的思维方式不是把道德单纯作为与意识对立的对象，而是将其作为自我或概念本身，当作一种行动着的意识，并扬弃道德与自然、感性的对立，在道德自身的构成环节上形成不同层级的道德自我意识。《法哲学原理》中的责任、福利和抽象的善，虽然都不是道德绝对目的的实现，但这些形式本身都是道德的体现。在《精神现象学》的道德意识中，道德的本质是已经完成了的，而未完成的道德意识就是不道德的，但是这样的纯粹道德只是一种抽象，因而是不现实的。道德意识中存在的矛盾根本上是来自它的知性的思维方式，解决的方法在于意识从对象意识退回本身即自我意识，用道德主体的自我确信即良心来确认道德的真理性。因此，在法哲学中故意和责任、意图和福利仅是一般的道德意识，从而对道德本质的认知仍然处在不确定的状态，真正的道德在伦理中。

二、“担责”和责任意识：自由人格的道德进展

通过对抽象法的分析我们知道，直接性的自由意志定在为抽象人格及其面对的外部的物理世界，这个单一性的抽象人格是同质性的个体性，并负载于个别意志的内部，因此从法哲学的初始即蕴含着个体自由的原则，只不过这种个体自由是直接性、继承性和非反思的，用《精神哲学》的话来说，就是理性意志与个别意志统一构成的自由的简单现实性。抽象法中的刑罚是外在的对自由意志侵犯的报复、矫正，而缺乏不法者的内心反省，在刑罚的客观形式中尚缺少责任担当的自觉意识，所以从刑罚到责任，开启了从抽象法的他律到道德自律的转变过程。刑罚是法律责任，是自然直接的责任形式，而道德责任则是自觉自为的，黑

格尔把道德责任当作道德行为的“抽象法和形式法”，其实是忽视了道德责任的自觉反省的一面，或者是他想架设法律向道德过渡的桥梁。在道德领域，人对其行为所造成的外部事物负有责任，其原因即在于这种事物的形成是由于我的故意。外部定在作为我故意行为的结果，已经变成了“我的东西”，我要对我自己负责。一般认为，道德责任承担的前提是人的自由：人可以自主选择自己的行为，做出行为的动因来自主体的意愿。如果人处在必然性的因果链条中被决定着，在社会关系中完全依赖他人，那么由于其行为不是自主决定的则谈不上承担什么责任，所以康德才认为自由就是在自然的因果关系之外重新开始一个因果序列。反面来看，如果个人具有承担责任的能力，并且愿意承担责任，那么他就拥有实现具体自由的更大可能性；如果个人不具备承担责任的能力和意愿，那么他的自由很可能是受限的，甚至会遭遇道德人格的破产。

我们认为，人对自己负责是注定的，人做任何选择或不选择，都由自己承担后果，就是在为自己负责。但是人对于区别于自我的、由自己的故意造成的外部定在负责，其中的逻辑却并不显明，因为自我和我的东西是不同的。“我要为我的故意所造成的我的东西负责”这个判断是语言的一种用法，是我和我的东西诸多关系中的一种。我因为故意而为而被归责，只是人类自我规范的一种形式，正如“因为劳动的添附使某物成为我的财产”一样，只是由于社会共识而形成的行为规范。尽管在逻辑上不能自洽，但黑格尔的这个原则对社会发展确是非常重要的。在归责原则的确定上，他认为导致外部定在的原因、根据和条件是多方面的，本应由这些因素共同负责，但是在实践中这是无法操作的，因而只能选择一个或几个方面来负责，实际上，即使黑格尔的“我为我的故意而负责”这个原则能够成立，在实践当中也无法得到完全的履行。

道德责任的履行不仅是负担和义务，而且还关涉个人的道德人格，所以确定人应该承担哪些责任非常重要。黑格尔的具体论证如下。其一，我的所有物与他物、环境也包括我自己共同处在联系当中。我的物在我的支配和注意下，如果它对他人造成损害，“多少”应由我来负责。负责的依据是我的管理义务，负责的程度是“多少”的问题。这里他也区分了自我和我的东西，并不是要人负全责。其二，我的意志已经包含在我的物中，我有对这个物的认识，但是另一方面，主观意志并没有获得对外部这个物的真理性认识，而对该物的认识和了解仅仅是自以为是的假定，所以在我的认识中还包含着我并不知道的东西，但我的责任仅以我知道的为限。黑格尔举例说，欧迪普斯杀死了自己的父亲，但是他并不知道那个人就是自己的父亲，所以他不构成杀父罪。黑格尔对故意的性质也进行了分析，认为只有故意存在过错才可以归责。其三，人们的行为改变影响了外界事物，并把意志的目的投射在这些事物上，所以这些行为产生的后果受到主观意志和外在事物的双重影响，也即是这些后果遵循着自由律和自然规律两种规律。所以存在着自然界的力量使我的行为后果偏离我意欲产生的目的，甚至走向目的的反面的可能性。

责任是主体对自身行为的道德判断，已经不同于包括刑罚在内的法律责任的客观形式中的人的无知无觉的心理状态，但是黑格尔在道德责任部分只分析了行为的归责原则，而没有展开论述主动承担责任的意识和责任能力等内容，这不能不说是一大缺失。他想建立从法律向道德过渡的路径，从而使法律刑罚过渡到道德责任，抽象法的人格发展至道德的主体，这必然要求主体的自觉意识和自身反思，但是他在道德责任的论述里只有一般形式化的故意及其归责原则，还不能将道德与“不法”和犯罪的故意及刑罚原则真正区分开来。道德责任的本质不在于承担责任的客观表现和归责原则，而在于道德主体主动承担责任的意识和能力。个人通过理性的内在立法约束感性的欲望冲动，并由此成为道德律令下的理性存在，这才是道德的实质所在。个人行为都源于人的自由意志，因而是可以归责的，责任承担或可归责性是道德人格的必要条件，但是同样也要把自觉承担责任的意识和能力作为完整人格的重要的结构性内容。完整的人格不仅要看个人享有权利和承担责任的多少和质量，而且也要看个人是否有主动承担责任的意识和能力。责任意识是主观意志内部的活动，属于个人教养和修养的范畴。

三、意图的普遍性、利他性和有限性

故意做出的行为的归责原则是人为其知道的、故意而为的事承担责任，责任虽然是自由意志普遍性的主观形式，但仍处在直接性的层次，只有通过中介性的、对善的实体性和普遍性的间接反思，才可能是主观自由的表现形式。在道德阶段，故意而为形成具体特殊的后果，其中应该包含着普遍性的行为目的，这是主观意志的自由性和自为性的要求，也是人作为“道德人格”的内在要求。这个行为中的普遍目的即是意图。黑格尔提到的故意只是想表达主观意志的一般抽象的内在性，并且想要说明人故意做出的行为并非仅受制于外在的客观性，而是在主观上也赋予了行为以内在规定，所以人要对这个内在性导致的后果负责；意图是道德意识，也是主观意志的反思，是行为的自觉性和自主性，是行为的意愿和目的。在关于意图的理论中，黑格尔通过道德对幸福的限定，法律对道德的限定，生命对法律的限定来实现对人格自由的规定，使人格具有价值、意义。

行为人可以凭借意图赋予自己的行为以合理性，意图就是给予行

为一个普遍的释义，指示行为到底要做和做了什么，意图与善还有距离。黑格尔在法哲学中列出了在意图和善的关系上的几种观点，有人认为人只能意图做善要求的事情；有人认为意图的满足与善是互相排斥的；甚至有人将两者的地位调转，认为善的普遍目的是个人主观满足的手段，黑格尔认为这几种观点都是抽象片面的。他确认这个普遍的目的（也就是善）是真正的实体和本质，人的各种主观满足（如自然欲求的满足和荣誉的满足等）则是这个实体的不同表现或者环节，而且善就在这些满足行为本身中存在着。在意图中，人的思维理性不仅使故意有了特殊规定，而且还使这特殊规定中包含着行为的普遍目的。也即是说，一个人局限于自己主观意志的特殊性是自私的表现，还只是自由意志的直接自为性，尚不能体现人的自主性和自觉性，不能体现个人的人格尊严和价值。个人只有使自己的行为意图不断向普遍自由趋近，才是实现理想人格的必经之路。没有认识能力和认识能力有缺陷的人没有行为的意图或认识不到意图的普遍性，黑格尔认为这影响到他们做人的实质性的价值和尊严。

黑格尔认为意图和道德的实体性、普遍性就是善，但是主体道德行为的特殊目的与善、正义的原则并不一定是完全同一的，我们从他的逻辑中得出道德就是两者逐渐一致的过程的结论，这个结论的得出根本上是决定于他的否定的辩证法，并且使他免于将道德限于僵化的本质主义。将道德作为一个人生境界不断提高的过程，其间不可避免地会面临一些冲突和矛盾，在内容上就包含道德和幸福的冲突。黑格尔认为在主体的行为目的中包含着各种明确而直接的自然欲求，它们的满足就是幸福，但是这些人的自然属性已经脱离了完全自在的动物属性，而是在理性反思中的东西。但是黑格尔还是将幸福设定为普遍的理性之下的低阶的价值，因为所谓幸福就是理性尚未完全掌控这些自然欲求，而只是把它们当作现成的东西加以接受。

黑格尔区分了幸福和福利两个概念，认为幸福是直接性的主体的需要、利益和目的的满足，而福利则是合法性、合道德性的幸福，福利概念的引入把道德和幸福统一在一起，他认为真正的幸福（福利）是处在善的支配之下的，有道德的人才是幸福的人。康德认为理性的人具有自律的实践理性，做事依据绝对的道德律令，不考虑其他原则，不受别人控制，从而是具有自由意志的人。他的道德学说只讲动机不讲效果，所以按照绝对的道德律令做事的人可能得不到世俗的幸福，会出现德福不一致的状况，康德给出的解决方案是赋予这些人以灵魂不死的资格。黑格尔借此批判了形式主义和禁欲主义的道德观的危害，认为它们会导致虚无主义和庸俗主义，他认为幸福是人的自然欲求的满足，内容上是特殊的，但这种主观的满足同时是在理性反思下的满足，所以幸福存在着通往善的可能性。幸福作为意图的内容是具有普遍性的，它不可能只是一个人和一些人的欲望的满足，真正的幸福是包含所有人的。

黑格尔将道德所讨论的福利限定为个人的特殊福利，认为不管是为了自己还是他人的幸福，甚至即使是出于自己的良心的考虑，都不能违反“法”，这里的“法”被他限定为抽象法。个人行为的特殊意图表现为个人私德和个人幸福，由于其距离绝对价值还很远，特别是其有可能表现为虚假的道德和虚伪的良心，因而属于必然被否定的环节。他说，“把私权和私人福利作为与国家这一普遍物相对抗的、自在自为的东西，是抽象的思维所常犯的错误之一”①。我们能看出，这里的行为意图按照主观意志的本性是“要”渗透着普遍性的，因而从意图的内容

① ［德］黑格尔：《法哲学原理》，范杨、张企泰译，商务印书馆 1961 年版，第 129 页。

来看，其性质具有统一性，其指向的对象具有公共性，它便成为表现于内的公共道德和表现于外的普遍福利，这是较抽象法和个人私德的更高层次的自由。在抽象法和道德个案冲突的态度上，体现了黑格尔对法律和法治的尊重态度。他举例说，当一个诽谤者以自己的生命为自己辩护时，作为个人最大福利的生命已非必要；一个人偷了别人的皮革为穷人做鞋，尽管动机是利他的道德目的，但是仍然是违法而不正当的。如果将黑格尔的自由观与自由主义的"权利优先于善"的观点相比较，我们会发现他并不将两者的关系知性固化，而是认为道德（抽象善）优先于个人幸福（自然权利），抽象法的法律原则（人格权）优先于道德，国家法（活的善）优先于包括私法原则和精神在内的市民法（私权），在权利和善的关系上呈现出动态的价值序列。

人的生命是绝对的价值，实质上生命是任何社会的任何价值体系中的底线价值，黑格尔认为人的生命是整个人格的承担者，所以当它和人格的局部内容发生冲突时，得牺牲某些人格权利，这即是紧急避险。他将紧急避险作为道德的规定，设定它是以较大的利益取代了较小的利益，或者应是自由实现的较高环节否定了较低环节。紧急避险是道德与法律冲突的一个特例，包含着在生命权的问题上在抽象法和道德之间的取舍体现出的矛盾，黑格尔将它们提出是为了揭示主观道德和抽象法各自的片面性。我们可以看出，在法哲学中，道德被伦理敲骨吸髓，只剩下形式抽象的规定，道德被限定于个人幸福上的利他意图和抽象的善。意图的普遍性表现在对意图形式普遍性的规定，对个人幸福的重视，对意图利他性的强调。意图向善趋近以良心的主观形式存在，因而主观意志与普遍性的对立最终体现为良心和善的对立。

第三节　善：道德的绝对目的

关于良心和善，黑格尔在精神哲学和《精神现象学》中有着复杂的分析，一方面与法哲学中的观点存在着逻辑联系，另一方面也有不一致的地方。就法哲学而言，黑格尔认为法发展到道德阶段，自由意志概念外化、定在于主体自身即主观意志当中，道德就是主观意志的法和主观意志自由，道德的法和自由达成的程度和成就，本质上在于主观意志与自由意志概念符合的程度。主观意志与自由意志的同一则为善，而道德是在双方未达至同一的同一"化"的过程中形成的，因而善是道德的绝对目的。自由意志概念内蕴于主观意志当中，因而善即是自由意志概念与自身的"同一"。良心是主观意志的自我确信，是内心的主观自由状态，良心如能与善同一则是真实的良心，如不能则是形式的良心，形式的良心导致伪善或恶，真实的良心产生真实的善，但是至此即过渡到伦理，因而善只能是道德的"绝对"目的。关于善的本质认定，黑格尔认为法和福利的统一就是善，善的实现就是个人自由与社会正义、个人幸福与普遍幸福的同一。黑格尔批评包括康德在内的"纯粹义务论"的抽象的善的观点，认为它不能赋予道德以实质内容，而只能是道德的形式、抽象规定。良心是主观的自我确信，只能达到抽象的善，还需要在社会伦理规范中赋予其实质内容。

一、良心对自由的限定和意志的善恶可能性

人为何向善而不向恶？黑格尔的观点是：善作为自由意志的概念是主观意志的本质，人的认识和行为的意图只有以善作为绝对目的，才会

体现出人的价值和尊严。善作为自由意志发展的真理，包含着前面环节发展的成果，但同时取消了它们的独立性，它是和抽象法、内心的法相对抗的“绝对法”，是个体的人必须服从的绝对命令，人是要善的。善是特殊意志发展的逻辑必然性，是个人主观意志的本质，所以主观意志和自由意志发展的前述环节都要以善获得自身的合法性和有效性。黑格尔否认性善说，认为意志不是本来就是善的，而是需要经过主观努力才能成就自己。道德向善的发展包括三个阶段：知道善是并非纯粹抽象而是具有特殊意志规定的内容，并且主观意志对善有特定的认识；但是这种对善的认识往往是个别、主观的，而且不同的个体对善的认识也是不同的，个人所具有的只能是缺乏客观性、普遍性的“主观”的善的认识；主观性是道德之善的片面性、缺陷，但这个道德之善又是无限的，道德上的自由就存在于这种矛盾和张力之中。道德之善即是个体主观意志赋予善以具体内容，但是这种内容的赋予是“自以为是”的，如果赋予善的内容是与善相符同一的，那就是真实的良心；如果赋予善的内容与善不相符合则是形式的良心。

善区分为抽象的善和善本身，道德之善仍以抽象的形式存在，主观意志还没有达到“真实的”善的高度并与之同一，也没有完全按照善的要求进行自我规定。黑格尔在《法哲学原理》中将道德局限于对抽象法的反思，道德与幸福的关系的考察和形式的良心等内容，同时也立足于对当时的形式道德观、纯粹义务论等道德主观性的分析上，以展现具有现实内容的伦理和道德的合法性、正当性。他对道德和伦理两个同义概念的区分，用意在于与上述的形式道德观、纯粹义务论划清界限，同时他也认为康德的义务论尽管是抽象形式的，但也构成自由实现的形式规定，黑格尔将自己的善或义务设置为一个有着层级结构的、自由意志发展的内容丰富的体系。

理念是概念与实在的同一，黑格尔在道德中即已提出理念，是想通过对比说明道德中的善的抽象性，抽象的善由形式的良心得来。他将良心描述为主观意志的“内部的绝对自我确信，是自己同自己相处的这种最深奥的内部孤独，在其中一切外在的东西和限制都消失了，它彻头彻尾地隐遁在自身之中”①。他所描述的良心的本质是自由的概念或精神，良心是主观意志的最高程度的主观性，但是主观意志对良心的这一本质并不总是能够自知，如果主观意志自知良心的自由和精神本质，则就能够生成真实的善，反之则只能形成主观的或抽象的善。按照黑格尔的概念辩证法分析，良心的本质是自由意志概念通过自我区分后的自我符合，那么在形式和内容的区分上，主观性的内部无限性是良心的形式，而善本身是良心的本质，在法哲学中的道德最高只能达到良心无限的主观形式。良心自由是近代在意识哲学或认识论哲学的基础上达到的主观自由的成就，相反在这种哲学出现之前人们的主观意志往往被禁锢在法律和宗教的固有规定上面，缺乏主体的自主选择和独立性，由于这种意义上的良心自由只具有自由的主观形式，黑格尔还要带领我们进入现代社会的、更高的、内容形式相统一的真实的良心自由境界，即善和伦理的世界。

黑格尔认为形式的良心不能够和善的理念同一，因而就是主观任性，所以它也可能形成恶。形式的良心既然仅只是纯粹自我确信的形式，无任何内容或内容上是任意的，恶的内容当然可以与其结合，并且表现出假象的形式，而且还可以具有很大的欺骗性，这就是形式的良心的问题所在。形式的良心可能形成恶，也可能形成伪善，而意图与福利的关系也只有“行法之所是，并关怀福利”的抽象的形式规定，至于故

① ［德］黑格尔：《法哲学原理》，范杨、张企泰译，商务印书馆1961年版，第139页。

意和责任则没有达到真正的主观反思，因而道德中没有真实的善而只有抽象的善、伪善和“恶”。一方面，自由以自然意志作为出发点，并超出这种自然性而达到自由，所以自然和自由是矛盾的关系，自由不可能脱离自然性而存在。另一方面，主观意志是纯粹的自我相关，它必然以人的自然属性为内容，从这个意义而言，人的自然意志、自然属性是无所谓善恶的，而只具有善或恶的可能性，决定其通向善或恶的是人的主观意志和认识。黑格尔认为恶存在于反思的主观意志与自在的自然意志之间的联结阶段上，一方面表现为主观意志执着于具有特殊内容的自然意志冲动上，另一方面表现为纯粹的主观认识上，即认为主观意志和自然意志冲动绝对对立而不能渗透相融，而停留于主观反思的内在性和空虚性当中。

黑格尔想表达的是，恶根源于人的主观性，完全局限于人的自然意志或只和自我相关都是特殊的规定（恶），它们与善是对立的。但是如果人停留在这种对立中，证明他是有选择的，所以他要为他的恶念和恶行负责。尽管形式的良心作为主观的自我确信，有通往善的可能，但黑格尔仍然把它归在恶的行列，因为其不能避免“恶”或者其是否能够形成善是不确定的。他认为，人们不理解恶的来源，是因为他们都有一个思维定式，即总是以为主观意志始终处在对自己的肯定当中，总是把善作为自己的追求目标，所以通常把主观意志的自我否定看作是外在事物对主观意志的否定，也就是认为外部因素才是恶的根源。黑格尔强调意志的本质不是善的或恶的，而只是具有善或恶的两种可能性，它们处在矛盾关系当中。我们知道，人的自然意志在理性的统摄下可以变成自为属人的，可以是善的，但是黑格尔只从主观意志内部寻找恶的根源，当然是片面的。道德作为一种社会意识形态是由社会存在决定的，以此为基础社会意识内部也存在着多种意识形态间的相互作用、相互影响，因而恶源于外部因素的观点是一种常识的看法，也是片面的。既然恶是人的意志的构成要素，是必然存在的，那么是不是恶念恶行是不可避免的呢？如果恶是不可避免的，是不是就可以对不道德的行为不负责任呢？黑格尔对此的解释是，虽然善恶是存在于意志当中的可能性，但是人还是有选择自由的，人可以对成为善的或成为恶的做出决定，所以人要对此选择负责。我们一般认为经过人的主观努力，恶是可以避免的。人的主观意志中的恶的可能性是指人有追求恶的能力和可能性，而不是人必须选择恶。意志中的善或恶都只是可能性，不代表是善或恶的实存。

从黑格尔法哲学的道德理论整体来看，故意和责任、意图和福利、良心和善都是一体两面的东西，都是主观意志的法达成的普遍性成就，如果要分析的话，故意、意图和良心是主观意志的不同程度的普遍性，而责任、福利和抽象的善则是主观意志的“法”或者说人格自由达成的不同层级的普遍性成就。如果我们把在道德中的人当作一种道德人格，那么良心就是统一了故意和意图的道德人格的最高的主观意志载体，而抽象的善是统一了责任和福利的处于最高发展阶段的道德人格的实质内容。道德的善只是主观抽象的善，它的具体规定只能由主观意志来规定，在道德的范围内，良心和道德人格是同一意义上的概念，良心是道德主体自身的独立反思，体现了道德人格的独立性、自主性，是道德人格的内在根据。真正的良心在内容上是善的，它规定善并追求善的实现，因而具有客观内容。真正的良心具备一种能力，它知道真正的权利义务是什么，并且这些权利义务是与善同一的。道德主体要求自我确定良心内容的权利，但是由于其局限在主观性内部，却无法获得确定良心内容的“能力”。

二、伪善的道德人格

黑格尔认为主观意志存在善与恶的两种可能性，善同时也区分为真实的善和伪善。如果人在做出某种行为时明知自己行为的目的，并且知道这个目的和真正的善不一致，他却对他人和自己主张自己的行为是善的，这时就会出现伪善。首先，他知道真正的善是什么，他也向别人宣示他的行为是和这种善的规定是一致的，而他的这种主张和他行为的真正目的是相反的，这是一种低层次的伪善。其次，在上述情况下人对自己而不是对他人主张行为是善的。如果第一种情况是欺骗别人，而在这里则是自我欺骗。黑格尔认为这是主观性的高峰，因为此时人可以随意地把善当作恶或者把恶当作善。他认为伪善的基本构成要素有三个：个人道德感情和对善的理性认识；与善相矛盾的特殊目的；有意识地将上述两个方面相互比较而认识到自己的特殊目的并非是善。但这三个要素的结合要成为伪善，还要给自己的特殊目的和行为包装上虚假的形式，需要对外或对自己宣称自己行为善的性质。

伪善的初级形态是“盖然论”。“盖然论”为行为提供的依据只具有或然性，只是多个可能依据当中的一个，而且这多个依据之间还可能是矛盾的，完全可能得出相反的结论。这里的伪善就是明知自己为行为提供的理由是不充分的，但还是把它当作充分的理由来使用，这里还是主观性凭借自我的执着和偏好设定了判断善恶行为的标准。“盖然论”没有直接把主观性当作善恶的标准，它提供的理由虽然不充分，但毕竟还是有理由的，所以只是伪善的低级形态。

黑格尔认为更高形式的伪善是伪装成“善”的意图。在这种伪善形态下的善还只是抽象的善，需要人主观赋予它的具体内容。每个主体都有权按照自己对善的理解做出善的行为，这种善的行为包含多方面的内容。那么我们如何来鉴别行为的善恶呢？有一种看法认为，只要意图是善的，即使结果是犯罪和邪恶的，这种行为也是善的。这种结论违背了人们的常识，当然是错误的。这里的问题是行为中的哪些方面决定行为的善恶，黑格尔认为这个问题的提出本身就是错的，因为它意味着由人的主观性决定哪些方面是善的本质，从而决定善恶，而善是自在存在而不是由人决定的。这里的善是主观的善，是由主观意志赋予其具体内容的善，是个人自以为是的善。在这种伪善的人格形态中，行为的善恶并不是由行为的性质决定的，而只是由主观性决定的。

一般认为只要是有善良的意图，行为就可以是善的。黑格尔举例说，如为了扶贫而盗窃，为了保命而临阵脱逃，为了家庭而盗窃等，一般人都认为这些行为可以是善的。黑格尔对这种观点进行了批评，他认为善的意图并不能等于善的本身，如果做事只要出于善的意图就可以成为善行，那么这个世界上就没有恶人了，显然不能将两者画上等号。黑格尔进一步认为，只有善的意图，而没有善的结果，不能算作善行。只有善的意图，表明善是抽象的，如果由主观任性赋予其内容，善就可能变成恶的。这里牵涉到目的和手段的关系，黑格尔否定了“只要目的得当，可以不择手段”的错误命题。他认为正当的手段才会保证目的的正当性，反过来正当的目的也会保证手段的正当性，两者是相互肯定的关系。要保证行为善的性质，要从目的手段两方面来综合考察。

伪善的次高形态则是纯粹的主观信念。黑格尔认为，关于义务的内容以及目的和手段的价值排序，看上去是有明确规定的，但实质上它们仅是主观设定的。在这里主观信念成为了善恶的最终标准，善恶邪正的客观标准从此都一笔勾销，重要和不重要的区别全部作废。在这种伪善的人格形态中，善的标准是情感、表象和偏好，但是它们却取得了普遍的客观形式。黑格尔认为他那个时代的哲学，把社会的伦理规范仅仅归结为人的主观性，认为社会历史的领域没有真理，从而人们的社会行为就缺乏有效的评价标准，真善与伪善之间的界限模糊，所以伪善就被这种主观性掩盖了。他认为实际存在着善恶、罪与非罪的客观标准，任凭伪善的人如何伪装，他的行为实质上是和善的要求相反的，所以他终究是伪善的。

伪善的最高形态是善的虚无，黑格尔借用柏拉图的概念称之为“讽刺”。“黑格尔借用‘讽刺’概念……是指道德的伪善之主观性不再严肃地对待任何事物，而是把一切神圣崇高的东西庸俗化、空虚化、幻影化。这种‘讽刺’是一种纯粹的否定：通过将主观意识至上化，使一切事物沦为虚无与虚幻。”[①] 讽刺即是自以为是地对真理和理念的确定方式，只不过通过这种方式确定的真理和理念并非真正的真理和理念，而仅仅是个人的主观认定，这一点是具有讽刺意味的。苏格拉底用对话辩论的方式最后确定的结论并非一定是真的，他把自己当作是可以跳出真理和善之外的真理和善的确定者，甚至是制定者，而黑格尔认为没有人可以脱离真理和善的理念而独立存在。人及其主观意志都是概念运动的结果，概念是人及其意志的真理，如果把关系反过来说，人是真理和善的确定者和制定者，那就是一种伪善。善被看作可以设定的虚无，是主观性的顶峰，也是伪善的最高形态。在伪善的最高形态中，主观意志脱离伦理实体独立存在，人不打算完全按照伦理的规定来做，而把自己当作自主决定和选择的可能性。人可能做伦理要求的事情，但他也绝对有权做与伦理规定相反的事情。在这种主观状态下，主观意志不准备受限于伦理的客观规律，他要把自己拔高到伦理规律之上，他使自己的主观任性成了最后的主宰者，他可以“指善为恶”，或者相反可以“指恶为

---

① 高兆明：《黑格尔〈法哲学原理〉导读》，商务印书馆 2010 年版，第 344 页。

善”，一切都在自己的掌握之中，他就有了神的地位。

人具有自我意识，具有对纯粹的自我、自我与外部实存的关系、自我的意图、良心和善的反思，当其明知为恶却要伪装成“善”时即产生伪善。仅有善的意图、善的信念，或者善被当作随意设定的虚无，都是伪善的表现。黑格尔认为，在自己所处的时代，伪善采取了更有欺骗性的形式。人们根据自己的良心，如果能够找到为之证明的权威，就可以将自己的行为说成善的。神学家、教会的神父和虔诚的信徒做出了大量的伪善的行为。“人们所要求的，只是盖然的东西，即接近善的东西，它可以得到某种理由或某种权威的证明。”① 从外在权威到内心信念，这是善的证明的进化，“善”只有通过个体自我的信念才对其而言是善的。黑格尔认为信念是中性的，无所谓善恶。我们认为，实际上信念作为个人意识，是以个人的实践活动、社会关系及社会环境为基础的，它的性质必然是这些基础的性质的体现。人的思想和行为是有价值观基础的，是具有善恶性质的。个人的主观信念与客观真理不符，以这样的信念作为善的证明会产生伪善。信念可能是恶的，但好歹也是一个标准，最高的伪善形态将这个标准也取消，一切都归于费希特的“绝对自我”。这种强大的主观性在建立一些东西的同时又把它消灭，包括善在内，一切都是虚无。

以上对《法哲学原理》中的抽象法理论和道德理论的文本解读和分析表明，黑格尔把人格自我的自由意志的矛盾运动作为社会生活和历史发展的元动力和主线，并且把每一个理论环节的呈现和展开描述为肯定、否定、否定之否定的辩证过程。抽象法的理论展现为所有权、契

① ［德］黑格尔：《法哲学原理》，范杨、张企泰译，商务印书馆 1961 年版，第 159 页。

约、不法三个环节，这三个理论环节表达的是自由意志外化、客观化的无限占有欲被社会普遍的人格自由所构成的契约所否定，在与“不法”和犯罪的矛盾斗争中，自由意志发展为道德意识，成为更高阶段的自由之定在和真理。而道德理论又有故意和责任、意图和福利、善和良心三个矛盾运动的环节。这三个环节表明，人格自我的自由意志虽然有了克服“不法”和遵从契约的道德观念，但是在追求一己之私的福利诱惑下，必然要自我否定，遵从契约与福利诱惑间的矛盾只有上升到善和良心的信念，才能在伦理实践中被解决。在道德理论中，黑格尔的自由意志完成了它在主观意识内的发展，达到了合理的定在。这种完成了的、积极意义的、以道德之善为归宿的、定在的自由才能成为实践伦理的、社会各领域生活的真理性基础。这样法哲学的理论就过渡到“伦理”的环节。

黑格尔的自由意志论认为抽象法是社会生活一切法则的最终法理精神，通过这种法理精神才能确立现代人自由的抽象人格和法律人格。财产和所有权是人格的物质定在，物是个人主观意志能够支配的边界，对物的占有和支配具有的排他性使人格具有了独立性。黑格尔虽然考虑到人的生命、人身权利问题，但只把它放在次要的地位，他把对人们合意和公意的违背视为“不法”和犯罪，把刑罚当作是对罪犯人格的尊重，是他们遵守自己认同的法律的表现。财产权、转让权和刑罚都是抽象直接而缺乏反思、反省的，而道德上的责任即是对此缺陷的补足。在刑罚的正当性和道德责任的冲突上，黑格尔体现了很强的“法治”意识，他认为不能因道德目的而违“法”。他对人格自由物质基础的强调是合理的，但把私有财产作为人格自由的必要条件则是他的资产阶级立场和在社会历史发展上的唯心主义观点。

黑格尔在《精神现象学》中对道德进行了复杂的分析，认为在道德中无法达到精神的确定性和真理性，因而他在法哲学中把道德作为通往伦理的中介和过渡环节，所以道德仅是在精神自身不确定的条件下达到的主观意志普遍性的成就。他的道德哲学虽没有明确道德人格的存在，但这个道德哲学理论也表达了他在主观内在层面对人的看法、对人格自由的道德限定。他设定的道德就是主观意志向普遍自由趋近并达成不同层级的主观普遍性的过程。道德人格的成立需要主观意志自觉和自主，人能够自主选择、自主行为，并能为自己所造成的后果承担责任。责任意识和责任能力是道德人格的内在进展，因而人生活在家庭、团体、社会和国家等伦理实体中，就应具有家庭责任（感）、集体责任（感）、社会责任（感）和国家责任（感）等。故意是人的主观自由的起点，意图是行为目的的普遍性，道德意图指向他人的幸福，是利他的道德意识。

黑格尔主张个人主观意志的自我确信就是良心，如果良心的内容与善一致则就是真实的良心，如果良心的内容与善不一致，就是形式的良心，道德仅是形式的良心，它的内心自我确信的形式是主观自由能达到的最高形式。良心是道德人格的意志载体，是主观见之客观转化的出发点，是道德人格体现为道德行为的内在根据。黑格尔认为善与恶的根源在于人的意志，善与恶是人的意志的两种可能性。自然意志不受理性统摄恣意生长和完全的主观任性就是恶。伪善是明知不是善而给予善的虚假包装，伪善是虚伪的道德人格状态。人格发展要避免各种伪善的存在，努力使自由变为现实。完满的人格，不仅需要内化的法律意识、法律精神，还需要人具有自主自觉的主体意识，并对自我进行规定设计，对偶然性的、任性的主观自由做出限定。而在这种限定中，出发点和前提就是要求每一个人具备理性和善的精神，这样，人主观上的意图和良心才会和制度的规范规则“自然”一致。

在黑格尔的抽象法理论中，他表明了作为自由意志对立面的“法”如何成为对抽象意志自由的否定和限定环节，又如何被进一步内化为道德意识。他的“道德”理论作为抽象自由和抽象法矛盾的“合题”理论，说明了自由意志在自我否定之否定的运动中达到了更高阶段的作为道德的自由。但是道德局限于主观意识，只有在对客观伦理规范承担起义务和责任时，人格自由才能得到真正实现。

第四章　自由在社会伦理中的实现

《法哲学原理》中关于伦理的内容占去了近三分之二，可见黑格尔对客观现实的社会生活各个领域，特别对国家与法律领域的规范和发展规律的思考才是黑格尔研究法哲学的真正目的和兴趣，他在此书的“序言”中讲，哲学本来就不是私人的艺术，它主要的或纯粹的职责就是用哲学的理论力量来为国家服务。所以，他将伦理作为法和人格自由的最高形态，并用了最大的篇幅着力阐述。他的思考受到古希腊城邦社会的伦理和谐的影响，同时他也认为古代社会的伦理统一是自在的和缺乏反省的，要想重现这种社会的和谐统一，只能通过重建现代社会的伦理方能达到。

黑格尔认为要完成这个重任，必须面对主观与客观、个体与整体、主体与主体间的矛盾和冲突，而且只能运用自由意志概念自我否定的辩证法作为处理这些矛盾冲突，处理社会伦理重建问题的方法论根据。具体的社会规范——法和具体的人格自由存在于家庭婚姻、市民社会和国家的伦理关系和秩序中。人格自由实现的客观现实的领域就是这些社会伦理，而国家和法律制度则是社会伦理的最高环节。这些制度通过国家的权威和强制力量使个人的自由权利和社会正义从抽象观念变为现实存在。在这些制度中人们具有各种道德之善的观念，并且这些观念能够与作为自由意志概念的善相一致，进一步还能够内化于人心而变成人格自由意志的一部分。在伦理中，法律和制度对人而言不是无关乎人本身的异己存在，这些社会伦理规范恰恰是与人格自由的同一，是从人自己内心生发出来的，每一个人格的自身就是法律和制度的来源。黑格尔的这些思想都是可取的，但是，由于时代的局限，黑格尔设计的伦理只能是他那个时代的生活规范，只能是他心目中的日耳曼祖国和当时欧洲“合理”的社会和国家制度，这些趋于没落的国家和社会的制度也只是对他的思辨哲学才有价值。

黑格尔把伦理，即人格与各个社会生活领域的关系分解为三个层面：家庭、市民社会与国家。这三个层面既是他那个时代社会结构的基本要素，同时也是人格自由获得全面实现的必由之路。黑格尔以为，维系家庭伦理的本质要素是“爱”，自由意志在家庭层面体现为“爱”。他还认为维系社会、经济、文化、伦理秩序的本质要素是理性契约，自由意志在这里表现为理性契约的达成和尊重。他对自由意志发展运动和获得实现的这些描述都是可以肯定的。但是他在伦理思想的最后一环——国家的伦理问题上却是不负责任地出卖了人格自由。他认为国家法律的本质，特别是他暗示他当时所处的普鲁士国家的王公贵族制度的本质，是绝对精神在现实中的化身，实际上黑格尔使我们，使自由意志在这里陷入完全无理性的盲目。他要求人民对王权、对行政权，甚至对国王不负责任的任性都要绝对服从，这些理论是黑格尔法哲学中最黑暗和保守的东西，然而他却认为这是人格自由意志获得了最完善的实现。如果说，他的家庭伦理和市民社会伦理还有可取之处的话，那么，他的国家与法律的伦理就完全退回到神秘主义中去了。本书的这一章是通过对黑格尔《法哲学原理》中“伦理”理论的解读和分析，考察他如何在社会伦理的三个领域或三个层次中，描述出人格自由的发展完善，又如何在对国家、国王的投靠中最终彻底出卖了自由本身。

第一节 伦理实体和伦理精神

黑格尔构建法哲学中的伦理的目的是要弥合精神和现实的分裂，重构现代社会的和谐统一，实现主体与客体、主观和客观、个体与个体、个体与整体等的整合，而整合的方法是建立或形成伦理风尚，并且要为弥合分裂、实现自由提供一个“制度化的场所”。这种整合实际存在两种发展环节，即“统一”和“同一”。他对主观和客观进行了细致的分析，指出了它们的不同含义，并强调要结合上下文来理解。伦理中的客观性主要指的是自由意志概念的必然性和现实性，而主观性主要是对自由意志概念的观念。主体与客体、主观与客观的“统一”和“同一”分别是本体论和认识论上的统一和同一，统一和同一的基础是自由意志的概念。自由意志概念是社会伦理观念和社会实在的本质和实体，人类伦理观念与自由意志概念有统一和同一两个层次，第一层次对应于具有相对真理性的家庭观念，第二层次对应于绝对真理性的社会意识与国家精神。

一、伦理的真理、实体、规定是人格自由

黑格尔的伦理是人类社会生活整全性的概括，几乎囊括了与人相关的所有方面。“整个伦理既有客观环节，又有主观环节，但两者都只是伦理的形式。”① 伦理的内容一般分为客观的伦理和主观的伦理，客观

① ［德］黑格尔：《法哲学原理》，范杨、张企泰译，商务印书馆1961年版，第164页。

的伦理是规章制度，主观的伦理则是对伦理的主观认识，也可以按照构成分为伦理实体、伦理秩序、伦理关系、伦理精神、伦理共同体等。为了理解伦理的内涵，有必要厘清伦理及构成部分的内涵及相互关系，其中重要的是它们对人格自由的发展和实现有着不同的作用和影响。

在黑格尔的法哲学中，伦理有着复合性的内涵。其一，伦理的真理。“伦理是自由的理念，它是活的善。”① 为了解释清楚这里复杂的逻辑关系，首先就要划清理念、概念、观念、善等几个概念的关系。从黑格尔哲学的意义上，概念是等同于绝对精神本身的“纯概念”，是人类思维的本质规定，它不同于康德的先天的知性概念，也不同于从具体存在中抽象概括出来的特殊概念。纯概念就是精神性实体和世界的本质，观念则是人对这个本质和实体的主观性的认识，主观性的观念作为概念的环节，并非必然和概念相一致。观念与概念相一致则是知识，对自然界的观念与概念相一致构成了黑格尔的自然哲学，在社会历史领域观念与概念，或者准确地说是与自由的概念相一致则就是黑格尔的法哲学和历史哲学。根据黑格尔在《精神现象学》和《法哲学原理》中的阐述，他实际上是将理念当作知识和真理，自然理念是自然界的知识和真理，法哲学中的自由的理念则是社会历史的知识和真理，在这里知识、理念、真理是同义概念，内涵是一致的。理念就是知识、真理，就是观念与客观概念的一致和符合，因而自由的理念就是关于自由的知识、真理，伦理是自由的理念，伦理就是关于自由的知识、真理。

其二，关于伦理的实体和本质。自由的真理即是伦理的实体、本质，也是伦理的自我生成过程，这里体现了我们通常所说的黑格尔哲学的本体论、认识论和方法论的统一，即自由意志概念是精神世界或人类

① ［德］黑格尔：《法哲学原理》，范杨、张企泰译，商务印书馆 1961 年版，第 164 页。

社会历史的实体和本质，它同时又是人类思维的本质和实体，所以两者能够一致，人类能够获得关于精神世界的本质和实体的知识、真理。自由意志概念不仅是实体，还是真正的实体即主体，主体就是人类的精神自我，精神自我通过个人自我回归关于本身的知识、真理，并通过自身的主体性将自由概念变为活生生的和现实的。伦理是自由的理念，是观念与自由的概念的一致符合，自由的概念本质上就是客观精神。伦理是“活”的善，这个“活”表现在客观的自由概念在人的内心体现出来，达到二者的圆融一致，因而伦理打通了客观与主观的通道，冷冰冰的概念、精神在活生生的自我内部变成属人和人性的，或者说是两者的统一。伦理的实体和本质的揭示离不开对伦理环节的分析，但为清晰起见，这里我们先给出结论，即自由概念作为伦理的“绝对基础”和“目的”，或者说是伦理的实体和本质。伦理的实体、本质的区分只是在伦理的主观和客观环节没有达到“同一”的条件下才是有意义的，在主客观还存在“差别”的条件下，伦理的实体性就不在于作为无限形式的主观性和现存世界，而是作为精神实体、主体的自由概念或自由精神。

其三，关于伦理的构成环节。伦理是代替了道德领域中的抽象的善的“活”的善，“活”的善不同于自在的善，自在的善就是自由的抽象概念，善之所以变成活生生的，是因为人的自我就是活生生的。“这活的善在自我意识中具有它的知识和意志，通过自我意识的行动而达到它的现实性。”[①] 伦理（活的善）的环节，首先是通过人类普遍的自我意识而形成的关于善的知识和将这种善的知识转化为现实的意志，这两个方面是一体的，是客观精神或自由精神的理论方面和实践方面。这两个方面决定了善不仅是“活”的，而且还是现实的。其次，伦理（活的

① ［德］黑格尔：《法哲学原理》，范杨、张企泰译，商务印书馆 1961 年版，第 164 页。

善）的环节还包括自由概念或客观精神。伦理的构成环节在逻辑上先是伦理的本体，即自由的概念，然后是伦理的观念，在伦理的层次，人们对伦理的观念已经与自由的概念相一致，它们既是两个环节，同时又是同一的整体。结合前面的分析，理念即是自由的理念，而这个理念不仅是认识论意义上的，同时也是存在论意义上的，认识论意义上的理念确定的两个环节即是自由意志的概念和与其一致的观念，而且由于两者的同一性，每一个都是“理念的整体”。在存在论意义上，理念的构成环节除了两个认知性的环节，还包括“现存世界”，也是黑格尔着墨最少的次要环节。

其四，关于伦理的规定。伦理是自由的概念、观念与客观实在的统一，是具体的善。具体的善就是真实的自由，是社会历史发展的普遍性和必然性的统一。“伦理就是成为现存世界和自我意识本性的那种自由的概念。”① 自由的理念已经不是概念，而是自由概念与客观实存的统一。这里的释义的落脚点在于其中包含的关系上：作为现存世界和自我意识的本性，自由的概念和它的载体或媒介是融贯一致而不可分割的，这个统一体就是伦理。另外，伦理“就是自在自为地存在的规章制度……人类把伦理看作是永恒的正义”②。伦理就是作为主观与客观相统一的伦理关系固化的、现实化的、体现并实现自由的制度，这个制度体现着人类社会永恒的正义原则。主观即是人的主观认识，而客观不同于我们一般的观念，并不指物质性的世界，而是事物的本性，即自由的概念。黑格尔认为真正的客观性不是实存的事物，而是本质性、实体性、真理性、必然性和普遍性的东西，而符合这些条件的只能是概念或

① ［德］黑格尔：《法哲学原理》，范杨、张企泰译，商务印书馆 1961 年版，第 164 页。

② ［德］黑格尔：《法哲学原理》，范杨、张企泰译，商务印书馆 1961 年版，第 164—165 页。

精神。从中我们可以推论出实存的物质世界、社会世界只是客观的自由意志的定在，自由意志还要通过这些定在回归自身，就社会历史领域而言，国家作为自由意志的定在才真正达到了和自由意志概念的“同一”。家庭、市民社会和国家的内容首先是精神性或概念性的伦理制度、正义原则，其次是人们的家庭观念、社会意识、心理和国家精神，最后是以前两者统一为基础的组织和物质载体。在这些伦理共同体的物质载体和共同体精神中，人格自由以不同形态、不同程度发展着。伦理是建立在普遍的理性基础上的法则或规律，黑格尔将自由的理性当作伦理和人格的本质，并且也强调特殊性的价值，然而两者的地位并不均衡，特殊性仅是普遍理性的中介。

黑格尔认为伦理的实体是善，善通过客观和主观统一的形式外化出来即是伦理、“活的善”；善是普遍的自由精神或社会的正义原则，也就是伦理精神。因而伦理实体就是伦理精神，伦理精神不同于狭义的伦理精神，而是不同共同体、不同领域和不同伦理关系中体现出的自由或理性精神，就是全体的善。直观上伦理实体和伦理共同体很难区分，多数情况下我们也是在相同的意义上使用这两个概念。黑格尔在《法哲学原理》中没有明确说明，但已经暗示了两者的区别，他多次使用“伦理性的实体”这一概念，贺麟先生在中译本《法哲学原理》中对“伦理性”和“实体”都加上着重号予以强调，是要表明实体是伦理性，伦理性就是伦理精神，就是善。伦理实体并非伦理共同体，也非规章制度，更不是无限的主观形式。自由理念的概念是客观的自由精神和理性精神即伦理精神，伦理精神作为实体，同时也是主体，它能够有对自身的自我意识。伦理精神通过普遍性的主观性获得自我认识，同时将这种认识成果客观化、现实化而成为自由理念。

自由的概念客观化为自由的理念是一个逻辑的过程，这个过程包括家庭、市民社会和国家等几个环节。“直接的或自然的伦理精神——家庭……市民社会……作为独立的单个人的联合……通过成员的需要……法律制度……维护他们特殊利益和公共利益的外部秩序而建立起来的。……实体性的普遍物……在国家制度中，返回于自身，并在其中统一起来。”① 黑格尔认为伦理精神在家庭中以直接性、自然性的形式表现自身，而主要不通过外化的制度中介，所以家庭的原则是伦理性的爱。他把家庭作为“直接或自然的伦理精神”，当家庭成员、财产、婚姻关系不符合这种伦理精神，就不是他要阐述的家庭。家庭成员独立而成为社会中独立的个人，家庭的伦理精神已经不能成为有效地规范人们行为的准则，由人类社会的发展决定和产生了新的普遍性的“社会规范”。黑格尔将其解释为伦理精神的自我否定，伦理精神的自然直接形式——自我否定为伦理精神的普遍性形式，即法律制度及其形成的外部秩序。伦理精神发展至国家制度，黑格尔仍然强调的是伦理精神和国家制度的统一，因而他所认为的伦理本质是伦理精神，而不是外化的制度、机构、人员。

黑格尔认为伦理是自由的理念，这个观点预设了一个前提，即是伦理精神通过普遍的主观性与客观化的规章制度能够完全一致，而这也表明他实际描述的是理想的社会制度、国家制度，而不是伦理的实存，这也是理解他的伦理理论的一个前提。伦理精神通过无限的主观性形式现实化为规章制度，主观性并非是个人的主观性，而是伦理精神作为主体的自为的主观性。黑格尔认为伦理精神的自我意识——自己认识自己即可得到自己的真理，这实质是一个循环解释而不能证明其结论的真理

① ［德］黑格尔:《法哲学原理》，范杨、张企泰译，商务印书馆1961年版，第173—174页。

性，同时也不能说明从认识到实践的转化过程，伦理精神与其现实化而成的规章制度不能自我证成。“伦理性的东西”就是规章制度和伦理共同体等现实的存在，“伦理性的东西”和“伦理性的实体”是不同的，它们的关系就是伦理的客观内容与伦理精神之间的区别。

区分了伦理精神和规章制度后，伦理精神和伦理共同体的区别和联系在于：伦理共同体与规章制度一样是伦理精神的客观内容。黑格尔认为伦理不是单指伦理共同体及其机构、人员，这些只是伦理的内容，伦理精神作为伦理的实体是通过规章制度和伦理共同体的组织结构人员体现出来的，伦理共同体的组织形式、机构设置、人员组成及其相互关系构成的有机整体不一定能够完全地反映伦理精神，与伦理精神完全同一，这正是区分伦理精神和伦理共同体的意义所在。由于伦理共同体与人的切近关系，在谈到伦理时不可能将伦理共同体从伦理的内涵剥离出来，从而不自觉地将伦理等同于伦理共同体。黑格尔区分了伦理精神、伦理共同体和规章制度，这是其理论固有的辩证法的原则的体现，他将它们设定为完全一致是在逻辑、概念的意义上的。由于伦理的具体内容的植入及其原因是多方面的，伦理精神、伦理共同体和规章制度在客观现实中往往不一致，黑格尔上述的概念区分实际上表明伦理共同体及其规章制度与伦理精神趋于一致是一个过程，这是他的伦理思想中进步合理的地方。

伦理精神是一个整体，抽象法和道德都是它的逻辑构成环节，而不是独立存在的另一种客观精神，这也表明黑格尔所要揭示的伦理精神的主要内容也就是法律精神和道德精神及其对立统一的关系。逻辑上黑格尔以法律和道德为基础构建人类社会的自由精神和社会正义原则，现实中他要赋予这些精神和原则以具体的伦理规定才能完成他的法哲学理论，而这些内容只能来自绝对精神。由绝对精神自我显现而来的伦理精神保证了它的普遍性、必然性和客观性，但绝对精神不是天外来客，而只能来自人类社会历史发展所形成的社会意识在黑格尔天才的头脑中的体现。抽象法作为客观的伦理精神的起点，是现代社会权利观念的体现。抽象人格来自西方社会持存的罗马法的人格观念：每一个罗马公民都具有相同的权利能力，作为享受权利和承担义务的资格和能力。“在为罗马法的形成提供直接理论基础的斯多葛学派那里，开始突破社会等级的界限，以一种普遍平等的眼光来看待所有的人，从而逐渐演化出一般的、抽象的人的观念。”[①] 启蒙运动发展的成果之一是在欧洲社会包括德国已经逐渐建立起现代社会的人格、人权的基本观念，资产阶级从事资本主义工商业生产经营的财产权、物权也基本制度化，黑格尔抽象法就是这些内容的体现。

和抽象法相同，黑格尔的伦理观念也是对当时的社会意识、社会现实的理论反映。如家庭观念、婚姻是伦理之爱、一夫一妻制等家庭观；市民社会的劳动交换、需要的满足和法律之下人格的形式平等的社会意识；君主立宪制、王权和君主、立法权和行政权等政治观念，这些都是黑格尔受时代和阶级立场所限而能够接受和设想的、以制度形式体现的伦理精神。黑格尔阐述的伦理精神的意义首先在于将自由作为人的本质，认为自由是人的自我规定、自我矛盾，自由就是人的理性及其客观化。人类社会的发展史就是普遍的人的自由的发展史，普遍的人的自由作为法律和道德的本质，法律和道德不是纯粹他律的义务体系，而是在自律的义务中实现自由并实现人的解放的体系，法律不是“管人”的，道德也不是禁欲，而本质都是人的自由。其次，伦理作为现实的自

---

① 储昭华：《法权的逻辑基础与实质——关于黑格尔法哲学的启示与教训的再认识》，《哲学研究》2007 年第 7 期。

由，是伦理精神与其客观化的规章制度、伦理共同体及个体人格相统一的自由，从而避免了将缺乏现实性的抽象自由和缺乏普遍性的任性自由当作自由的片面观点，而将自由看作人本身的矛盾状态，即普遍性与特殊性、具体性与抽象性、理想性和现实性统一。最后，将伦理与人的关系看作伦理精神与人的关系，伦理的本质或实体不是规章制度、伦理共同体，而是自由的伦理精神和社会正义原则。个人与伦理是偶性与实体、本质的关系，个人的本质不是伦理共同体、规章制度、伦理秩序，而是伦理精神、自由精神。伦理精神体现的个人自由和社会正义原则是理想性的，并不断完善发展的，而现存的伦理共同体及规章制度等都“应”体现这个伦理精神并与其一致，这为任何现存的社会制度和政治制度的继续完善发展提供了可能性。

二、伦理精神塑造具体人格

黑格尔的法哲学一方面将法当作自由意志的法，将历史作为理性和自由的历史，将社会意识看作自由的伦理精神；另一方面在价值观和历史观上则是整体主义的，这决定了他是在个人或群体对人类整体和绝对精神发展中的历史作用及所处的地位的角度上考察人的存在和价值，这决定了他在人类社会中必然将伦理当作实体，而将个人作为偶然和无关紧要的存在。他认为个人的思维与意志是一体两面的存在，意志是思维的实践态度，是思维发展自己并把自己变为现实的冲动和力量。他在《法哲学原理》中同样贯彻了这一原则，自由意志是个人拥有的，也是精神性的（绝对精神及作为其构成环节的客观精神）。因而自由的意志先天具有一种决心，一种内在否定性，要求实现自身，并不断使自身变为现实的东西，同时又不断地使这个现实的东西仅仅作为自由意志内在展开的一个环节存在。

从伦理的形成来看，善和良心的具体统一就是伦理，良心在与善的具体统一中就是真实的良心，是主观意志达到了具体的普遍性，自由的具体的普遍性就是伦理。“善是自由的实体性的普遍物，但仍然是抽象的东西，因此它要求各种规定以及决定这些规定的原则。”① 抽象的善蕴含着自由的普遍性和必然性的原则，但它只存在于主观意志中而尚未通过具体的规定成为具体的现实。形式的良心是主观性的纯粹自我确信而缺乏普遍性和客观性，不管个人还是“精神”的自由意志都不能“忍受”这种空虚和不完整，而将抽象的善与良心统一为一个整体(伦理)。

抽象的善与良心的同一不是一个在时间中展开的过程，因为两者“自在的”就是同一的，但是只有两者“具体”的、真理性的同一才是伦理。由于抽象法和道德的片面和不完整，它们不能独立自为地存在，而只能以伦理为“承担者和基础”。伦理和现存的伦理制度、伦理关系是不同的，伦理不是现存的而是理想性的伦理精神和国家社会制度，这种理想性的制度是精神的自我意识所把握的其自身和现存世界的真理性的存在。在现存世界的层面，这种理想性的制度（伦理）是事物的本性；在自我意识的层面，则是主观性追求并努力与之统一的自由的理念、客观规律或真理。因而在伦理当中表现的不是偶然而是必然；不是主观而是客观；不是偶性而是实体；不是现存而是现实；不是片面而是全面；不是自然而是自由。在伦理中存在着根据自由或善的概念的“调和”，调和的过程就生成了历史上各个不同阶段的伦理时代，调和至伦理和现实的伦理绝对同一，伦理也就自我同一了。

精神的自由意志使自己变为现实具体的东西就是伦理，而个人自

① ［德］黑格尔：《法哲学原理》，范杨、张企泰译，商务印书馆1961年版，第161页。

由意志使自己变为具体现实就是具体的人格及其自由的实现，人格自我价值的实现。按照黑格尔的思路，人格始于纯粹的个体自由意志，形成于个体人格自由发展的各个环节，终于绝对精神。在个人意识发展的最高阶段产生了自我意识的理性化，这种理性化也就是个体意识融入社会文化和社会规范伦理的同一化过程，由此个人达到了完整的个体性，也就是每一自然人的社会化人格的确立。黑格尔认为伦理精神及其制度之所以能够作为人格自由实现的法，是因为伦理作为主观性的对立面和否定环节，它能够否定人的主观任意和偏好，能够否定主观性的抽象性，因而能够使人格具有自由的具体规定性。人格自由不是个人自己任意设定自己，而是客观存在的自由概念已经规定了的结果。人格自由是自由概念在自身中展开过程的结果，在否定主观性的任意的同时，抽象法的自由的自在的必然形式也内在发展为自为的必然性。

伦理否定了抽象法和道德阶段各自的片面性，成为真实的自由和活的善的规定体系。伦理是合乎自由概念、符合正义原则的伦理精神和规章制度，是自由的精神或精神的自由自我否定的结果，作为自我否定环节存在的抽象法和道德都是规范社会生活的伦理性因素。黑格尔在《法哲学原理》伦理部分即开宗明义表明了个人与这种理想的伦理精神和规章制度之间的关系："因为伦理性的规定构成自由的概念，所以这些伦理性的规定就是个人的实体性或普遍性本质，个人只是作为一种偶性的东西同它发生关系。"① 黑格尔认为面对伦理，个人只是偶然性的存在。个体的价值、权利面对伦理实体，是微不足道的。"个人存在与否，对客观伦理来说是无所谓的，唯有客观伦理才是永恒的，并且是调整个人生活的力量。因此，人类把伦理看作是永恒的正义，是

① ［德］黑格尔：《法哲学原理》，范杨、张企泰译，商务印书馆 1961 年版，第 165 页。

自在自为地存在的神，在这些神面前，个人的忙忙碌碌不过是玩跷跷板的游戏罢了。”[①] 伦理和个体人格是同一的，是“一种缺乏关系的同一”。这样实际上普遍性就消融了个体性，规章制度就吞没了个体人格。作为黑格尔自由意志发展的内在逻辑而言，最后就会达致这样的结果。人格在抽象法中体现为自在的抽象，道德阶段的人格是主观性的抽象，因而都不是实在的人格，只有在伦理阶段人格才是现实的和具体的。面对伦理实体，个体的人格又成为了被否定的环节，变成了伦理的手段。唯有伦理才是永恒的，伦理是个体的真理，是个体人格的目的。

个人在伦理制度中只是偶然的东西，伦理规定即理想的伦理精神和规章制度则构成人的本质。黑格尔的历史观、价值观是整体主义的。这种整体主义认为对整体的研究不能还原为对部分和个体的研究，按照这种观点，人类社会历史就是不可分割的实体，它有自己的特殊目的。在人类社会历史发展的过程中，个人甚至群体是微不足道的，只是社会历史整体的一个不断被否定的环节。在《精神现象学》中，黑格尔一方面认为个人只有在伦理中消融他的个别性，他才能是独立的个人，个人以伦理为本质，但同时他又认为伦理也是无数个人创造的事业，与这种观点相比照，说明《法哲学原理》在个人与伦理的关系上，已逐渐褪去了《精神现象学》中的辩证精神色彩。

“另一方面，伦理性的实体，它的法律和权力，对主体说来，不是一种陌生的东西，相反地，主体的精神证明它们是它所特有的本质。”[②] 这就是说，伦理是作为个体的人的本质；抽象人格和主观任性不是人格

---

① ［德］黑格尔：《法哲学原理》，范杨、张企泰译，商务印书馆 1961 年版，第 165 页。

② ［德］黑格尔：《法哲学原理》，范杨、张企泰译，商务印书馆 1961 年版，第 166 页。

的实体，伦理才是人格的实体。[①] 在伦理中，主体通过自我意识感觉到自己作为一个人而存在，作为人格而存在，与“物格”相区别，与他人的人格相区别。伦理的核心要素是法律和权力，这些法律和权力对个人来说表现为义务。“伦理学中的义务论，如果是指一种客观学说，就不应包括在道德主观性的空洞原则中。”[②] 黑格尔批评康德的道德义务论，认为他的道德仅包含善的抽象的主观形式原则，没有任何具体内容。而人们通常所说的义务是从人们的现实生活中抽象出来的行为规范，它的真理性在于和人们的观念而不是概念相符合，所以不具有必然性。这种义务确立的根据不在自身中，要到其他的伦理规定、幸福观念和主观意见中寻求证明，一旦在自己内部或与其他规范发生冲突，还需要修正补充。

黑格尔认为义务是伦理的义务，而且是必然性的，确立的依据是自由理念本身，是在伦理中实现的，尤其是在最高的伦理共同体——国家中实现的。在这种客观的义务中，义务不仅不是一种约束、限制，反而是个人的解放。只有片面性的道德意志和自然冲动才会把义务看作是对自己的限制。自然冲动是动物性的，如果人依附在自然需求和欲望上面，就无法成为一个“人”并尊重他人为“人”。黑格尔实质是认为，人在满足自身欲望需求的过程中，看似作为主体，消费使用物，实际上即如黑格尔所言，人完全没入客体当中，失去了“自我”，或处于马克思认为的“物的依赖性”状态中。只有在伦理义务中，个人才达到了具体现实的自由。

我们能够从黑格尔的伦理思想得知，按照伦理精神和规章制度的

---

① ［德］黑格尔：《法哲学原理》，范杨、张企泰译，商务印书馆 1961 年版，第 165 页。

② ［德］黑格尔：《法哲学原理》，范杨、张企泰译，商务印书馆 1961 年版，第 167 页。

要求而体现出来的普遍的行为方式已经成为人的第二天性，它实质上就是人的社会性。当这种社会性和人的自然意志一样稳固地存在于人，人即有了精神世界，从而成为一个完整意义上的人。伦理确定的普遍的行为方式成为人的内在品格，人以普遍的自由为目的，人就在这种普遍的自由中获得做人的尊严、价值和意义。“伦理”所确定的制度适用于伦理组织，伦理组织是人存在的基本社会单元，如家庭、市民社会和国家。在伦理组织中，法获得了这些社会单元和成员的认同和践行，法成为现实而有效的。个人主观欲求的权利合于伦理的规定才能成为现实，才是正当的、符合善的要求的客观权利，个体的人才真正具有人之为人的本质性规定，人格才能获得具体现实的规定。黑格尔为此提出的具体方案是“使人成为具有良好法律的国家的公民”，人在社会中，特别是在国家中才能具有理想的人格。在道德领域中权利和义务尚未达成一致，因而德福不一定一致，而在伦理的各种制度中，人是权利义务的统一体，享有权利必要承担义务，只享有权利而不承担义务是人格缺陷，只承担义务不享有权利或享有较少的权利则是没有人格或人格减等。

我们能够发现，在黑格尔看来，伦理精神是一个整体，抽象法和道德都是它的逻辑构成环节，而不是独立存在的另一种客观精神，这也表明黑格尔所要揭示的伦理精神的主要内容也就是法律精神和道德精神及其对立统一的关系。逻辑上黑格尔以法律和道德为基础构建人类社会的自由精神和社会正义原则，现实中他要赋予这些精神和原则以具体的伦理规定才能完成他的法哲学理论，而这些内容只能来自绝对精神。由绝对精神自我显现而来的伦理精神保证了它的普遍性、必然性和客观性，但绝对精神不是天外来客，而只能来自人类社会历史发展所形成的社会意识在黑格尔天才的头脑中的体现。

第二节 家庭作为直接性的自然伦理性存在

黑格尔认为，作为人的第二天性的伦理属性最初是在家庭中获得的。人格自由意志与家庭伦理关系的存在是直接同一的，家就是一个扩大了的人格。他说，家庭的存在原则是人格，准确地说是家庭作为整体具有独立的人格，并且以这种人格为基础发生外在的联系，个人在家庭中相互依赖，主要不表现为独立的个体。“因此，在家庭中，人们的情绪就是意识到自己……不是一个独立的人，而成为一个成员。”① 在家庭中将各成员整合为一个团体的纽带和力量是家庭成员之间的爱与责任，也就是家庭观念，犹如国家内的民族精神，家庭观念是家庭的伦理原则或伦理精神。家庭是个人社会生活的基本保障，爱是家庭的首要原则，人们所说的一般意义上的自由权利在家庭中是受限的，或者说家庭并不是谈论个人权利和实现个人权利的场所，存在的主要是家庭作为一个团体的人格和权利。黑格尔认为只有家庭解体后，个体的人脱离家庭成为社会中的独立个体，他才拥有普通意义上的人格和权利。这是他为了保持自己理论逻辑的完整性和“必然性的圆圈”的一致性而做出的附会，现实的情况是家庭不必解体，作为家庭的成员即可以是社会的一分子，在家庭内不宜谈个人权利，但当个人面向社会的时候，个人权利则是有制度性保障的。黑格尔所讨论的家庭是自然直接性的伦理，具有整体性的“人格”，对内对外享有权利和承担义务，它有权利保持自己的完整统一，有权阻止家庭成员随意退出。

---

① ［德］黑格尔：《法哲学原理》，范杨、张企泰译，商务印书馆1961年版，第175页。

黑格尔意指婚姻是最初的、直接的伦理关系，所以还包含着人的自然意志向自由精神过渡的内容，它体现了人的精神属性和自然属性的统一。婚姻是两性的结合，也是在双方自我意识中的爱的统一。黑格尔批评了当时重要的婚姻观，他认为如果把婚姻当作是一种性的关系，实际上是把婚姻的内容仅归结为人的自然属性；如果将婚姻当作是一种民事契约，可以任意缔结和任意解除，这种看法是粗鲁和缺乏教养的；如果把婚姻仅建立在爱的基础上，这样的婚姻仍然是偶然性的，仍不具备伦理的形式。他把自己构建的婚姻观概括为："具有法的意义的伦理性的爱。"① 他强调家庭的本质是伦理精神，家庭成员之间的作为情感的爱是构成家庭整体的重要原则。他把爱描述为一种不可思议的矛盾，家庭成员放弃自己的独立，而在另一个人身上看到自己并得到他的承认。爱不仅是一种情绪，还是自由的原始性的体现，因为自由就是人的矛盾的存在状态，就是在有限中的无限，具体中的普遍。

黑格尔实际上将婚姻的内在规定确立为爱、信任和责任，这些婚姻的本质要求超越了自然欲求而使婚姻成为不应解除的伦理关系。婚姻应是由于爱而两个异性自愿结为一体，为了这种结合双方自愿放弃自己独立的人格，夫妻双方的人格融合并作为一个整体人格对外。婚姻尚未缔结之前，两方都是独立的个体，具有作为个体的人的资格和能力，但是一旦双方结为一体，这种资格和能力实际上已经被极大地限制了。在婚姻中夫妻双方追求人格的统一，但不代表双方独立人格的消失，双方统一的人格和各自独立的人格处在一种奇妙的张力之中，这可能是婚姻本身体现出的魅力之一，而幸福的婚姻往往是能够达成二者的

---

① ［德］黑格尔：《法哲学原理》，范杨、张企泰译，商务印书馆 1961 年版，第 177 页。

平衡。

黑格尔认为，由于婚姻关系的实体性质，缔结婚姻甚至是一种义务。在父母的安排下先结婚后恋爱和自己先恋爱后结婚是婚姻的两种形式。他根据当时的社会道德风尚和自己的阶级意识，认为第一种方式更符合伦理的规定。当然，由于受到启蒙思想的影响，他也批判了包办婚姻。不管何种形式，婚姻总是人类社会的基本制度，但是如果不能坚持婚姻的本质性规定，婚姻和家庭就会成为异化的存在形式。黑格尔试图以人类学的角度去评判这一异化形式。如果将婚姻家庭中的世俗形态和物质实在因素剥离出去，就会产生祖先崇拜，甚至会发展成为一种准宗教的形式。后世的家庭成员通过想象，将原本生活在现实中的祖先神圣化，使其异化成具有道德价值的崇高形象，将精神性的原则作为婚姻家庭的唯一基础。精神性的原则自我否定最后势必会导致它的反面，将婚姻家庭仅视为自然的规定性，将婚姻仅作为一方对另一方的身体占有即单纯性关系的观点，或者将婚姻作为契约和认为婚姻的基础是作为感觉的爱的观点，都是强调了婚姻的自然方面。黑格尔对婚姻的看法还是坚持其一贯的原则，即普遍性（精神性的原则）和特殊性（婚姻的自然方面）的统一。

在黑格尔看来，婚姻概念包含着婚姻的本质规定，虽然婚姻生活中感性和自然的部分是伦理规定的一部分，但若确定婚姻的本质，这个本质只能是互爱互助。结婚仪式是婚姻的最后确定，但它只是婚姻本质以外的东西，它和其他婚姻非本质的内容可有可无，不影响婚姻的本质。所以那种把结婚仪式看作婚姻的先决条件的看法是“厚颜无耻”的，连同那些把感觉等偶然性作为婚姻基础的看法，都是从外在方面看待婚姻。黑格尔主张婚姻是两个人理性的结合。

在黑格尔的婚姻家庭理论中，比较鲜明的特征之一就是对妇女的歧视。他认为对妇女而言最重要的东西应该是她的贞操，因为家庭是妇女主要的活动领域，妇女婚前一旦失去贞操，实际上丧失了组成家庭的资格，而缔结婚姻即意味着贞操的失去。“女子的归宿本质上在于结婚。”① 男子则不然，家庭当然是重要的伦理领域，但除此之外，男子在社会和国家中还享有相应的权利和资格。男性和女性由于自然生理上的差别而在伦理上具有了不同的规定。男性独立自主，具有理性和知识，活动的领域在国家和科学中。男性努力研究意欲达到科学的真理，自我否定以求人格的完善，在家庭中，他感受到了自己的地位和价值。女性则被动感性，主要追求家庭生活，她的主要价值在于守妇道，守妇道甚至是永恒的法律。妇女缺乏理性，“如果妇女领导政府，国家将陷于危殆，因为她们不是按普遍物的要求而是按照偶然的偏好和意见行事的”。②

至于婚姻的否定即离婚，黑格尔认为并不包含在婚姻的概念中，按照婚姻的本质规定是不能离婚的，至于在现实中存在离婚的社会现象，是因为婚姻中有感性的爱的因素，所以不能绝对永恒。婚姻的概念是抽象的，是婚姻的应然性规定，但因为其抽象性而和婚姻的现存的形态有差别。在伦理中婚姻既有抽象的概念规定，又有具体现实的内容，婚姻的抽象本质上升为具体存在，爱就可以永恒了。人们之所以离婚，是因为他们的婚姻还没有达到伦理的境界，所以爱作为伦理性的因素与感性的爱是有区别的。黑格尔认为一夫一妻制是婚姻的本质要求，我们同意并认为，这关系到人格，“一夫多妻”对于夫，“一妻多夫”对于妻，他们的人格当然是完整的，然而对方只享有他们人格的一部分，他们在

---

① ［德］黑格尔：《法哲学原理》，范杨、张企泰译，商务印书馆1961年版，第82页。

② ［德］黑格尔：《法哲学原理》，范杨、张企泰译，商务印书馆1961年版，第183页。

多个妻或多个夫当中享有全部的权利，而回报给对方的人格则是不完整的，这种不对等的地位不符合婚姻的理念。近亲不能结婚，因为他们已经处在家庭伦理关系中，由于生活上的紧密关系他们已经不具有人格的完全独立性，如果再次以婚姻的形式构成家庭就会形成不可克服的外部矛盾。

黑格尔认为家庭具有独立人格，“家庭自然而然地和本质地通过人格的原则分成多数家庭，这些家庭一般都以独立的具体的人自居，因而相互见外地对待着”①。家庭都有自己独立的财产，这是家庭获得独立人格的基本条件，由于家庭的财产是以家庭作为一个独立人格的形式加以占有的，家庭成员借此得以超越个体性而具有了共同体意识，使家庭作为社会伦理的一部分。仅重视个人利益和只关注个人价值，不会产生伦理关系，伦理必然存在于对共同体的维护和贡献中。黑格尔指出，婚姻中的男女双方很容易使人产生误解，以为他们分别是构成家庭的两个主体，而家庭实际上存在的是以父母为一方和子女为另一方的两个主体，这就直白地表明：婚姻并不仅仅是父母双方的私事。婚姻作为一种伦理关系不是自足封闭的，它从父母的身心结合进化到父母和子女之间的家庭关系，反映了伦理关系的内在含蕴关系，包含着一直通往国家的逻辑进程。共同体是伦理存在的必然领域，从男女双方到家庭成员，再到市民社会，最后达至国家，是自由精神和伦理价值不断获得更高实现的过程。

子女是父母之间的爱的客观表现，子女延续父母的存在而使人作为类存在。子女是父母爱的客观化，他们自出生便具有了基本的法律人格，即使他们主要受本能驱使，也不妨碍他们做人的资格，但是“应该

---

① ［德］黑格尔：《法哲学原理》，范杨、张企泰译，商务印书馆 1961 年版，第 195 页。

怎样做人，靠本能是不行的，而必须努力”①。所以有必要对子女进行教育，在子女教育的初期，由于他们缺乏足够的理性，所以教育的内容是感性和情绪的爱、信任和服从，但是教育的目的是通过伦理原则的学习使子女获得独立而自由的人格，从而具备成为社会一员的能力。子女经过教育获得了相应的能力，具备了相应的资格，然后可以作为合格的社会成员而出现。黑格尔认为人一旦成为社会的成员，原本在家庭里受限的任性就获得了自由的形式，这些任性表现为偏好、意见和特殊目的等，他认为这些属于个性的内容是不符合伦理规定的，所以也并非真正的自由。黑格尔的普遍性和特殊性统一的原则在此没有得到贯彻，个体性和共同体规范是相互依存的统一体，不能想象把两者分割的东西是自由的。

对于个性的否定决定了黑格尔对财产遗嘱继承的否定态度。遗嘱继承是被继承人的任性使然，不符合家庭的伦理规定，继承应符合家庭的法律。他批评古罗马法关于家庭继承的法律是任性的结果：儿子只是父亲的奴隶，只有符合了严苛的条件才能获得自由身，并且对父亲的财产没有继承权；妻子结婚后如不接受她的奴隶一样的地位，就没有对家庭财产的继承权，她就不是新的家庭成员，她的身份仍留存于她原来的家庭。

黑格尔分析了家庭伦理的直接性、自然性，婚姻的主观性、契约性，家庭人格的独立性和家庭成员人格的不完全独立性，指出家庭伦理关系的支撑完全依赖于每个家庭成员所具有的爱的情感，这种爱的情感是与每一个成员的自由本质直接同一的。所以他认为家是个体人格的扩大化，一个家就可以被当作是社会元素的一个人格。黑格尔关于家庭本

① ［德］黑格尔：《法哲学原理》，范杨、张企泰译，商务印书馆1961年版，第188页。

质的观点是狭隘和臆断的。他那个时代还没有充分的历史学和人类学研究的成果，使他不可能看到以两性婚姻为纽带联结成的家庭组织在人类历史上的产生和变化过程，不可能了解到他那个时代的家庭也不过是对应于经济文化发展的特定水平而存在的一种偶然的形式。

第三节　市民社会作为理性契约秩序的伦理性存在

按照黑格尔的逻辑，家庭还只是自由发展的第一个伦理环节，尚处在伦理的自然性中，家庭分裂为具有独立人格的个人，则构成伦理发展的第二阶段：市民社会。市民社会用伦理的形式普遍性代替了家庭的自然性和偶然性。有学者说："家庭要求每一个人放弃他的独立性，从而与抽象法和道德中的自由相抵触，因此，黑格尔法哲学的家庭解体具有必然性。"[①] 这段话表明，黑格尔从家庭理论上升到社会学理论在逻辑上具有合理性。他认为，市民就是从家庭中独立出来而成为独立的人格，他们是有产者或有特定身份的人，他们从属于一定的社会等级和社会团体，他们从抽象人格转变为具体的个人。市民作为特殊的个人有着特殊的需要和满足需要的方式，有着特殊的职业和目的，但如果市民的规定性都是特殊性，那就无法成为伦理，市民社会的普遍性在于每个市民都把自己当作目的，把他人当作手段，但是反过来为了使自己成为目的，他也需要成为别人的手段，这样一个外在的形式普遍性成为了市民社会的伦理精神。高兆明教授认为："市民社会的原则首先是个体主体性，在市民社会中每一个人都是独立的个体，都有自己特殊的利益，个

① 周德海：《论黑格尔法哲学的家庭理论》，《中共济南市委党校学报》2012 年第 5 期。

人为了实现自己的利益而形成个体之间的交互关系并构成市民社会第二个原则：交互主体性。”①

一、社会性基础上的个体性

马克思在《1844年经济学哲学手稿》中概括了资本主义社会在私有制和商品经济条件下人的异化状态：每个人的本质和需要同其他人的本质和需要处在尖锐的矛盾之中，本应代表人民的政府异化为具有独立利益的实体，“物的世界的增值同人的世界的贬值成正比”②。马克思揭示了私有制度下社会经济制度和生产生活的不合理性，但是黑格尔却将这种制度完全合理化了，并把这种制度看作是人格自由发展的一个环节。黑格尔在市民社会中将“具体的人”当作目的，具体的人就“各种需要的整体以及自然必然性与任性的混合体来说，是市民社会的一个原则”③，但是他认为这表现为伦理性的丧失，是伦理的假象和将被扬弃的环节。他将当时的资本主义社会的矛盾抽象化为普遍性与特殊性，目的和手段的关系，这样就无法科学地阐释市民社会的本质和规律。虽然一般意义上的市民社会早已存在，但《法哲学原理》中的市民社会是现代意义的社会。黑格尔认为市民社会在时间上出现在国家之后，在功能上和价值上要以国家为基础。我们知道，个人在伦理共同体中通过个体之间的交往关系满足自己的需要，在市民社会中主要遵循经济规律和个人的特殊需要和特殊目的支配，但是个人单靠自己无法实现自己的目的，必须在个人之间的相互依存和相互需要的关系中，把市民社会作为统一的整体、力量和原则才能实现个体自由。他说市民社会中的每个人把自

① 高兆明：《黑格尔〈法哲学原理〉导读》，商务印书馆2010年版，第429页。

② 《马克思恩格斯全集》第3卷，人民出版社2002年版，第267页。

③ ［德］黑格尔：《法哲学原理》，范杨、张企泰译，商务印书馆1961年版，第197页。

己当作目的而将他人作为手段的同时，自己也变为了他人的手段，在这种目的和手段的双向转化中形成了市民社会的统一性、普遍性。

黑格尔在有关市民社会的理论中指出，与个人服从家庭、服从国家不同，市民社会要服务于人的个性和偶然性，在市民社会中个人以差别性和独立性的人格相互对待，黑格尔为此确认说："市民社会是中介的基地；在这一基地上，一切癖性、一切禀赋、一切有关出生和幸运的偶然性都自由地活跃着。"① 我们以为，市民社会是一种人格自由的伦理共同体，是以实现个性、个体自由权利为目的统一性，市民社会存在的基础在于市民社会中每个人都可以实现各自的目的，为了使自己的目的不致落空，每个人自愿接受社会制度的制约。社会制度为权利的确立、实现和冲突提供解决方案，每个人将自己的行为和权利纳入制度的框架才能得到实现。个人如果只关注自己的权利，他的权利还只具有成为现实权利的可能性，为了真正将权利落到实处，他应在权利义务的统一关系中接受制度的安排，如此他才由抽象和可能性的人变为现实的人。

我们知道，在现代市民社会个人主义的形式下，把个人作为最终目的，是现代社会伦理精神的主要价值之一。但是另一方面，现实的人的生活方式和劳动方式使人拥有了人之为人的特殊规定，具有这些特殊规定的同类人形成了特殊的共同体或等级，等级制度固化和异化人格并使其脱离人的普遍性本质。彼时欧洲的哲学，特别是黑格尔哲学并没有认识这个历史定律，而是用相反的观点解释个人与社会生产生活的关系，即不是把人类社会物质性的内容，而是把抽象的理性或精神作为人的本质。他认为具体的个人在社会中发展自己、满足自己的需

---

① ［德］黑格尔：《法哲学原理》，范杨、张企泰译，商务印书馆 1961 年版，第 197 页。

要的同时，客观上也给社会和他人带来了福利，并且能够和他人处在权利义务关系的统一体中而不致破裂，这正是因为理性和自由的力量在背后发挥着作用。他不是将社会物质生活条件作为基础，而是将抽象的理性和自由作为社会发展的力量，是颠倒的唯心主义观点。

黑格尔看到与市民社会对立的一极是个人，个人以满足需要为目的并且需要的满足是无止境的，而市民社会的伦理性所能提供的条件决定个人需要的满足终归是偶然性的现象。由于个人可能缺乏节制，仅以本身为尺度，所以就可能走向满足自己的反面即否定自己，市民社会存在的这种内在矛盾导致了社会生活的贫富和等级的两极分化，黑格尔认为只有引入国家的力量才能解决两极分化带来的矛盾。在市民社会中，尽管有伦理作为内在的观念基础，但是个人需要和普遍自由仍表现为分立的两个原则。应着社会和个人的对立，他认为个人独立无限的人格在现实中是不存在的，它作为一种主观体验只能在基督教中存在着，它表现为个人内在的主观自由。这种独立无限的人格在外在方面表现为古罗马法中的抽象的法权人格，但也只是作为人的一种抽象的资格认定，缺乏普遍性和现实性。

黑格尔对基督教和古罗马法中无限人格或抽象人格的批评为人格在伦理阶段的继续发展提供了否定的前提，即抽象人格或无限人格必然要被扬弃，个体人格以伦理实体为本质和目的，完全独立无限的个人是不可能的，因为他会自己毁灭自己。动物按照本能生存，它的生命就是自然的循环，而人的生活则是向更高的程度发展的，伴随着这种发展的是人的欲望的无限膨胀。欲望及满足是无限的，而由这种膨胀的欲望及满足导致的人的贫困也是无限的，这两种无限性是与自由的实现反方向的。

按照黑格尔的论证，市民社会的伦理本质主要体现在社会整体成为个人实现自己利益的手段，但从另一方面看，个人为了实现自己的目的就必须遵循作为手段的社会整体所内在的规律或原则，形成对这些规律或原则的知识，个人意欲实现的目的不应与这些规律或原则对立，并且要在这些知识和目的的指导下进行各种利己的活动。这种把普遍性的社会作为满足个人需要的手段的后果是个人变成了社会普遍性的一个成员、一个环节，个人通过对社会规律或原则形成的知识和普遍性的意志，使自己脱离了自然性和主观任性，黑格尔认为这就是在市民社会中人的教养的形成过程，但是这种教养不会自发形成，还需要对个人进行教育。他把市民社会看作人格自由发展的提升环节，但是马克思却把那个时代的市民社会看作是人性异化的地狱。

二、在劳动和法律基础上“对等”的社会人格

黑格尔认为“对等”交换的意识是人格的自由意志在市民社会中的体现。个人在社会中满足自己的需要，同时又要考虑他人需要的满足，所以要对自己的欲望予以限制。在现代社会分工中存在着人与人之间交换劳动的关系，现代社会中的个人主要通过自己的劳动来满足自己的需要，这种劳动的相互需要和劳动交换的关系所造就的需要的体系产生了市民社会普遍的个人和人格。他说：“在法中对象是人（Person），从道德的观点是主体，在家庭中是家庭成员，在一般市民社会是市民（bourgeois［有产者］），而这里，从需要的观点说是具体的观念，即所谓人（Mensch）。”① 相对于需要及满足而言的人（Mensch）是普遍的、同质性的人，是区别于动物的作为类存在的人。赋予个人以人格之所以重要，是因为“通过所赋予的民事权利，他产生了一种在市民社会中以

① ［德］黑格尔：《法哲学原理》，范杨、张企泰译，商务印书馆1961年版，第205—206页。

法律上人格出现的自尊感，以及从这个无限的、自由而不受一切拘束的根源，产生了所要求的思想方法上和情绪上的平等化”[①]。黑格尔重申了抽象法的观点：每个人都应具有普遍性的法律人格，尽管事实并非如此。他采取了理性而现实的态度，认为这种法律人格是被赋予的，而不是浪漫派认为的“天赋人权”，或者“人生来就是平等的”。他意指个人具有了法律人格，同时也具有了人之为人的自尊感，有了这种自尊感人才可能有被尊重感，这是人格在主观情绪上的重要内容。个人的这种自尊感使个人在看待自己、自己和他人的关系上以及在情感上，会产生平等化的观点和平等的要求。

个体在被赋予了普遍的安全保障后自由才有可能，而黑格尔实际上是认为自由的发展生成了平等和普遍安全；另一方面，如果我们抛开他倒置的唯心主义，则在法哲学中能够抽绎出人格平等的思想。在抽象法中，普遍性的个人对自由的追求体现为抽象形式的规定，能够确定的是具有无限自由可能性和普遍性的具有权利能力的抽象人格。普遍性的个体把自由意志直接体现在外部的物中，表现为对物的占有、所有、转让和保护的抽象规定上。抽象人格的普遍性和法律人格的直接性决定了个体人格的平等，而这个平等又是抽象的和有限定的平等。抽象人格与法律人格普遍地存在于市民社会中，与法律规定和劳动交换共同奠定了社会人格平等的基础。黑格尔认为人格自由是精神自我概念必然发展链条中的一节，所以其存在无须前提和条件，然而，正如霍耐特所指出的——现实上自由只有在平等者之间才有可能，因而即使在黑格尔的法哲学理论中存在着人格平等的倾向和内容，它们也是被局限于一定范围和仅在统治阶级之间是有效的。在市民社会中，市民相互对待的基本方

① ［德］黑格尔：《法哲学原理》，范杨、张企泰译，商务印书馆 1961 年版，第 274 页。

式则只能是“对等”。

人的自然需要是人的自然属性，受着自然必然性的支配，而人的精神需要体现了自由普遍性的一面，从而是实现自由的主要载体。精神需要在主观范围内与属人世界产生联系，精神需要及其满足作为人的自然属性和自由属性的协调统一，它统摄和认识着自然需要，它将自由与自然的差别作为反思的对象，从而把握自由的本质，并且通过劳动的手段努力使其实现。每个人通过劳动满足自己的需要形成了社会中人们相互依存的关系，社会因此保持必要的秩序，社会文明不断进步，社会财富不断增长。

黑格尔所论述的市民社会存在着一个前提，即商品经济是市民社会的主要经济形态。在这种经济形态中，每个人的劳动都是为他人进行的，所有人都为他人劳动构成了商品经济运行和市民社会存在的基本条件。市民社会人际关系的实质即是交换劳动的关系，由于劳动的交换存在着客观的准则，个人按其要求进行交换就可以实现劳动的目的并满足自己的需要。商品经济等价交换的原则和市民之间相互需要及妥协的关系，以及社会生活方式和个人需要的同质化，两者产生着市民社会的对待性原则。黑格尔确认的对等不是平等，更不是平均，自由的理念就包含着自然的不平等的内容，它容纳并产生着能力、财富、知识教养和道德修养等方面的“不平均”，这种不平均并不是不平等。他强调，如果以抽象的平等为原则并要求其实现，反而是违背了人格的自由本质。黑格尔在这里提出了自己对“分配正义”和平等的看法。每个人都有权利根据自己受到的教育和技能获得自己的那一份社会财富，但是这种技能和教育要以资本为基础，还受到偶然性因素的影响。这种观点既保证了社会底线，又使资本成为社会的决定力量，使资本成为社会分配的主要原则，本质上是为资产阶级代言。

人们在社会中的需要及满足方式、生产方式和教育模式和内容等方面逐渐形成了相互区别的不同规定，以这些规定为基础，人们形成了社会等级。黑格尔认为等级的存在是必然的，因为等级和家庭是市民社会存在的两个基础，等级是除家庭之外能够体现客观的利他结果的另一领域。社会财富按照每个人的特殊性来分配，这种特殊性包括能力、教育水平、自然禀赋和资本的数量等，这里没有关于分配的普遍性原则，这一缺陷后来由马克思主义的按劳分配原则和罗尔斯的“差别原则”予以弥补。黑格尔将社会财富的分配和等级存在的必然性的内容放在一起讨论，我们可以合理地推断，个人的特殊性也包括他的等级出身，那么等级也将成为财富分配的标准。黑格尔在经济上不要求平等，政治上由于主张等级存在的必然性，所以尽管他在法哲学理论中主张个人自由权利及其实现，但他并不是平等主义者，从而也不是民主主义者。

资产阶级市民社会中的“市民”是特殊异质的“有产者”，他们在需要及满足的方式、内容，在劳动方式或职业和受教育水平等方面是千差万别的，因此黑格尔说，特殊的个人是市民社会的原则。但是人们为了在市民社会中满足各自特殊的需要，彼此交换劳动，则必须存在一个基本的前提，即每个人都被视为与其他人是“形式平等”的人，把每个人当作和自己同样的人来看待是作为社会成员的基本要求，这种对每个人的尊重和对每个人需要的重视，通过制定法的形式固定下来而获得了客观性和有效性。“自我被理解为普遍的人，即跟一切人同一的，这是属于教养的问题，……人之所以为人，正因为他是人的缘故。”①

在西方世界，人格抽象和形式平等的观念并不是在现代市民社会

① ［德］黑格尔：《法哲学原理》，范杨、张企泰译，商务印书馆1961年版，第217页。

才突然出现的，而是深植于西方社会的文化当中，古希腊贵族制的伦理精神已经包含着公民平等的内容，古罗马的法权社会就已经确立了原子式的个人人格的形式平等，这两种人格平等的精神并合近代西方的“宗教改革”，在资本主义社会伦理当中显现出来，确立了社会人格形式平等的原则。对个人和人格的保护只有抽象法的原则是不够的，还需要特殊的法律规则保护个人的特殊人格。黑格尔对法律的理解是工具主义的，他认为法律对人是有用的，主要是为了规范需要及其满足。另一方面，他也确认即使是国王也要受法院的管辖，而且在诉讼中国王往往是败诉的一方，从这一点而言，黑格尔支持并接受了法律面前人人平等的原则。法律是普遍性的，它的对象是外在的行为，所以道德并不是法律规范的对象。黑格尔举例说，在古代中国，法律规定丈夫对原配夫人的爱要超过其他妻妾，否则要予以惩罚，他认定这种用法律约束人的意志和灵魂的做法是愚蠢的。主观意志自由是自由的出发点和基础，如果自由的起点和基础也被否定和约束了，那么人格就缺乏最后的底线，那就是影响到人之为人的根本。

关于法院裁判，黑格尔认为公平不是法律而是道德考虑的问题。法律应坚持法律程序，依据的是法定的证据，裁判的对象是法律事实，如果为了求得公平而对个别事件就事论事则违背了法律普遍性的要求，因为法院裁判的事件不仅关系到当事人的利益，而且也关系到普遍的法的原则和其他一切人的利益。这种“法律就是法律”，法律区别于道德的观点至今仍然是重要的对法的本质的认识。黑格尔认为，在法院裁判中分为事实认定和法律适用两个部分，事实认定并非法官的专权，每个受过普通教育的心智健全的人都可对事实进行认定。但是这种对事实的认定不是依据理性理智进行严谨的逻辑证明，而是根据认定人的主观信念、良心和常识进行的，所以被认定的事实和事件的真相不一定一致。

所以，正如现代形式主义或程序主义法律观所认为的，诉讼当事人和将被科以刑罚的罪犯并没有如其设想的那样在事实真相中被公正地对待，而是被设定于“法律事实”中，在裁判者面前他们不是社会人或道德人，而只是法律中的“人”，在法院他们只具有法律人格。在法院的裁判中，个人的人格是一个单纯化的过程，当事人的社会地位、收入、教育水平、声望和出身等因素都被过滤出去，个人成为形式化的存在，在法院他们只是原告、被告或犯罪嫌疑人。

黑格尔主张，将法律适用于特殊事实并做出判决，这是对当事人意志自由的尊重，也是他们权利的实现，因为法律是他们一致同意和接受的，法律规则是人所周知的，法律适用是公开的。裁判者的主观因素由当事人的对他的品质、能力及裁决公正性的信任而被认定为当事人能够被公正对待和维护权利实现的必要条件。至于法院的组织制度，有人认为由法律专家作为裁判者更能实现法院公平裁决纠纷的目的，黑格尔认为这种观点可能是对的，但是他认为即使法律专家作为法官更能实现公平正义，这种制度也不一定能够满足当事人要求被公正对待、程序要求、主动参与等方面的权利。黑格尔批评了他所处的时代对法律职业和知识的独占现象，认为这种独占使劳动阶层变成了被监护的对象，结果他们并不理解的法律的执行对他们而言变成了无法改变的命运。法本是自由的定在，法律职业和知识的独占却使法异化成了对人的控制和约束。

尽管黑格尔自觉不自觉地表达了人格形式平等的思想倾向，但他对这种形式上的平等并不十分重视，在《精神现象学》中他就批评古罗马法权社会的原子式的个人之间的形式平等，认为它是伦理精神的死亡，而在市民社会中，分散独立的社会人格的出现是对家庭自然伦理的否定，也是相对于整体性谐和伦理的倒退，这种伦理形式只能是过渡性和工具性的。柯耶夫敏锐地把握住了这一点，他认为在市民社会中的人格平等，只能是在私法上的人格“对等”，因为这种“对等”缺乏精神[①]，这种人格对等距离黑格尔设想的仅限于处于社会上层的贵族地主和资产阶级之间的政治平等还很远。市民社会中的人格对等、人格自由还不具有真理性，人是“政治的动物”，自由只能在国家中才能具体实现，人格的真正伦理性在于政治性，这就是黑格尔的内在观点。

三、黑格尔所处时代的社会人格异化及批判

黑格尔把他那个时代中的小资产阶级市民社会的生产方式和生活方式以及“对等”交换的意识看作是人格自由获得实现的天堂，并积极为这种意识的培养出谋划策。他说，自然风俗中的个人缺乏自我意识，对自己的生存价值和自由没有或很少有自觉和反思，他仅把知识和意志作为满足需要的手段，这只是个体自由实现的初级阶段。他强调，现代市民社会的原则既不是早期社会的淳朴民风，也不只是个人需要的满足，而是具有普遍形式的理智。理智就是去规范人格的自然需要和精神的直接性，设置界限而使它们在适当的范围内存在和活动，使精神能够在这些外在的形式中与本身保持一致，这也就是社会教养的形成。个体自由的实现“反对举动的纯主观性，反对情欲的直接性，同样也反对感觉的主观虚无性与偏好的任性”[②]。这实际上确立了作为一个合格的社会成员的基本条件，市民在社会中生存和发展，应具备基本的能力和素质，即个人能够作为一个社会人格出现，只有通过教育获得相应的知识、意志品质和活动能力才能达到。个人要形成这些基本素质和能

---

① 一文：《从〈现象学〉到〈法哲学〉：一个自由主义者的“政治成熟”》，《世界哲学》2006 年第 6 期。

② ［德］黑格尔：《法哲学原理》，范杨、张企泰译，商务印书馆 1961 年版，第 202 页。

力，必须通过教育的过程，在理性的指导下约束自己的主观任性和自然欲望，从而获得基本教养和社会人格。教养就是把他人当作独立、有尊严、有价值的和自己一样的人，能够设身处地为他人着想，无教养的人只管自己痛快而不管他人死活，有教养的人会自觉限制自己的欲望及实现的方式。

社会教养的养成和社会成员资格的形成，是指理智和知识等普遍性的因素作为纽带将无数个人结合在一起，如果某个人在社会中表现出与这种普遍性不符的特异性的言行，那将是没有教养的表现。因此黑格尔指出："自我被理解为普遍的人，即跟一切人同一的，这是属于教养的问题，……人之所以为人，正因为他是人的缘故。"① 个人应该遵守社会的基本价值观念和行为规范，这是作为社会成员的内在要求，如果不能遵守，就会造成人际关系的矛盾冲突，对个人本身也是不利的。黑格尔在这里反对的特异性并不是个性，个性是以社会的普遍性价值和规范为基础的言行所表现出来的一个人的精神气质，它与社会的普遍性并不冲突。社会人格并不要求个人完全同质化，而只是对个人作为社会成员的资格和能力的要求。那么如何去除个人与社会价值和规范不符的特异性呢？黑格尔认为仍然是要通过教育使个人成为有教养的人。我们都能认同——教育不应仅仅是知识教育、技能教育，而且也是做人和适应社会的教育。学校主要是知识技能教育的场所，家庭主要是生活能力和做人教育的领域，个人作为社会的一员时主要依靠自我教育来获得适应社会和在社会中发展的基本能力。

黑格尔认为社会有义务开办教育事业，来矫正个人堕落的生活状态，同时也有义务防止贫困和举办慈善事业。教育使儿童获得作为社会

① ［德］黑格尔：《法哲学原理》，范杨、张企泰译，商务印书馆 1961 年版，第 217 页。

成员的能力，对自暴自弃的人的帮助是恢复其做人的尊严，防止他们成为“贱民”，“贱民”低人一等，在人格上是不健全的。他虽然认识到产生贫困的原因不仅在于个人的主观因素，但是他仍然无法遏制对贫困的劳动人民的蔑视，这根本上是由其阶级立场决定的。他认为慈善事业如果只是出于道德、同情和爱，那是偶然性的，慈善应作为一种制度由公共机关和组织来进行。他这个观点对当代社会的慈善事业的发展是有借鉴意义的，因为慈善事业不仅涉及社会整体福利的基本保障，还涉及社会资源用于扶贫而导致的受体之间的公平性问题，同时也涉及接受慈善事业帮助的个人的尊严。

但是黑格尔的市民社会理论已经呈现出对人格自由的歪曲。从马克思的理论视角，社会分工的发展和细化使劳动群众沦为生产的环节，生产财富的劳动最后变成了劳动者对自己的否定，劳动得越多反而越贫穷。黑格尔在市民社会中认识到：“特殊劳动的细分和局限性，从而束缚于这种劳动的阶级的依赖性和匮乏，也愈益增长。与此相联系的是：这一阶级就没有能力感受和享受广泛的自由，特别是市民社会的精神利益。”① 他在这里看到劳动群众的人格异化是进步的，但他把这种异化当作市民社会发展的必然性结果，原因是劳动群众没有“能力”享受自由，而这种异化的本质原因在于私有制及其造成的剥削和压迫。另外他也没有打算为这种异化问题寻找解决方案。黑格尔对劳动人民的蔑视是一贯的，他认为一旦生活水平下降到最低生活保障以下，就会产生“贱民”，“贱民”没有自尊，缺乏正义感，不具有正直的人格，而且总是与社会、富人和国家对抗。

为劳动人民找到摆脱贫困的解决方案是困难的，黑格尔提出了两

---

① ［德］黑格尔：《法哲学原理》，范杨、张企泰译，商务印书馆 1961 年版，第 244 页。

个方案并逐一否定了它们。其一是富人拿出钱来或用公共财产帮助穷人，但是他认为这样会使穷人不劳而获，这与市民社会中的人格独立和商品经济的等价交换的原则是相违背的。其二是为穷人提供工作机会，但结果是生产出来的产品缺乏足够的购买力，两种方法都会带来严重的社会问题。他又从主观上寻找否定上述方案的依据："贱民"缺乏廉耻心和自尊心，即使给予更多帮助，他们也只是安于贫困的状态，这里他把产生贫困的责任推脱到了劳动群众身上。他反对使用富人的钱和公共资源济贫，看似是对劳动群众人格的尊重，实质上只是一种虚假的伪装，他的阶级立场不允许损害上层阶级的利益。至于所谓财富的相对过剩表明，即使是在资本主义社会发展的早期，黑格尔也已经敏锐地发觉了资本主义固有的基本矛盾，但他仅以为这个矛盾是市民社会的必然规律，解决的方法是到海外建立殖民地。

马克思在《黑格尔法哲学批判》中指出，无差别的商品经济主体地位才是市民社会的原则，以这种主体地位为基础，个人在国家中才脱离了自己的社会等级和私人生活，才获得了充分的社会性而作为公民具有了完整人格。我们知道，在现代市民社会个人主义的形式下，把个人作为最终目的，是现代社会伦理精神的主要价值之一。在市民社会中存在着普遍性的社会制度、规律与特殊性的个人需要、目的之间的矛盾，一方面个人如果脱离社会制度和规律就无法实现自己的目的，另一方面市民社会将个人完全融化在自身中并取消他的独立性就会走向自由精神的反面。市民社会的伦理以个人自由权利与社会的普遍性两极对立的形式存在，缺乏如家庭一样的伦理统一性，因而市民社会内在就包含着向国家发展的逻辑必然性。

第四节　国家作为最高实体的伦理性存在——自由理念的实现

黑格尔把他那个时代的国家伦理秩序看成是人格自由的外化和客观化，看作是绝对精神的自我实现，看成是人格自由意志发展完善的最高形式，由于他对他那个时代和他所处的普鲁士国家的本质完全陷入错误估计和盲目辩护当中，这造成了他对人格自由理论初衷的背叛，后来他这个思想被马克思等许多思想家彻底批判。我们却必须认真检查他的国家伦理思想，看清他是怎样走向这种自我背叛的。

亚里士多德说，人是政治的动物，国家之外，非神即兽。黑格尔同意并继承了希腊先辈的观点，同样认为伦理发展到国家便成为自由的单一性和整体性，不再是需要被扬弃的环节，国家本身即是个人自由的最高实现。法哲学的最终目的在于重建现代社会的国家伦理，彰显国家对于人类社会和人格发展的重要意义，所以他把人和法律、道德的关系，人和人、社会的关系最后都归结为人和国家的关系。他根据逻辑的必然性设定国家对个人具有绝对的权利，成为一个国家的公民是个人的最高义务；他设定国家和个人之间权利义务关系的单向结构：国家享有绝对权利，个人对国家承担义务，国家是个人的目的，个人是国家的构成环节，个人也只有在国家中才能享有现实的自由。

一、人格自由在黑格尔国家伦理学说中被引向逆反

黑格尔认为，“人的天性是自由”的观点只是一个假定，人在自然状态下有的只是野蛮、不人道和情感，国家制度限制的是这些非理性的

因素而不是人的自由，同时人格自由的实现还需要知识和意志的努力。国家不仅是一个抽象的概念，而且是法律、道德、历史文化和自然环境的总体，这个总体的生命和本质是民族精神。从他这个观点我们可以合理推断出，他认为国家主要不是指它的自然环境、人口和经济生产，它们只是精神异化的产物，这是国家观上的唯心主义；另一方面，国家的本质在于国家精神或民族精神，这个民族精神主要是指国家合理的政治制度，追求自由和真理的精神，以及精神和现实、个人和国家的统一。所以爱国主义的情感不仅是爱国家的自然特质，更是爱国家在世界上享有盛誉的文明的政治制度，爱国家着力实现和维护个人自由的精神，爱国家形成的有机统一中的凝聚力，这是国家观上的理想主义。

我们要重点考察黑格尔的国家伦理，这是他的政治思想之集大成，他的法哲学最终的落脚点就在国家当中。但是黑格尔为什么不从现实具体的社会伦理生活问题开始他的法哲学研究，而要从抽象的意志、精神开始呢？他说，之所以“不从最高级的东西即具体真实的东西开始，是因为：我们所愿意见到的，恰恰就是采取结果形式的真实东西，因此本质上必须首先理解抽象概念本身”①，因而前面的抽象法、道德、家庭和市民社会都是国家的逻辑环节，只有国家才是最现实、最具体的，就伦理分析，从自由的逻辑必然性、实体性和本质性及伦理作为价值依据的角度，法哲学和伦理最后都指向国家。抽象法、道德内在于伦理，家庭、市民社会内在于国家，国家是伦理的单一性和整体。黑格尔的法哲学在某种意义上就是国家哲学。

黑格尔明确表示，他的法哲学是为国家服务的，他的法哲学的完整标题就是“法哲学原理或自然法和国家学纲要”。这里要明确几个问

① ［德］黑格尔：《法哲学原理》，范杨、张企泰译，商务印书馆1961年版，第40页。

题。其一，黑格尔所谓的国家并不是单纯的概念性存在，它还要现实化为国家的各种实存，他认为国家是人的伦理世界的最高形态，其实他心目中的国家是以当时王公贵族统治下的普鲁士国家为楷模的。马克思在《黑格尔法哲学批判》等文献中批驳了他将国家作为人格自由实现的最高阶段的看法。马克思认为国家在人类历史发展高级阶段的无阶级的社会中将被消灭，那时真正的自由将在理想社会中才能变成现实。另一方面，国家不是一种抽象人格，而是由无数个体的人构成的伦理共同体，在国家中存在着个人与国家间的价值冲突和个体人格自由的实现等内容。

其二，黑格尔明确表明他的法哲学理论并不是要构建立足于法和国家现实分析的经验科学，也不是要建立罔顾法和国家的本质和规律的空想的法哲学，而是要阐述一种普遍性和特殊性相结合而具体现实的，具有正当性和价值合理性的思辨法哲学或国家学。《法哲学原理》的目的也不是指导人们如何“建设”国家的实用科学，而是教人如何“认识”和理解作为伦理的国家。他要运用他的思辨哲学为当前的社会现实进行论证，证明“现实的就是合理的”。无论怎样解读，黑格尔都不会以一个进步的、崇尚自由民主的思想家的面目出现，《法哲学原理》中的阶级性、保守性是鲜明的。

其三，如同我们在全文的结论中所说的，《法哲学原理》有着现实的政治考虑，它是为黑格尔所处的普鲁士国家，为普鲁士国王服务的。《法哲学原理》是对“理性的东西”的理解，而理性的东西是理性与黑格尔时代的现实的结合。《法哲学原理》最终的落脚点只能是他的祖国——普鲁士王国和他的国王，最多以先进的资产阶级国家，如英国、法国的先进思想和制度等作为借鉴。

伦理是黑格尔法哲学的落脚点，反映了他一直以来对古希腊城邦伦理社会的向往，而其重建现代伦理的努力是以当时欧洲国家先进的政治理念和制度及德国的社会现实为基础，再以古希腊的伦理精神加以修补和附会而完成的。古希腊代表了当时德国哲学家所向往的统一和谐的伦理社会的理想版本，首先它是人与自然的和谐统一。古希腊的“神”不是高高在上的，而是和人有着千丝万缕的联系，神也和人类结婚生子，人类和“神”共同掌控着自然界。其次，在古希腊的伦理社会，人与人是自然统一的，城邦中人们实行直接的民主，在道德和法律上是平等的，在价值观和生活方式上是相同的。最后人与国家也是自然统一的，因为个人缺乏对自己的主体性的反思，人们融合成整体而和自然界相对待。西方近代社会以来，国家开始取代宗教成为社会秩序的整合力量，再加之黑格尔对古希腊城邦国家的推崇，在黑格尔的法哲学理论中，国家便成为既能承载时代精神，又能保证社会和谐统一的最后选择。

本质上，黑格尔的国家伦理也是人格自由发展的一个环节，他认为国家是自由的最高实现，是自由的理念，国家本身就是目的。“作为自由而合乎理性的那精神是自在地伦理性的，而真实的理念是现实的合理性，正是这个合理性才是作为国家而存在的。”① 为此他批判了自由主义的国家观，即认为国家是保护个人的生命、财产和自由的组织的观点。黑格尔赋予国家泛人格化的形式，在国家理论中有多处针对性的描述，他说：“意识和思维本质上是属于一个完善的国家的，因此，国家知道它所希求的是什么，并且知道它就是某种被思考的东西。”② 国家成为主体性的存在，具有人格化的形式，“其实，国家具有一个生动活泼

① ［德］黑格尔：《法哲学原理》，范杨、张企泰译，商务印书馆1961年版，第276页。
② ［德］黑格尔：《法哲学原理》，范杨、张企泰译，商务印书馆1961年版，第280页。

的灵魂，使一切振奋的这个灵魂就是主观性”[①]。在作为伦理最高发展阶段、最高的法的国家中，“在意志的最具体的客观性中，成了国家人格，成了国家的自我确信”[②]。国家是现实的，国家作为整体和目的是持久和巩固的，它包括特殊的个人和共同体的存在，但他们本身并不是目的，最后都要指向和归于国家。黑格尔的这些论述表明他是把国家问题与自由意志的发展问题联系在一起思考的。

黑格尔强调，国家的现实性在于国家的普遍利益通过特殊利益体现出来，个人或共同体的利益包含在国家中，并且只有在国家中才能得到“维持”。相对于作为实体的国家，个人只能是偶性，然而国家也只能通过作为偶性的个人才能从抽象变为现实。现实的国家都是普遍国家利益和个人的统一，无法形成这种统一的国家即使能作为“现存”的国家，也终将会灭亡。国家是客观精神发展到最高阶段的产物，国家高于个人，“因此，人们必须崇敬国家，把它看作地上的神物”[③]。同时他又给个人以应有的地位，认为离开个人的国家是抽象的，脱离国家的个人也是抽象的，两者要成为具体的现实，需要构成一个统一体。个人如果只是一味地肯定自己的偶然性，那么这个人就会在走向灭亡的同时毁灭国家。为了国家，个人的一切，包括生命财产、主观意见、日常生活都可以被牺牲，个人有义务面对危险。他确认，“由于为国家的个体性而牺牲是一切人的实体性的关系，从而也是一切人的普遍义务”[④]。

他意指国家的内政和外交达到均衡的状态，它才会成为爱国主义思想和感情的对象，它才会形成相对于个人、家庭、社会组织和市民社

---

① ［德］黑格尔：《法哲学原理》，范杨、张企泰译，商务印书馆 1961 年版，第 281 页。
② ［德］黑格尔：《法哲学原理》，范杨、张企泰译，商务印书馆 1961 年版，第 296 页。
③ ［德］黑格尔：《法哲学原理》，范杨、张企泰译，商务印书馆 1961 年版，第 285 页。
④ ［德］黑格尔：《法哲学原理》，范杨、张企泰译，商务印书馆 1961 年版，第 342 页。

会的“格位”的“国格”。国家组织内部的各种权力构成一个整体，彼此互相包含，对外构成一个单一体，从而与作为单一体的其他国家相对待，国家由此具有主权，拥有国格。他主张个人在国家的本质之外，但现实的国家总要通过具体的人、事和物体现出来，这里的问题是：谁代表国家或者谁能体现国家的人格？作为事实和逻辑，个人人格自然是由自己来代表，家庭人格由家长或户主代表，同业公会的人格由组织的首脑和领导代表，法人的人格体现自然在法人代表。这些人格代表无一例外地都掌握着权力，这也是作为人格代表的必要条件，所以作为国家的人格代表也应掌握国家的权力。黑格尔根据国家权力的掌握情况，认为代表国家的如果是一个人，即是君主制；代表国家的是一些人，即是贵族制；代表国家的是多数人或一切人，那就是民主制。他推崇的是君主立宪制，因而也反对封建君主专制，认为这种国家建立在特权人格的基础上，将个人的偏好变为国家的原则。贵族制和民主制则会出现滥用代表资格和权力而谋取私利的情况，“国家成为每一个人的战利品，而它的力量也只在于少数公民的权力和一切人的恣情放荡”①。马克思对此批判说，黑格尔的国家人格最后体现在最特殊的个人——君主身上，因而仍然是最贫乏的抽象，只有现实的人们才是国家的实质和国家人格的真正代表。

“但是，作为无限的自我相关者的人格和主观性，只有作为人，作为自为地存在的主体，才更加无条件地具有真理性（即自己最切近的直接的真理性），而自为的存在也正好就是单一体。国家人格只有作为一个人，作为君主才是现实的。”② 人格只有作为人存在才具有人的无限

① ［德］黑格尔：《法哲学原理》，范杨、张企泰译，商务印书馆 1961 年版，第 289 页。
② ［德］黑格尔：《法哲学原理》，范杨、张企泰译，商务印书馆 1961 年版，第 296 页。

性，才能通过自我否定不断实现人格的完善。而这种个人人格在国家中就是其三个有机环节中的单一体的方面，即君主个人。国家人格由君主代表和体现，才会达到人格的真理性存在，同时也会使国家人格从抽象变为现实。国家是一个整体，它可以使构成自己的各个环节都达到真理性的现实存在。他认为，社会团体、自治团体和家庭的人格都是抽象的，在自由意志发展的伦理阶段上，相对于国家，它们都是从属的环节。

为了论证君权、君主代表国家人格的正当性，黑格尔甚至搬出了“君权神授”的谬论，认为正是这个理论赋予了君主权威的绝对基础。人民具有主权，但当他们失去了国王和最高政府，他们也失去了主权。在主权属于人民还是君主的问题上，他试图调和两种对立的观点。“如果没有自己的君主，没有那种正是同君主必然而直接地联系着的整体的划分，人民就是一群无定形的东西。”① 这实际上仍然是认为君主赋予人民以具体规定，相比人民更为重要。为进一步证明君主权威的正当性，他还从君主产生和君主权力的运用两个方面进行了论证。首先，在前现代社会，国家“首领”的产生是偶然的，是政治家和将军借助特殊情势和需要获得了首领的地位，而且国家内部并未进行权力的划分和确定归属，也即是尚未形成权力制度，首领获得的权力缺乏巩固的基础。其次，君主运用国家权力进行国家事务决断，相较于前现代社会决定国家大事的迷信做法，如利用占卜的方式，从动物的行为和内脏获知做出决定的启示，是历史的进步。君主自主决定国家大事，而不是求助于自然界，这本身就是自我意识发展和自由的体现，是人类从自然界解放出来，自主决定人类事务的体现。君主通过自我确信决断国家事务，达到

---

① ［德］黑格尔：《法哲学原理》，范杨、张企泰译，商务印书馆 1961 年版，第 298 页。

了主观性的顶峰，摆脱一切特殊性的制约，是自由意志的实现。但我们知道，这里所谓的自由只能是君主一人的自由，而且这种自由是以广大人民的不自由为代价的。

黑格尔法哲学理论中的作为自由意志发展最高阶段的国家，实质上是对君主立宪国家的抽象，君主也是指君主立宪国家中的君主。为此，他不能将君主的权力发展到极致，同时也要避免与时代精神发生矛盾，因此他对君主的权力进行了限制。他认为君主代表了国家的人格，但他并不可以为所欲为，他是要受到国家的政治体制束缚的。当国家制度运行良好的时候，君主所能做的唯一的事情就是签署文件。为了避免走向另一极端，他马上又赋予签署文件以重要性，认为它是不可逾越的，是国家大事的最后决断。在《法哲学原理》中，这种对平衡的寻求是无处不在的。

关于君主世袭的正当性论证逻辑如下：君主是具体的个人，但是在他身上却包含着从国家其他一切内容抽象出来的规定性，包括作为个体的人的自然属性，因而君主的产生是由于肉体的出生。这和经院哲学对上帝存在的本体论证明如出一辙。洛苏尔多认为黑格尔为了躲避书报检查，迎合各方势力而妥协，从而对自己的理论进行修改而隐藏自己的真实思想，这里可以算作又一个例证。一般的看法认为，君主作为一国之主和国家人格的体现，应该具有超过常人的教养和品质，从而使他掌握国家大权具有正当性、合理性。黑格尔认为这种观点是荒谬的，因为在一个组织良好的国家内，君主的品质是无关紧要的，他的作用主要体现在为国家事务上做“形式上”的决定，阻止民众颠覆和对抗国家的非理性的激情。其实在一个“好”的国家制度内，一个庸才也可以做一个好君主。如果一个国家的君主专断而任性，那是因为这个国家的制度不够完善。“在一个有良好组织的君主制国家中，惟有法律才是客观的方面，而君主只是把主观的东西‘我要这样’加到法律上去。”[①] 这里一方面说即使是君主也要服从法律，另一方面又说君主是立法者。

黑格尔设定君主无限而“伟大”的人格存在有两个基础。一是君主的主观自由意志，它自己就是自己的根据。二是君主的自然出生，这同样不需要根据。君主的主观意志和自然出生都是直接性的，不需要任何中介即可存在，从而可以避免特殊性的任性、目的和观点。殊不知，以自然出生获得君主的资格，君主个人的意志作为国家的基础，这些本来就是特殊的、任意的，黑格尔的论证并不成立。他认为，国家最高咨议机构将特殊内容、目的上升为法律的普遍性形式，然后呈请君主裁决。君主可以任免最高咨议的人员，因为君主拥有特权，这些人员为它们呈请的事项负责，君主虽然做出最后决断，但并不为此负责。在权利义务的统一中，君主是个例外，他只享有权利，而不承担义务和责任，所以君主的人格是特权人格。君主虽然也要服从法律，但法律终究是他最后决定的，所以君主最终也是自己服从自己。

那么如何保证君主正确而理性地决断国家事务呢？最后的保障只能是君主的良心，这样就把国家和个人的命运系于君主一人。君主一个人的心智可以顶上亿万人，民众所能做的就是服从和仰望君主的尊严。国家是伦理的最高阶段，而君主则是国家的顶峰。黑格尔认为君主是保证公共自由和理性的国家制度的力量，但是历史上鲜有这样的开明君主，暴君和昏君倒是常见。把国家和个人的命运系于君主一人是非理性的、独断的。

黑格尔将行政权看作合法的权力并在有序状态下由人来行使，但他认为行使行政权的资格与国家公务人员的自然人格和出生没有关系，

---

① ［德］黑格尔：《法哲学原理》，范杨、张企泰译，商务印书馆 1961 年版，第 302 页。

而是由他们的品质和才能决定。一方面，国家公务人员只有具有相应的能力和品质，才能理性地行使国家职能和权力，才可使国家成为自由理念的最高实现。另一方面，以才能和品质作为选拔人才的标准，也赋予了普通人进入普遍等级的机会。等级的成员不是固化而是流动的，有助于实现社会平等。黑格尔在这里实际上采用了双重标准。君主仅靠出生即可确定，而国家公务人员需要在才能和品质上胜人一筹，才能进入行政权力序列。因此，现代社会“法律面前人人平等”和“同样的事要予以同样的对待”的法律原则，在黑格尔这里并没有得到贯彻。以我们的视角而言，黑格尔所阐述的现代国家、现代市民社会和现代人实质只是近代国家、近代市民社会和近代人。

黑格尔论述说，国家公务人员要恪尽职守，在履行职务时不能带有个人的主观目的，作为个人，他们做出了牺牲，所以国家应予以补偿，给予他们以个人利益和满足他们的个人需求。职责和个人利益需求的统一是国家稳定存在的基础，但国家公务人员和国家并不是契约关系，因为契约是任意的，以交换为目的且可以解除。国家公务则具有客观的价值，它是公务员的职责，不能不履行，更不能违反。一般观点以为公务员代表政府，进而代表国家，但政府并不等于国家，政府的人格并不就是国家的人格。公务员执行公务时实质有两个对象：国家和被管理者，所以当他们滥用职权时，实际上侵犯了上述两个人格。如何使国家和被管理者免受行政机关和官吏滥用职权的危害呢？黑格尔认为一方面要依靠等级制和责任心。官僚体制繁冗而效率低下，但会实现上级对下级的管理和监督，可以在一定程度上避免职权滥用。责任心则是公务员的自我监督，由于其主观性而并不可靠。另一方面，他强调加强同业公会和自治团体的作用，它们作为被管理者可以形成社会舆论，实现对行政机关及官吏的自下而上的监督，而且这种监督还能顾及到行政权力执行中的细节内容。国家公务人员是法律执行和政府施政的终端，他们虽然不等于国家和法律，但是在具体事务上却代表着国家和法律，所以他们的业务素质、教养和态度关系到“公民的满意和对政府的信任以及政府计划的实施或削弱破坏”①。

在国家事务的决定上，黑格尔主张要通过程序和形式上的多数决定的原则来实现。但是他认为作为人口多数的人民并不知道什么对自己是最有利的，尽管人民人数众多，但它也仅仅是国家成员的一部分，需要国家的其他成员替人民做出决定。人民只是一个抽象被动的不完全的人格，无法自主决定自己的事物。“所以人民就是不知道自己需要什么的那一部分人。知道别人需要什么，尤其是知道自在自为的意志即理性需要什么，则是深刻的认识和判断的结果，这恰巧不是人民的事情。”②国家官吏最清楚各等级的需要和福利，而且具有相应的能力。各等级的作用就是通过补充国家官吏的见解并和他们一起保障公共福利和合乎理性的自由。

黑格尔更进一步，直接否定了人民的人格。“作为单个人的多数人（人们往往喜欢称之为‘人民’）的确是一种总体，但只是一种群体，只是一群无定形的东西。因此，他们的行动完全是自发的、无理性的、野蛮的、恐怖的。”③他认为人民是无机的群体，没有组织，只是一个笼统的概念。真正具有人格的东西，比如个人、社团、国家等，它们都是有机的整体，它们内部的各环节之间相互包含、相互依存、相互制约，并非原子式的机械的集合，而是具有类人的有机生命特性，因而可以具有人格。现代政治理论一般认为，国家中的每一个人都有权参与国家事

① ［德］黑格尔：《法哲学原理》，范杨、张企泰译，商务印书馆 1961 年版，第 313 页。
② ［德］黑格尔：《法哲学原理》，范杨、张企泰译，商务印书馆 1961 年版，第 319 页。
③ ［德］黑格尔：《法哲学原理》，范杨、张企泰译，商务印书馆 1961 年版，第 323 页。

务，都有权单独通过自己的知识和意志去影响国家事务。黑格尔认为这正是他反对的一大群原子式个人构成的无机的民主形式，这种形式不能使国家成为有机整体。每个人都直接地参与国家事务是一种抽象的观点，它和国家的具体现实即国家的理念是两回事。另外，并不是每个人都熟悉国家事务，个人参与政治的实质只是通过公共舆论以主观意见的形式引起他人的重视而已。

国家的政治实践是理性的，个人不可能都有管理国家的机会，个人只有通过他所在的共同体才能够有效地参与政治。“具体的国家是分为各种特殊集团的整体；国家的成员是这种等级的成员；他只有具备这种客观规定才能在国家中受到重视。”① 因而个人具有双重人格，一个是在所属社会团体中的人格，另一个是在国家中的人格。个人具有思维能力，他具有对国家和普遍自由的意识和意志，但仅有这些意识和意志个人还只是抽象的，个人只有同时具有了自己的特殊规定，他才是真实具体的人。

黑格尔认为，人民群众是实体性的，国家政府不能欺骗他们，但是他们却在自己形成的公共舆论中自我欺骗。公共舆论尽管混杂着真理和谬误，但它是现代社会精神自由重要的表达方式。个人表达了他的主观意见，他的精神自由就得到了满足，所以他就会对现存的事物尽量容忍。主观意见的表达使不同意见有了发泄的出口，使社会的矛盾纷争得到缓解。公共舆论的形成也是个人言论自由实现的过程。个人在发表主观意见时可能会“损害个人名誉，诽谤、诟骂、侮辱政府及其首长和官吏，特别是君主本人”②。这些言行都是过错，甚至构成犯罪，因为它们

① ［德］黑格尔：《法哲学原理》，范杨、张企泰译，商务印书馆 1961 年版，第 326 页。
② ［德］黑格尔：《法哲学原理》，范杨、张企泰译，商务印书馆 1961 年版，第 336 页。

构成对特定个人精神性的侵犯。但这种不当的言论自由是不足为患的。首先由于其自身缺乏客观理性和实体性，本身即遭到别人的藐视。其次，法律还会给予其否定性的评价。最后，这种不当的言论有时也作为弱势群体人格价值自我维护的表现，能够获得他人和社会的容忍。当个人面对比自己更优越的才能和德行，往往不得不以言行对比自己优越者进行贬低，以求自己的人格价值得到肯定，使自己的人格价值在面对比自己更理想优越的人格时不至于陷于虚无。所以有时不当的言论自由是弱者人格自我维护的体现，强者应给予应有的宽容。

国家是客观的存在，包括国家制度、国家组织和设施、民族精神、爱国情感、国家中的社会团体和人等要素，个人和群体只是国家诸多要素之一种。我们以为，“朕即国家”的论断是蛮横而独断的，“我们即国家”的假设是虚伪而狡诈的，“多数人或一切人即国家”的观念是抽象而无力的。在黑格尔的时代，国家的人格经常被借用、盗用而行少数人之权谋，远不是黑格尔所谓的自由理念的实现或普遍利益和特殊利益的统一。他还将国家和个人分置于不同的合法性领域，主张政治的合法性不同于道德的合法性，不能以道德的观点指认政治的不法性。那么从私法和道德的角度，“窃钩者诛”是正当性；从政治的独立价值体系的角度，“窃国者侯”也是完全正当的，这完全是剥削阶级的立场而站在民众的对立面。他把国家的人格当作一个独立的人格形式，认为它可以脱离道德而分立。他在道德中已经将普遍意志和国家利益从道德的领域中分离出来，指出道德仅关乎个人行为、个人福利间的关系及内心确认的主观自由形式，国家利益是伦理的内容，可以超越个人私德。

黑格尔极力把国家的本质神秘化，否认普通群众的自由意志对国家有任何意义。黑格尔、马克思和古典自由主义在自由观上的争议焦点在于国家与社会、个人的关系上，马克思用理想的人类社会，通过国家作为中介代替市民社会的方式实现一切人的自由，古典自由主义在表面上是将国家当作了个人自由实现的“敌人”，黑格尔则将国家看作普遍的人格自由实现的最高形式和承载体，因此他的自由观最为保守。黑格尔一方面接受了自然法中的自由权利理论，另一方面完全拒斥国家观上的社会契约论，认为国家制度不存在由谁制定的问题。国家具有永恒的人格，所谓的“制定”仅是指对国家制度的“变更”而言。国家制度是由民族精神历史积淀而成的，国家具有永恒的人格。国家是地上的神物，是永世罔替的东西。国家制度不仅不是由“人”制定的，特别是和人民群众毫无关系。“因为它假定着不存在任何国家制度，而只存在集合一起的原子式的群氓。群氓怎么能通过自身或别人，通过善、思想或权力而达到一种国家制度，那只得听其自便了，因为概念与群氓是风马牛不相及的。”① 国家是客观自由精神发展的最高阶段，国家以直接而现实的个人（君主）来体现，除去君主，普通个人的权利和利益是暂时的。他用细胞和生命的关系隐喻了个人和国家的关系：所有的细胞只有一个生命，生命消亡，细胞也不复存在。

二、权利义务统一的人格自由发展规律

尽管黑格尔的国家观充满了对人格自由的背反，但是他关于人格权利与人格的道德义务相统一的思想也有其可取之处。他将法律和权力当作伦理的核心要素和义务。他意指的真正义务只能是伦理意义上的，而且是必然性的，确立义务的依据是自由理念本身，义务是在伦理中履行的，尤其是在最高的伦理共同体——国家中实现的。在这种客观的义务中，义务不仅不是一种约束、限制，反而是个人的解放。只有片面性

① ［德］黑格尔：《法哲学原理》，范杨、张企泰译，商务印书馆 1961 年版，第 290 页。

的道德意志和自然冲动才会把义务看作是对自己的限制。传统伦理学或道德哲学的核心命题是义务，主要表现为普遍性的社会规范及其人们内在的心理认同和外在的遵守行为，包括黑格尔也将义务设置为权利义务关系中的主导地位，但是黑格尔伦理学的独创性、进步性及对现代社会的意义在于，他也将人格自由权利作为伦理学的本质内容。

他推论出的法、道德及伦理不是对人的自由的束缚，对人的管制，而是实现自由的必要形式，服从履行义务就是获得自由权利，从而将社会规范统一在人的自由实现的目的中。他将权利义务的结合或统一区分为不同层次，低层级的是权利义务内容抽象的同一，它存在的领域是人身自由和基本权利方面，面对的是具有人格的所有人。高层级的则是权利义务之间的互补性关系，一方的权利相对于另一方则是义务，反之亦然。涂尔干认为个人在社会中形成稳定的社会关系及秩序有两个基础，一个是它们之间的相似性，另一个是它们之间的差别。基于个人之间相似性形成的社会是机械性的，而基于个人之间的差别形成的社会则是有机的，权利义务互补性的结合使国家更稳定，个人自由和权利实现的程度更高。辩证的方法决定了黑格尔将权利义务看作是互补的体系。

黑格尔提出了许多关于公民权利与义务相关联的思想，这还是有合理意义的。他确定在国家中个人权利和普遍利益是统一的。“现代国家的本质在于，普遍物是同特殊性的完全自由和私人福利相结合的……特殊性的权利必须予以保持……但是另一方面主观性也必须得到充分而活泼的发展。”①个人在国家那里尽了多少义务，同时也借由国家享有多少权利。初看起来他是把权利义务设置为对等的关系，但实质上个人享受权利和履行义务是不平衡的。义务是个人把国家当作实体、整体和普

① ［德］黑格尔：《法哲学原理》，范杨、张企泰译，商务印书馆1961年版，第261页。

遍，权利则是国家本质的外在表现，整体大于部分，实体高于个人，普遍优于特殊，因而义务是先在的，权利则是特殊偶然的。在国家中个人权利得到发展和承认，甚至可以达到人格完善的最大化，但个人仍然要服从国家法、国家制度。

在权利义务的统一体中，义务并不排斥权利的实现，相反权利和义务一样都是本质性的东西，权利实现甚至是必然性的。履行义务初看起来是个人受到制约，但另一方面个人履行义务使他“作为公民，其人身和财产得到了保护，他的特殊福利得到了照顾，他的实体性的本质得到了满足，他并且找到了成为这一整体的成员的意识和自尊感；就在这样地完成义务以作为对国家的效劳和职务时，他保持了他的生命和生活”[①]。这里义务对于人格的重要性得到了集中的表达，个人履行义务和承担责任对自己而言是有自尊的，对他人而言是受到他们尊敬的。个人获得权利的前提是他向国家、社会和他人承担相应的义务。“康德认为，人格是一个有理性的存在物，并且是有权利的；如果他也有义务，他就是一个人；如果没有，他就是上帝。”[②]是否承担或是否能够承担义务成为了决定和影响人格的“大事”，承担义务换来了人格存在的物质条件：财产、福利和人身安全。

权利和义务的统一只是在国家中普遍性与特殊性统一的一个侧面，国家也为主观自由的发展留有了空间，在现代社会由于个人自我意识的觉醒，个人“要求自己的观点，自己的意志和良心”[③]。黑格尔特别评论了亚洲君主专制国家对个人主观意识和精神生活的压制，在这些国家中的个人实际上没有自主的内心生活和自主的个人意志，因为它们完全融

---

① ［德］黑格尔：《法哲学原理》，范杨、张企泰译，商务印书馆 1961 年版，第 263 页。

② 曲炜：《人格之谜》，中国人民大学出版社 1991 年版，第 17 页。

③ ［德］黑格尔：《法哲学原理》，范杨、张企泰译，商务印书馆 1961 年版，第 263 页。

化在国家意志当中，但是“在现代国家中人要求他的内心生活受到尊敬”[①]。我们知道，主观意志是个人独立的领域，国家权力无法和不能干涉，或者只能通过对人的身体和生活的强制间接地施加影响，因而意志自由是个人自由的最后防线，假如一个国家里面的个人无法自主地决定自己的精神生活，那么这个国家中的个人的生活境遇不会是太好的。

国家要求个人履行的义务同时就是国家给予并保障实现的个人权利，权利和义务完全渗透在一起，黑格尔由此得出结论：国家就是将自由的概念付诸实现的组织。但这种看法只是表达了国家的抽象本质，至于国家的阶级压迫、阶级统治的本质，由于时代和阶级的限制，他并没有认识到。他设想的国家是个人幸福和个人自由实现的唯一条件，个人在国家中，一方面是满足自己的特殊需要，实现自己特殊个性的个别的人，国家以各种制度保障他实现自己特殊的自由和权利；另一方面个人又是以普遍自由、福利为追求目的的社会的人，他以同业公会为平台选择某种职业，从事某种活动，成为国家和社会的一个成员。他描述的国家制度如此重要，以至于它作为和个人密切相关的普遍性的存在，个人几乎忽视了它的存在，或者说国家制度已经内化为人的“第二本性”。

从整体上考察黑格尔的法哲学理论，我们会发现他始终在寻找一个对立面之间的平衡点。他主张构成国家基础的是国家制度，合理的国家制度是“个人对国家的信任和忠诚的基础；他们是公共自由的支柱”[②]。另一方面国家必须保证个人权利和目的的实现，否则国家就是“空中楼阁”。“国家的目的在谋公民的幸福。这当然是真确的。”[③]合理的国家会使个人产生对它的信任，即爱国心。个人相信自己的自由和权

① ［德］黑格尔：《法哲学原理》，范杨、张企泰译，商务印书馆 1961 年版，第 263 页。
② ［德］黑格尔：《法哲学原理》，范杨、张企泰译，商务印书馆 1961 年版，第 265 页。
③ ［德］黑格尔：《法哲学原理》，范杨、张企泰译，商务印书馆 1961 年版，第 266 页。

利的实现系于国家，国家不再是异己的东西，个人如果能够意识到这一点，他就自由了。

黑格尔认为宗教存在着对人格的贬低。在《法哲学原理》中，他指出："同时，也不应忘记宗教可能采取一种形式，使人们受到迷信桎梏的最残酷的束缚，使人类堕落到低于动物（例如埃及人和印度人就把动物看作比人类高一等的生物来崇敬的）。"① 宗教救赎的目的从来都不是人本身，救赎的过程中人是工具化、手段性的存在，在某种意义上人的生存状态不如动物。国家应要求所有公民都加入教会，即使人的内心是国家不能干预的。国家对教会和教徒要宽容，即使他们不承担对国家的义务。"这是因为国家已把这些教会成员交给市民社会使受其规律的约束，国家自己满足于他们用消极的办法（好比用交换或代替的办法）来完成对它的直接义务。"② 黑格尔对教徒的宽容显著地表现在他对犹太人的同情上。因为犹太人不仅属于一个宗教教派，而且严格说来他们还构成了一个民族。他据此认为，犹太人首先是"人"，然后才是犹太人。

黑格尔特别强调人格的社会性、国家性，人格权利与义务的统一及国家的人格性等内容，具有合理和进步的意义。但是他的国家理论仍然是其神秘主义逻辑学的证明。他指认的国家不是"事物本身的逻辑，而是逻辑本身的事物，不是用逻辑论证国家，而是用国家来论证逻辑"③。因而在关于国家及其与个人的关系的理论中，存在着内容和形式的颠倒，即国家的机体和制度等现实具体的内容反而是自由意志概念实现自身的形式，而自由意志的概念则成为了内容，国家的本质不是其具体内容发展而形成的"自己的本性"，而是来自神秘主义逻辑学的概念

① ［德］黑格尔：《法哲学原理》，范杨、张企泰译，商务印书馆 1961 年版，第 270 页。

② ［德］黑格尔：《法哲学原理》，范杨、张企泰译，商务印书馆 1961 年版，第 272 页。

③ 《马克思恩格斯全集》第 1 卷，人民出版社 1956 年版，第 263 页。

规定。马克思批判黑格尔说，他将经验的事实冒充为哲学上的发现，冒充为逻辑概念自身发展的结果，本质完全是唯心主义的。

青年黑格尔与老年黑格尔在对待社会共同体的重要形式——国家的问题上，态度是有变化的。在《德意志唯心主义的最早体系纲领》一文中，青年黑格尔对专制国家进行了坚决的批判，他主张要消灭国家，因为在他看来，国家视自由人为齿轮机器，所以应该消亡。老年黑格尔的思想趋于保守和现实，在《法哲学原理》中他不但要求保留国家，而且把国家当作自由意志和普遍理性的最高实现。人并非如黑格尔认为的生来就是国家的成员，他实际上混淆了社会和国家的概念。社会契约论确认的是国家的普遍性，而黑格尔认为国家是一种必然性。他的伦理学说在涉及国家和君主的部分之前逻辑上是自洽的，之后便出现了许多自相矛盾的观点，作为具有强烈现实主义特质的哲学家，他有着主动与社会现实和国家政权相"调和"的要求。

《法哲学原理》中的"伦理"理论占去了全书近三分之二的篇幅。黑格尔在这里对他当时的社会各领域生活的基本结构和要素进行了深入考察，试图发现其中的本质和规律。他把人格自由意志的三段式发展变换看作是这些伦理秩序的本质和动力。在家庭的伦理环节，他找到了"爱"的情感，这是自由意志在家庭伦理中的特定形式，他将其作为家庭和婚姻的本质，这个思想常为人所称道，但从唯物史观的家庭观来看，还是不科学的。在市民社会的伦理环节，黑格尔认为人格自由意志的发展外化和现实化为理性达成的对等交换的精神，以及风俗文化传统的力量，这些才是社会经济、文化组织和活动的本质和动力，并且他把社会经济生活的基本要素、生产劳动和财富分配等问题看成是被精神的力量所支配。这些思想有其可取之处，但也没有达到科学的社会历史观的高度。在国家伦理的环节，他把以当时的普鲁士国家为原型的国家制度当作人格自由获得实现的最高形式，这就完全没有合理性可言了。而且他把国家当作地上行进着的神物，把国王当作绝对人格的世俗代表，要求人民盲目地服从贵族制度和国家法律，这些理论都把他考察法哲学最初所倡导的理性和自由精神丢掉了。

伦理及其法律、制度是人格存在和发展的母体和平台，它扬弃了法律的抽象一般性和道德的主观内在性，并具有现实的力量而可以确定人格的现实形态。个体人格的完善与伦理实体始终处于一种紧张关系之中，个人和伦理实体需要自我平衡及对对方的外在约束。家庭是直接性的、介于人的自然本能和社会之间的伦理实体，黑格尔阐述的主要是现代社会意义上的家庭伦理观，如婚姻是伦理之爱、一夫一妻制等，也有限于时代阶级立场的观点，如有限的婚姻自由、家庭的整体人格、家庭成员无独立人格等，总体说来是当时欧洲和德国社会生活现实的反映。

个体主体性和交互主体性是市民社会的基本原则，个人对自我主体性的自我意识形成独立人格，并在个人主体交互关系中满足个人需要、实现自由权利。黑格尔论述的市民社会实质是建立在国家基础上的、具有相对独立性的商品经济社会。市民社会的规则是需要的满足和形式平等，个人体现为“经济人”和“理智人”的存在样式。市民社会的重要意义在于它催生了现代社会的平等原则和现代人的平等人格，强化了契约精神，阐述了普遍的行为规范及个体对社会的依赖。个人要实现人格自由必须具备社会成员的基本能力，要有基本的社会教养。黑格尔站在资产阶级的立场上重申了资本主义社会生活及生产的重要原则，确证了现代社会法律面前人人平等的理念。商品经济的强大力量不仅使契约及利益成为社会的主要原则，而且使市民社会以外的伦理关系出现了泛契约化和唯利益化的趋势，使契约关系成为个体人格相互对待的稳定方式，黑格尔以当时德国存在的政治架构、原则和道德意识，批判了这一历史趋势。另一方面，他又不得不承认契约关系中的等价交换和个人主体地位是现代人格平等的重要的伦理关系基础。

他把最高的伦理共同体——国家（是封建贵族统治的普鲁士国家）当作自由的最高实现，是地上行走的神，个人服从国家是最高的义务，同时也认为个人自由只有在国家中才能得到实现。他认为健全具体的人格必然是权利和义务的统一体。不管出于何种原因，他关于国家、政体和君主的论断主要是保守性的，这和他哲学中的辩证精神是矛盾的。这些观点中也包含着一些有价值和合理的思想。他确认一个人首先是“人”，有了普遍性的人性和具体特殊性的人格，然后才是某个民族和国家的人。国家凭借其具有的强大力量和制度能够确证人类自由和正义精神的客观存在，能够使人格自由权利从抽象主观变为具体现实。“黑格尔的现代国家体现了现代政治文明的价值精神，社会正义精神和个人自由权利的统一的要求，但由于其阶级和历史局限而特别强调了国家的普遍和统一的方面而带有极权主义的倾向。”① 另一方面，黑格尔也强调了通过公共权力确立基本价值观念，形成公共理性，从而使个人的自由权利与普遍的理性法则真正统一。

① 高兆明：《黑格尔〈法哲学原理〉导读》，商务印书馆2010年版，第10页。

第五章　黑格尔法哲学人格论的整体评价

通过以上的文本梳理和分析，我们首先看到，黑格尔的法哲学理论研究的直接对象是社会生活各领域的本质、规范、结构和历史发展，并在这个复合的对象中阐释人格自由意志从抽象到具体、从任性到理性、从主观到客观的辩证发展运动的完整过程。由于黑格尔把自由意志设定为法哲学理论构建和逻辑演绎的原点，并且他明确讲只有人才有意志和思维，自由意志的概念即客观精神与人的自由意志是同一的，所以这个原点实际上是人的自由意志。他在法哲学中讲的人不是一般意义上的人、自然人，而是具有社会权利和责任义务的伦理人格意义上的人，正因为如此，他的法哲学理论也可被看作是人格自由意志的辩证运动发展史。

黑格尔的逻辑学辩证法也是他的人学辩证法。他用以推论社会生活各领域的结构本质和发展规律的逻辑方法，也是他揭示人格本质和发展规律的方法论原则，而这个方法论就是他的逻辑学所确立的主体自我运动的辩证法和正题、反题、合题式的三段论。我们在前面章节已经梳理出的这个方法论原则的框架下，来论证黑格尔如何充实、丰富和现实地揭示出人格自由发展的特定境界，来分析他如何描述伦理品格的本质——理性和自由，是怎样在肯定、否定、否定之否定的运动过程中发展完善的。虽然最后他的国家伦理思想实质是否定了人格自由的价值和意义，但是在此前的“抽象法”、“道德”、“伦理”中的家庭、市民社会等理论环节中，人格自由的辩证发展的内容还是得到了充分的展示。黑格尔法哲学人格自由实现的辩证法，是黑格尔法哲学人格论所蕴含的重要价值之一。

辩证法即是辩证逻辑，是黑格尔构建哲学体系的方法，也是我们理解法哲学理论的方法，当然也是我们理解法哲学当中蕴含的人格自由思想的方法。黑格尔法哲学理论正反合的三分结构向我们展示了几种人格形态互相扬弃、依次递进的辩证发展历程：从抽象法中的抽象人格、具体现实的契约社会中的财产权人格，经过主观道德意识的人格发展至客观、具体、现实的“伦理人格”，最后绝对精神借助国家回归自身而成就自己的绝对人格。这种人格形态的发展体现出的是单向度的线性过程和精神逻辑，根源是黑格尔客观唯心主义的哲学立场，我们运用历史唯物主义的基本原理对其进行批判性的考察，才能发现人格形态的表象背后还存在着主客体的绝对同一、伦理精神、人格自由发展的辩证法和历史哲学的基础。

从以上视角出发来理解和评价黑格尔法哲学中包含的人格理论的价值、意义，理解其具有的积极和消极的两方面的影响。总体说来，可以概括为以下几点评价。第一，黑格尔从对人本身、人性、人格的本质规定的考察出发，去探索各种哲学问题的方法论基础，这具有一种人道主义哲学历史观和价值观的元素。第二，黑格尔在《精神现象学》中用理性规定人的心理本质，在《法哲学原理》中用自由规定人的伦理本质。而且他主张，人格的自由和理性本质在现实中只有与主观的道德、客观的伦理和国家的各种规范相统一，才能成为获得了定在和具体自由的现实的人，这是合理的。但是在法哲学理论的最后，他的国家伦理思想退回到神秘主义和为王公贵族制度做辩护，这就背叛了人格自由论的初衷。第三，他的法哲学体现了他对人性、人格的自由本质怎样关联着社会生活各领域的存在发展，以及怎样关联了人类历史进程的考察，这是可贵的。第四，黑格尔在神秘主义的逻辑学及应用——法哲学中，把世俗和现实的人变成了绝对人格、绝对精神无所不能的“逻辑”的低级环节和工具，这个“绝对人格”是一个异化了的人——神的代名词。他还把国王、贵族、英雄的人格神秘化，这仍然是宗教神秘主义的观念。第五，他用私有财产权等服务于封建贵族的制度和道德伦理规范的理性来限定人格自由，这使他的法哲学和人格论具有鲜明的历史观和价值观的保守性。第六，黑格尔对人性、人格的理解蕴藏着积极和消极两方面的自相矛盾。我们的这几点评价在梳理分析黑格尔理论文本的工作中已经表达，但在我们的结论中需要做进一步的展开和论证。

第一节　黑格尔法哲学对人格自由的定位

黑格尔在法哲学思考中，把自由、人的意志自由确定为有理性的、有社会责任和义务的伦理人格的本质规定，并且确认意志自由为研究一切主观道德和客观伦理问题的逻辑起点。他从人格自由出发去考察人类社会生活和世界历史，这个理论前提的制定有着人道主义社会历史观的倾向。在黑格尔所处的时代，历史科学和历史哲学没有充分地发育，宗教神学的创世论历史观，以及把人和社会生活庸俗化为动物社会的自然主义社会历史观广泛流行，而自然法、契约论的社会历史观可以算作是最有人性和人道主义倾向的了，但是以卢梭、洛克、休谟等人为代表的这种人道义社会历史观只是看到理性的重要作用，并没有充分认识到自由意志才是人的更为深刻的本质品格。所以黑格尔的法哲学所展现的以人格自由为依据的人道主义社会历史观有着很强的进步意义，虽然这样的社会历史观距离我们的科学的唯物史观还很远。他的历史思想在他的学生根据他的讲课手稿写成的《历史哲学》中得到更丰富的展示，恩格斯读此书时曾经被深刻打动。对黑格尔法哲学在这些方面的价值和意义的揭示，有许多学者的成果略有提及，但是本书尝试深入展开和高度概括地表达这个问题。

一、神秘主义逻辑学外衣下包容着人道主义的人格自由论

黑格尔的哲学是近代主体理性哲学发展的顶峰，在他以概念的普遍性建立的哲学体系当中包含的是自我学或人学，描述的是从个体自我到普遍自我，最后发展至绝对自我的人的理性成熟直至绝对化的过程。就《法哲学原理》而言，他接受和描述了现代社会意义上的法律精神和法治意识，他要求将超越性的道德精神设置为社会发展的动力，并用其保证社会伦理规范的否定性发展，他用现实具体的伦理规范扬弃道德的不确定性和各种善的伪装，最后将社会发展的规律和真理、社会正义原则落实在社会伦理规范中。而社会伦理规范以人的自由意志为出发点，以自由意志否定性、辩证性的实现过程作为证明的方法和过程，以动态发展的人格自由为实体和本质，最终在国家伦理中达到社会伦理规范的真理和人格自由的真正实现。

黑格尔哲学体系的基本原则是人学辩证法或自由辩证法，在其"严肃的、冰冷的"概念的普遍性理论当中，隐含着人类对自我生存依据、法则和意义价值的反思。他将人类的本性、对自由的渴望和追求当作伦理的本质，在他设想的作为绝对真理、绝对本体的逻辑学基础上，他还不忘尊重个体人格的自由和尊严，这在将近两个世纪后的今天仍然

是具有重要意义和价值的。如果说启蒙思想或现代性的两大原则是追求真理和人类解放，那么黑格尔在概念辩证法的思辨话语中充满了对人类精神活动和生存规律的阐释，在对人类自由精神的提倡，对现代社会的系统描述及对人格自由实现的节律性的分析中，无不暗含了启蒙思想和人道主义的原则。

首先他认为人格既是普遍性的，又是具体现实的。虽然在“绝对人格”外壳统摄下的人格首先是普遍的精神性的人格，但是他实际上也确认了以普遍的精神人格为本质的现实具体的个体人格。人格首先是普遍性的，又是个体性的，人格的自由和精神本质与个体的人是结合在一起的，这是“人”和“人格”的联系；人格的形式特征是普遍的，因而“人格”与活生生的“人”是有区别的。具体的人格自由在与具体事物的关系中体现出来，并且存在着诸多限制，只有在这种实在性中抽离出来的“抽象人格”才是无限的、纯粹自由的，但抽象人格仅是一种理性抽象，而不是实在的人格形态，抽象人格要立基于人格的定在（有限）上，才有存在的价值和意义。具体人格在有限中包含着无限，在规定中包含着自由，在偶然中包含着普遍，因而现实人格只能是正在自我意识着的“纯粹自我”与个体自我的精神、肉体的具体规定性的统一体，即现实的从事实践活动和认识活动的人。黑格尔确认说，作为个体人格，“我完全是被规定了的东西，例如我有这点年龄，身材这样高大，在这个地点，以及其他一切可以视为特异性的东西”①。黑格尔法哲学的人格有一个绝对命令：“成为一个人，并尊敬他人为人”，这与康德的道德律令——“人是目的”相比较，两个法则的形式是相同的，从这一点说，黑格尔是继承了包括康德在内的启蒙思想的人格自由的前提。

---

①　［德］黑格尔：《法哲学原理》，范杨、张企泰译，商务印书馆 1961 年版，第 46 页。

其次，黑格尔认为人既是高贵的，又是卑微的，把人看作是矛盾着的存在，这个观点是非常重要的，因为正是人身上的这种自我相关、自我否定构成了人格的自由本质。他说，“人间（Mensch）最高贵的事就是成为人（Person），但是尽管这样，人这种赤裸裸的抽象，在称谓上已经有些可鄙”①。“人”这个称谓之所以是“可鄙”的，是因为人是“低微”的，人格自由的无限性和创造性被具体有限的人格规定着、限制着、掩盖着，当我们说人这个概念时，首先想到的是这个人具体的、有限的精神和肉体属性的形象，而不是人格的超越性、无限性，所以人由于他的有限性而卑微。同时人又是高贵的，但是人的高贵不在于通常认为的人的单纯的无限性、自为性、自觉性等抽象、普遍的方面，而是在于人格有限中的自由和无限，实在、界限中的超越和创造，自在、自然中的自为、自觉和自主，在于这种只有人才具有的矛盾和张力之中。所以黑格尔强调，“人的高贵处就在于能保持这种矛盾，而这种矛盾是任何自然东西在自身所没有的也不是它所能忍受的”②。在以纯粹自我为对象的自我意识中能够容纳作为异己物的对方，并且两者互为中介并在对方中看到自己，实现自己的普遍与特殊的统一，这就是黑格尔要揭示的人的高贵之处，也是他要表达的人格自由的实质。

人格的意义和价值既不在于单纯的自然需求的满足，也不在于脱离现实的精神超越，而在于活生生的个体人格自由，所以人格的价值认同即是个体人格的自由本质认同。无限性不仅是指人格抽象的理想性，而且也是指理想人格与现实人格之间矛盾整合及优化平衡的无限可能性。人格应是具体的，是自由精神和人的实存的对立统一。在特定时

① ［德］黑格尔：《法哲学原理》，范杨、张企泰译，商务印书馆 1961 年版，第 46 页。

② ［德］黑格尔：《法哲学原理》，范杨、张企泰译，商务印书馆 1961 年版，第 46 页。

代和社会，人们对待典范人格态度，确实没有黑格尔那么富有辩证精神，而只是关注人格抽象和理想的方面，有意无意地忽略了人的有血有肉的实存方面。人格的高贵在于抽象和具体、无限和有限、理想和现存的平衡协调。人格除了质的规定外，还有量的过程，理想的人格精神与现实的人作为矛盾的两个方面此消彼长，在哪一点达至平衡稳定却是动态的。

再次，他强调人格是不可转让的，更确切地说，人格的本质规定是不可转让的。不可转让的人格的本质规定，一方面是人的身体，另一方面是人的精神品质，不可转让是因为转让了它们即意味着丧失了人格，即失去了做人的资格。抽象人格是对人具有类本质意义的能力资格，法律人格的内容是基本权利，道德、伦理、宗教是人的精神生命，这些实质规定是和人格同一的，所以不能转让。他认为虽然人格全部失去或部分让与，但人始终保持着对人格及其实体本质的权利，只要他愿意，即可以恢复做人的资格。

人具有自由意志，因而对物具有所有权，可以转让物及对物的完全的处分权，但是人格却是不可转让的。“因此，那些构成我的人格的最隐秘的财富和我的自我意识的普遍本质的福利，或者更确切地说，实体性的规定，是不可转让的，同时，享受这种福利的权利也永远不会失效。这些规定就是：我的整个人格，我的普遍的意志自由、伦理和宗教。”① 抽象人格并不是我占有的一种东西或性质，而是和人直接同一的，这种人格没有也不需要它的外在来源、原因和根据，因为抽象人格自己就是自己的原因、自己就是自己的证明。这样，做人的权利对人而言，自始即有。不可转让的人的实体性的规定，一方面是人的自然实体

① ［德］黑格尔：《法哲学原理》，范杨、张企泰译，商务印书馆1961年版，第73页。

即人的身体，另一方面是人的精神的本质规定，不可转让是因为它们是人格的最本质的规定，转让了它们即意味着丧失了人格，即失去了做人的资格。

人格的实体性质之所以重要，是因为它们等于人本身。黑格尔指出："割让人格的实例有奴隶制、农奴制、无取得财产的能力、没有行使所有权的自由等。割让理智的合理性、道德、伦理、宗教则表现在迷信方面，他如把权威和全权授予他人，使他规定和命令我所应做的事(例如明白表示受雇行窃杀人等等，或做有犯罪可能的事)，或者我所应履行的良心义务，应服膺的宗教真理等等均属之。"① 抽象人格使人在一个文明社会享有对人而言十分重要的权利能力和基本权利。人的道德、伦理、宗教情感是人的第二生命而不能转让，黑格尔预设了人格构成的内容，即抽象人格和作为其实体本质的理性、道德原则、伦理和宗教信仰等。

最后，生命是人格的载体和底线，他要求尊重生命。在人有无处置自己生命的权利的问题上，黑格尔表达了其人格理论的基本立场，即单个人是次要的，他必须献身于国家，如果国家要求，他也得献出生命。不仅如此，当人面对自己的生命的时候，也无自杀的权利。人格和生命是一体的，否定生命即否定人格。生命并不是人占有的东西，生命就是自由精神的体现，生命自己是自己的原因，天然是一种客观存在。人不能放弃他不能占有、不属于他的东西，这种看法是有自由精神的。如果人可以放弃生命，就等于放弃了人格，那就意味着在人格的背后还存在着更深层的人的实体本质，它将人格作为自己的对象，从而可以决定是否放弃，但这是矛盾的，并不存在这样一个比人格更深层的人的实

① ［德］黑格尔：《法哲学原理》，范杨、张企泰译，商务印书馆1961年版，第74页。

体本质。享有对个体生命权利的不是个人，而是伦理。个人从属于伦理实体，为了伦理精神的实现，比如为了国家、荣誉或宗教信仰时才可以放弃自己的生命，而且放弃生命权利绝不是自杀，而只能是从外部施加的，如敌人、自然灾害等，在黑格尔的伦理视野和人格世界中，并没有给个人以应有的地位。

黑格尔对人的自然本性和自由本性进行了精彩的论述，从中可以看出启蒙思想和人道主义观念对他的重要影响。他承认作为幸福内容的自然欲求虽然是人本身固有的自然属性，但还不是主体的自由属性，但是关于两者的关系，他认为："人是生物这一事实并不是偶然的，而是合乎理性的，这样说来，人有权把他的需要作为他的目的。生活不是什么可鄙的事，除了生命以外，再也没有人们可以在其中生存的更高的精神生活了。"① 彼特拉克说："我自己是凡人，我只要凡人的幸福。"② 我们认为，人具有这些自然属性，满足这些自然欲望，人才是一个真实而完整的人，至于把这些自然属性提升到善的高度则属于人生境界的问题。人生境界越高，就具有更高的人生价值和意义，人格就更加崇高。

二、黑格尔的人格自由思想被等级身份和契约观念所影响

以黑格尔的视角，我们分析可以得知，抽象法确立了现代人以普遍的抽象人格和基本权利为内容的法律人格，依据源于人的自由意志存在和发展的可能性，源于人的可能的和现实的理性能力，源于理性和自由赋予自我和他人的区别于物的作为人的尊严。这种普遍的无差别的抽

① ［德］黑格尔：《法哲学原理》，范杨、张企泰译，商务印书馆 1961 年版，第 126 页。
② 全增嘏：《西方哲学史》上册，上海人民出版社 1983 年版，第 361 页。

象人格的确立是在社会历史发展基础上社会意识的产物，是一个从学术理论到现实并被人们普遍接受的观念。权利的享有和义务的履行的资格从而排除了生物性的、心理性的、伦理性的因素，普遍而易于操作，体现了法律形式化和程序性的特征。人格的赋予和伦理道德并无直接关系。但是法律人格只是一种法律拟制，现实上人不是生来就是自由的，人权也不是天赋的，而是人自己赋予自己的人格和权利。

黑格尔看到，社会生活各领域的伦理秩序都被人之主观意识内的契约精神所支配。在他所处的时代，人格并不是真正普遍的，妇女、奴隶、落后民族的人的法律人格仍没有得到确认，他们有自己的身份，但是没有完全的人格。伦理共同体是人的等级体系、职业体系，规章制度确立的伦理秩序也是一个差序格局，现实伦理中的人格往往体现为每个人的不同身份。因而黑格尔考察人格的历史时，他已经认识到，“然而从罗马法中所谓的人格权看来，一个人作为具有一定身份而被考察时，才成为人。所以在罗马法中，甚至人格本身跟奴隶对比起来只是一种等级、一种身份”①。家庭成员、市民、团体成员和公民首先都是一种身份，都是人在社会、国家中的不同角色，在具体制度中人的角色更是细化繁复，因而人格自由只能通过不同的身份予以承载。黑格尔所描述的作为法的体系、自由的体系的伦理同时也是身份体系和契约关系的体系。贺麟先生认为，契约是现代社会的基础，现代社会是契约的杰作。② 抽象人格是对身份性人格的扬弃，市民的契约性人格又是对抽象人格的扬弃，而在国家中的具体人格又是对契约性人格的扬弃，是抽象人格、身份人格和契约性人格的具体统一。

---

① ［德］黑格尔：《法哲学原理》，范杨、张企泰译，商务印书馆 1961 年版，第 49 页。

② 参见贺麟：《黑格尔的〈法哲学原理〉》，《福建论坛》1983 年第 1 期。

黑格尔通过对市民社会契约精神的描述，揭示了契约如何从人格自由发展过程中产生出来的辩证法。在伦理中他推论了人格形式从身份到契约、契约到身份的否定之否定的节律。我们能够理解，家长、子女、夫妻等家庭成员都是不同的身份，家庭破裂产生出市民社会中独立的个人，身份上的个人转变为契约上的个人。法哲学通篇都包含着契约及其否定的关系，所有权的取得实际上隐含着黑格尔并未明确说明的他人同意的问题，所有权的转让更是一种具体契约的形式，“不法”是人对其已经同意的作为自由意志定在的实在法的违反。除了这种具体的经济契约，他明确反对其他类型契约存在的合理性和解释力，如婚姻家庭中的契约、社会契约和政治契约等。他通过逻辑学和精神哲学的繁复论证，目的就是要证明在家庭婚姻、市民社会和国家中存在着普遍的自由意志所形成的客观必然的伦理原则，而这种普遍原则是无法通过契约的形式建立的。

黑格尔强调家庭、市民社会等伦理关系都根源于人格的意志自由，家庭是基于自然伦理精神，即爱与责任而形成的伦理实体。婚姻和国家不是契约关系，而是伦理关系，所以婚姻关系不能解除，国家不能解体。我们可以推论出的他的观点，即婚姻是作为感情的爱、作为法律的契约和作为道德的责任（意识）的统一体，从这里我们也可以看出他构建的伦理的形式结构。市民社会是契约关系主导的伦理共同体，其基本价值观念是平等交换、等价交换，体现的是一种交换正义。在契约关系中，个体平等、独立、自主，形成契约性的人格。黑格尔反对用社会契约来解释国家，认为在契约形式下形成的国家就是或然的、偶然的，而国家本质上是客观必然的精神和自由的最高体现。

在黑格尔描述的现代社会中，契约早已突破经济领域而成为看待人及人际关系的基本模式之一，并形成了主要以契约关系相互对待的个人的契约性人格。但是如果在契约中自由精神的前提不能够得到体现，那么主要用契约关系确立人的主体地位和资格的人格是不完善的，这种单一化的人格反映了现代社会人格异化的状态，因而黑格尔反对将契约看作解释婚姻家庭、市民社会和国家伦理的唯一模式是合理的。但是他不可能超出他的时代，并且也无法通过逻辑演绎和经验观察得出契约是现代文明理念来源之一的结论。我们知道，现代社会的人际关系具有同质性、可规范性、可重复性，国家通过立法制造出标准的契约模式，将人们交往的大部分关系纳入到此种模式当中，在此条件下人格的享有、行使及其结构也被普遍化和模式化了。商品经济和市场经济的强大力量，使它们具有的契约关系模式已经突破了法律和市民社会的范围而强有力地渗透到家庭和国家中，契约关系即使不是主要的也是重要的家庭成员间和国家构成各部分之间关系的理解方式和协调方式。当家庭、社会和国家等诸种伦理精神在伦理规范、观念和价值等方面无法达成共识时，人格相互对待的方式只能是契约式的，黑格尔也并非完全否定契约对伦理的解释力。

在市民社会中，个人是独立的人格单位，是自主自由的，所有权关系和契约关系是市民社会主要的法律关系，是独立人格的自由体现。市民社会是以独立个人之间的商品交换关系为主要内容的，本质上是商品经济社会。“市民社会”这一用语是18世纪产生的，是一种新型的社会形态，这种社会形态产生了平等自由独立的法律人格。人们不仅可以通过契约关系实现物质上的自由，而且契约关系也承载了人们之间的交互关系。孤立的个人的自由意志是抽象的，在主体交互关系中的个人的自由意志才是现实的。“这样看来，契约关系所表达的不仅仅是一种表面的物的转让这一物的关系，更重要的是表达了一种人与人的关系：对他人意志的承认，由单一意志向共同意志提升，在实现共同意志中实现我的意志。”[①] 契约关系的重要性在于其可以为现代社会民众的决策程序提供基础，为当代社会族群和阶层之间不断分裂的倾向提供弥合的可能性，为个人平等自由权利的承认和享有提供现实条件。契约关系不仅适用于市场主体之间的交换关系中，而且也被运用到一般社会主体的交往和国家的形成过程当中。

黑格尔还看到了人格自由的特定状况决定了个人在社会结构中的特定品位。在现代社会，基本人格权利的存在范围、实现方式和实现能力等方面在不同的人之间是有区别的，现代社会存在的更加细致的社会分工使人们在收入、地位等方面是有差异的。现代社会国家治理是以科层制为基础的，因而前现代社会中的等级意义上的身份虽然已经消失，但现代意义上的身份的存在仍然是不争的事实。在平等自由等抽象原则的背景下，人格显现出身份性的内容，现代的身份制度与平等的法律人格相兼容。人格意味着被当作“人”看待，身份意味着被当作“什么人”看待。现代社会分工的发展，形成各种社会职业，奠定了现代身份的基础。黑格尔对此确认说，“个人只有成为定在，成为特定的特殊性，从而把自己完全限制在需要的某一领域，才能达到他的现实性。……人必须成为某种人物”[②]。个人在伦理共同体中获得身份（即个体人特有的本质同一性）、地位和角色的规定，才能拥有真实具体的人格。身份是个人在社会关系结构中的定位，它标示着特定人的人格实现状态和发展前景，它决定着个人在社会资源和利益分配中所占的份额，身份对于个人的生存和发展一直是重要的。现代身份不是等级意义上的，而形成现代身份及其制度的因素主要有以下几个方面：职业和社会分工，自然伦

---

① 高兆明：《黑格尔〈法哲学原理〉导读》，商务印书馆 2010 年版，第 138 页。

② ［德］黑格尔：《法哲学原理》，范杨、张企泰译，商务印书馆 1961 年版，第 216 页。

理关系，政治法律权利，自然禀赋和家庭出身等。在现代社会的契约制度之中、之外还存在着身份制度体系，身份制度除构建社会规范和社会秩序外，还成为划分社会利益、权利和权力分配的框架和边界。身份和人格是一直是相互渗透的，黑格尔描述的伦理人格不仅蕴含着契约精神，还具有人的自我意识和身份的意义。

三、黑格尔关于社会共同体与人格自由辩证关系的思想

黑格尔展开法哲学理论首先思考的是人本身，而且他关注到个体的人都存在于社会共同体之中，都是处在伦理关系中的人格。伦理共同体是自由精神得以呈现、规章制度得以依托、伦理秩序得以建立的人的伦理组织、机构和人员。伦理共同体意义重大，是人类得以实现自由解放的承担者和载体。黑格尔有意无意地将伦理精神与伦理共同体加以区分，并非要否定伦理共同体的重要意义，而是要防止人类自由精神发展的僵化、异化的可能性。如果将伦理共同体作为人的本质，那么就会有把现存的伦理共同体作为人的实体的可能性，就会把人当作国家、社会的工具，就会把伦理的规章制度作为对人的约束管制，就会否定现存的伦理共同体继续完善的必要性和可能性。

黑格尔推论伦理共同体的伦理性存在与人格自由的存在是辩证统一的关系。我们认为，人首先是个体的存在，但总是存在于集体、组织、社团、民族等共同体中，在共同体中存在也是人之为人的基本尺度。伦理共同体在个人诞生之初即作为社会背景和环境规定着个人，人初始就是共同体中的人，当我们说“人”时，共同体呈现的伦理精神已是人的概念的本质内涵并作为它的前提而存在，个人在共同体中才能相互理解和自我理解，才能有在与共同体及他人构成的社会关系中获得自由的可能性。如果从逻辑学的角度考察，由于伦理的实体、本质就是人

的自由，共同体只是人格自由实现的载体，那么在个人和共同体的关系上，人格自由应具有逻辑和价值上的先在性。然而，正如我们后面将要分析的那样，黑格尔最后并没有按照人格自由的优先性发展他的伦理学，而是走向了人格自由的反面。

我们以为，国家是社会正义和政治正义的体现和保障，应该是个人自由权利实现的强大力量和制度设计，应该为每个人追求自己的理想生活制造空间，为各个人格之间的并存相容留出自治领域。国家应该尊重个人的平等自由权利。国家的存在是以人类目前所能达到的对社会生活最好的设计、安排以及个人能够决定自己的生活、具备相应的自由意志能力为前提的。国家是具有复杂内在结构的有机体，个人、共同体和政府都是这个有机体中不可或缺的细胞、组织和器官，所以每一部分就是国家本身。国家是隐含在个人、共同体和政府中的制度和精神，但如果在人的社会生活中总是能够看到政府强大权力的触手，这对于个人的自由生活不一定是完全有利的。黑格尔的自由的辩证法合理之处在于，它把国家当作普遍性和特殊性的统一，普遍性就是国家和组织体现的伦理精神，特殊性就是个人的自由权利。

社会团体是国家和个人之间的中介。国家依赖社会团体并保障它们的合法利益，同时对它们进行监督。社团都是有机的整体，它们内部的各环节之间相互包含、相互依存、相互制约，并非原子式的机械的集合，而是具有类人的有机生命特性，因而可以具有人格。黑格尔通过批评由个人直接构成国家的观点指出，市民生活和政治生活是结合在一起的，市民生活是政治生活的基础。个人只有通过他所在的共同体才能够有效地参与政治。“具体的国家是分为各种特殊集团的整体；国家的成员是这种等级的成员；他只有具备这种客观规定才能在国家中受到重视。”[1] 在国家的普遍性与个人的特殊性之间的关系上，黑格尔的结论是：个人是类的存在，具有“类人格”，但是只有在与其最近的类中，即他所属的共同体中，个人人格才具有普遍性和现实性。

黑格尔描述的同业公会即是社会团体，是行业从业人员的自治组织，作为市民社会的组成部门，它具有自己独立的已经被法律规定的权利，因而同业公会具有自己独立的人格。个人加入这种行业组织的资格、组织建立的目的、组织活动的范围完全是具体的。个人加入社会团体成为其中一员，从而具有了某种身份和地位，另一方面他又能够服务于组织的公共利益，这使个人具有了做人的尊严和意义。“人必须成为某种人物，这句话的意思就是说，他应隶属于某一特定阶级，……不属于任何等级的人是一个单纯的私人，他不处于现实的普遍性中。”[2] 个人履行义务并具有权利，在社会团体中他拥有归属感和自尊，他通过劳动成为社会的一员而具有现实具体的人格。

同业公会的建立需要得到公共权力的承认，同时要具备自己的财产基础才能获得合法有效的主体资格。在这种行业组织中，整体社会遇到的疑难问题可以得到恰当的解决。首先，扶贫成为组织内的制度性和习惯性的安排，由于组织内成员之间平等互助的合作关系，使由于不幸和偶然因素等原因获得帮助的成员不致感到耻辱、失掉自尊。其次，组织成员运用拥有的财富承担着对组织的义务，从而可以避免有关财富的不健康的情绪。最后在同业公会中各成员协调合作，各安本位，各负其责，义务得到履行，责任得到承担，组织成员的人格具体而健全，社会主体资格完整而现实。在同业公会中，个人的自然权利得到充分的保障

---

① ［德］黑格尔：《法哲学原理》，范杨、张企泰译，商务印书馆 1961 年版，第 326 页。

② ［德］黑格尔：《法哲学原理》，范杨、张企泰译，商务印书馆 1961 年版，第 216 页。

和实现，唯一的限制因素就是不能违背理性的要求。

那么个人为什么要加入某个行业组织，或者行会组织对个人有哪些作用和意义呢？理由可以从同业公会具有的功能得到论证。同业公会接纳具有相同技能的成员，以组织的力量和名义维护成员的权利，防止和惩戒内部和外部对成员权利的侵犯，为成员提供获得该行业必需技能的教育和培训。同业公会由于具有上述重要功能，因而和家庭一同成为市民社会的基本构成单元。我们由此可以引申出的结论是，社会从来都不是由一个个孤立而独立的原子式的个人组成的，个人总要生活在家庭、族群、社会组织和行政单位中，或者归属于不同的等级或阶级，是这些人的集合或共同体使个人具有人之为人的社会属性。

在市民社会中个人受着无意识的必然性的支配，在为自己的目的而活动时，也会产生有利于社会和他人的结果。在同业公会中，利他行为和对组织的责任担当成为自觉的有意识的，因而同业公会具备良序发展的伦理内容，但它仍需置于国家的监督之下。虽然在事实上国家是从家庭、个人和同业公会中产生的，但是在逻辑上国家却是它们的真实基础。“因此在现实中国家本身倒是最初的东西，在国家内部家庭才发展成为市民社会，而且也正是国家的理念本身才划分自身为这两个环节的。”①

黑格尔在法哲学中看到了个体人格与伦理共同体之间关系的辩证法。社会团体是国家和个人之间的中介。国家依赖社会团体并保障它们的合法利益，同时对它们进行监督。他通过批评由个人直接构成国家的观点指出，市民生活和政治生活是结合在一起的，市民生活是政治生活的基础，个人只有通过他所在的社团组织才能够有效地参与政治。“具

① ［德］黑格尔：《法哲学原理》，范杨、张企泰译，商务印书馆1961年版，第252页。

体的国家是分为各种特殊集团的整体；国家的成员是这种等级的成员；他只有具备这种客观规定才能在国家中受到重视。”① 黑格尔的法哲学一方面把人格自由作为研究各种社会共同体本质和规律的前提，另一方面也把共同体当作人格自由实现的基础和必要条件。本质上，共同体作为伦理组织是自成依据，具有自我发展动力的有机体，是同样作为有机体的个人自我意识的投射和实存，对两者关系的理解也必然是有机和辩证的。但是，黑格尔过分强调伦理共同体的价值导致他把个体人格的价值放在从属的位置。由于认识上有时无法达到有机、辩证的高度，他专断地认为共同体对个人具有全面的优先性，并导致共同体对个人自由权利的压制和否定。

在《德意志唯心主义的最早体系纲领》一文中，青年黑格尔对专制国家进行了坚决的批判，他主张要消灭国家。黑格尔后期思想趋于保守和现实，在《法哲学原理》中他不但要求保留国家，而且把国家当作自由意志和普遍理性的最高实现。在国家这一最重要的社会共同体与个人自由的关系上，黑格尔在前后期陷于矛盾。国家产生的历史过程很难还原，也无须还原。作为欧洲 17、18 世纪最重要的关于国家性质的学说之一，社会契约论是对国家和个人关系、权力和权利关系的一种假定，它表明合理正当的国家就应该是“社会契约论”规范下的国家。黑格尔则认为国家是绝对精神在社会历史发展的必然结果，是客观精神及人类自由的最终实现。

---

① ［德］黑格尔：《法哲学原理》，范杨、张企泰译，商务印书馆 1961 年版，第 326 页。

第二节　黑格尔法哲学中人格自由的辩证发展

黑格尔在确立了自由意志作为伦理的实体性、初始性概念之后，就全力论述他的社会学，即人格自由发展的辩证法。他把道德和伦理区分开，伦理是人类社会生活整全性的概括，也是人格自由发展的辩证法的最高、最现实的环节，几乎囊括了人格自由与社会规范相互作用的所有领域。我们通常把伦理的内容分为客观的伦理和主观的伦理，客观的伦理是规章制度，主观的伦理则是对道德规范的主观意识。在《精神现象学》和《法哲学原理》中，黑格尔对伦理和道德的发展次序设置是不同的，这个不同是以现存直接的伦理与理想的伦理的区分为前提的，前者突出了道德的超越性，而后者则凸显了伦理的现实性。法哲学的自由伦理精神本就对应着社会历史发展的现实，而法哲学的自由和法的体系又作为历史发展的原则，决定着黑格尔将历史看作是自由理性的发展史。

一、人格自由三段式、节律性的发展

从抽象法开始，经由道德发展至伦理，是一个自由意志辩证否定的过程，是自由从普遍、特殊到个体的过程。黑格尔解释说，普遍包含着特殊，并且是特殊的目的，而个体则是普遍和特殊的共同目的，只有个体才是最具体、最现实的东西，但是个体不是彼此分割的特异性，而是现实的普遍性，最后的决定因素仍然是普遍性。自为而主观，自在而客观，自为和自在都是抽象的，两者的统一即为具体。他认为人格自由是精神概念必然发展链条中的一节，所以其存在无须前提和条件。抽象

人格是抽象法以至法哲学得以形成的前提，他的用意不是把抽象法的人格与社会现实相印证，而是将其作为人格自由的基础或最低要求进行逻辑论证，通过人格自由意志的自我否定，由这种基础和底线权利逐步发展到主观精神自由和伦理阶段的具体自由。抽象法是赋权性质的，是权能的可能性的、预设性的规定，是一种概念性和原则性的规定，是直接给予和不证自明的人格设定及基本权利。抽象法实质是黑格尔对资产阶级私有财产权、契约行为和契约精神，对不法犯罪予以刑罚等私权的重申和认定，这些私权形式在历史上长期存在着而不需要论证其正当性和普遍性，黑格尔因而认为它们是自由的直接性规定。

德文的法的概念包含权利的含义，所以抽象法在主观上表现为人的权利意识，也有具体人格权的内容，但是在法哲学中它是第一个被扬弃的环节。黑格尔强调假如一个人法律意识很强，总是强调自己的权利，那他只能是一个粗野小人，因为在他的意识中只有关于自己的权利的自然意志，没有对自由的主观反思和伦理追求，在人格自由发展上没有道德和伦理的空间，一个有理想追求的人不会仅仅生活在自己的私权当中。抽象法的重要性在于反映了启蒙思想确立的个人自由权利生长发展的现实，为理性对待个人之间的交往关系构建了基本范式，体现了现代社会的法律正义精神。但“认真对待权利”和“为权利而斗争”只是人格发展的一个侧面，人格发展还具有个人道德修养和对自由本质的认知的内容。现代人缺乏的往往不是权利，而是行为的善良动机以及为自己的行为承担责任的意识和能力。

自由意志作为人对自由追求的普遍的“类意识或类意志”，在抽象人格和基本权利的许可成为逻辑可能性后，法哲学继续在普遍的善与个体的人的主观意志的对立中发展自身。关于人格自由权利的抽象原则性和可能性以主观意志为中介，成为内在于人心的、被不断反省的、处于发展中的个体性的自由，这是人格自由从抽象自在到主观特殊的转变，是法律人格向道德人格的转变。黑格尔预设了抽象法的自由的抽象规定的“必然性”，但并未将其作为固定不变的本质，而是认其内在包含着自由全部规定的可能性，个体的人只是在主观意志的范围去“证实”这种客观的自由，所以道德是通过主观意志体现的精神自由（自为地存在的自由）。在主观意志内部，普遍的善作为主观意志的对立面，两者尚未同一，善还只存在于主观意志的彼岸。道德是主观意志向善的趋同，不道德则是对善的背离和破坏。

伦理社会的发展逻辑在黑格尔的伦理思想中仍有三段式节律性的体现：家庭是自在直接性的伦理，市民社会是形式普遍性的伦理，而国家是自在自为的伦理。家庭虽然是自然的伦理，但仍然是精神概念普遍性的体现，它包含着伦理一切环节和内容的可能性。伦理精神在家庭成员间的爱中得到统一，伦理的统一性决定了家庭的统一性，家庭成员统一在家庭中完全是自然而然的。但家庭的目的是特殊偶然的，其中的普遍性隐而不发，只有用更高更普遍的环节代替它，才能使伦理精神超越自然性和直接性而得到更充分的显现。

市民社会是特殊性与普遍性的统一，但这两者的地位是不均衡的，普遍性被作为特殊性的手段，是特殊性中的普遍性，市民社会中的人都把自己当作目的，但是最后谁真正成为目的，谁的人格能够得到实现则是偶然的。虽然特殊性的人的权利是市民社会的原则，但伦理的普遍性仍然是特殊性的基础和控制力量，普遍性的原则需要将市民的特殊性上升为知识和意志，即作为一个教养的过程才能真正发挥作用。教育是社会教养形成的主要手段，是为个人的特殊性设定界限，使人的行为符合事物的本性，使个人不至于特立独行而能够和他人处于平衡的关系中。尽管如此，市民作为特殊性和反思能力的主体，仍然与作为普遍性的市民社会整体产生了对立，形式的普遍性掩盖不了实质内容的分裂。

黑格尔分析了市民社会伦理的形式普遍性、功利性、平等性。我们需要看到，黑格尔时代的普鲁士国家是一个等级森严的社会，国王贵族不是普通市民社会的同等市民，而是置身于其外，所以黑格尔这里讲市民社会的平等和契约都仅指向平民的等级。市民社会伦理秩序的基础就是每一个市民以整个市民社会的普遍性（理性契约）为自己的手段，并以法律的形式予以固化。在国家中人们的伦理观念与规章制度、风尚习俗没有差别、完全合拍而同一，自我意识与自由意志概念“物我无别”，个体自由相互一致，个人自由符合作为伦理共同体的国家的组织、制度和精神。

公民是真正具体人格自由的实现，是家庭中爱的情绪、抽象人格和市民的特殊性的统一体。家庭中作为个人情感的爱升华为公民的爱国主义情绪，从对自然的伦理共同体的本能的爱转化为对民族精神和国家制度的爱。在国家中，公民对个人自由的自我意识和国家的伦理精神完全一致，公民是权利义务的统一体，履行义务不是对公民的限制束缚，毋宁说是公民的自我解放和自由的实现。公民的独立和自由是国家的原则，同时公民把国家的实体性作为本质，作为个人自由权利的最终目的。公民实现了伦理普遍性与个人特殊性，个人主体性与伦理实体性的统一，是在人类社会中人格自由可能实现的最高形式。通常的观点认为自由就是自我规定、自我创造和自我决定，而把伦理限定当作对自由的束缚，黑格尔突破了以上的认识局限，将自由的实现设定在伦理中，从而使自由成为有条件的和现实的。

二、道德和伦理是人格自由发展的不同阶段

整体看来，黑格尔的法哲学主要是在人的主观精神与伦理规范间

的对立统一关系中展开的。抽象法是伦理的一个环节，是现成的、历史继承下来的、直接的伦理规定，作为否定之否定成果的伦理将道德当作过渡性、中介性的环节，使道德失去了作为两极对立中的一极的地位，后果是伦理也失去了进一步发展的动力和可能。一般认为伦理和道德是同义词，多数哲学家在相同的意义上使用这两个概念。黑格尔为了说明自由从低到高的发展过程，并构建自己的伦理人格自由观，将伦理和道德进行了区分。他关于道德的讨论仅限于主观性内部，至于道德行为、道德后果则是伦理的内容，这也是他将伦理和道德概念加以区分的起因和目的。

在《精神现象学》中，道德被认为是善的一些主观性的抽象观念，而真正现实的是个体性，这样的现实性只能存在于伦理中。普遍的本质与现存的世界相对立，而真正现实的东西是两者的结合。他说："伦理性的东西，如果在本性所规定的个人性格本身中得到反映，那便是德。"① 道德是伦理扬弃的环节而包含在伦理中，道德就是主体通过自律去"符合"社会伦理确定的规范，所以道德就是"伦理的造诣"。但值得注意的是，在《精神现象学》中，黑格尔是从古希腊的伦理社会出发，经过异化和教化的世界后，他认为在社会历史领域，人类所能达到的精神的确定性和自由性是在道德中体现的，因而在《精神现象学》中道德是比伦理更高的东西。精神现象学是绝对精神自我认识而形成绝对知识的过程，这个认识过程是以社会历史现实为对象的，因此从认识和对象相符合的角度而言，是伦理在前而道德在后。《法哲学原理》讨论的是人伦道德和社会历史，但黑格尔从来没有"认真对待"这个现实，他真正想向读者解释的是客观精神自身发展的规律和它最终向绝对精神

① ［德］黑格尔：《法哲学原理》，范杨、张企泰译，商务印书馆 1961 年版，第 168 页。

回复的现实方案。因此他坦承在《法哲学原理》中，理论和现实并不总是一致的。自由意志的法的发展，或者我们所关注的人格自由的发展，其从抽象法经过道德至伦理的次序只是“理当如此”的。

从逻辑学的角度，《精神现象学》和《法哲学原理》中关于伦理和道德的次序安排也并不矛盾。在《法哲学原理》中，伦理是抽象法和道德的统一，黑格尔描述的其实是可以作为精神完满地回归自身的“理想的伦理”，而《精神现象学》中的是“直接的、现存的伦理”，因而后者在人格自由实现的角度，表现出了道德的超越精神，精神要从特定的、个别的伦理中走出来，进入道德的世界。其实，黑格尔在《法哲学原理》中描述的并不是能够作为社会历史和人格自由发展的结束的伦理，按照他的自我否定的辩证法，在他所描述的伦理之上仍然存在着“发展的必然性的圆圈”，实际上作为伦理统一体的一个环节的道德，仍可以独立出来与伦理本身构成新的矛盾状态，因而在法哲学的伦理之上仍有道德发展的空间。就黑格尔的法哲学文本而言，伦理是自由发展的更高阶段，并没有体现道德的超越性，我们在这里所说的道德已经不是被黑格尔多方限定的道德。从逻辑学而言，无论是《精神现象学》的伦理在前道德在后，还是《法哲学原理》的道德在前而伦理在后，本质上都是一致的，是黑格尔在精神发展的“必然性的大圆圈”的“小圆圈”中截取的出发点不同而已，从哪一个出发点启程，都不影响客观精神的辩证法和自由的辩证法的性质。

“这种德，如果仅仅表现为个人单纯地适合其所应尽——按照其所处的地位——的义务，那就是正直。”① 黑格尔的本意是说个人按照伦理规范去行为，就是在做有德的行为，他就是一个“正直”的人。符合

① ［德］黑格尔：《法哲学原理》，范杨、张企泰译，商务印书馆1961年版，第168页。

伦理规定的道德行为在个体的层面即是个人行为的正当性；在社会的层面，即是社会正义。但是从道德的角度看，“正直”就是“单纯”地履行义务，它虽然具有了伦理的普遍性，但是缺乏自觉反省和批判。他分析说，正直已经包含了道德的品质，如果这时再谈道德就是空谈、任性，在这里他确认在伦理得到充分发展的时候是没有道德的空间的。

伦理在这里实际上被分裂为两个部分，一个是作为活的善、永恒的正义、自由的普遍性的伦理和作为它现实化的规章制度，另一个是“现存”的伦理。前者只能是逻辑上或理想性的存在，而黑格尔所能想象和描述的伦理只能是来自时代精神、欧洲和普鲁士国家的现实，只能是现存的伦理。因此，从超越性的道德看来，现存的伦理以及单纯地履行伦理义务是“低级的”。现存的伦理还不是真正的善，层次上未必更高，道德精神还要继续超越现实的伦理。道德能够超越“正直”的现存伦理制度而对自己和别人要求更高的东西，对自己要求更高是因为更高的道德观点要求自己不再拘泥于现存伦理中已经实现的自由权利以及在国家中的和谐统一，精神要在更高的主观精神的起点上达到自我同一；对别人要求更高是因为做现存伦理和人的本性要求的事情并不等于高尚，只有为他、利他和必要的自我牺牲才能体现精神的无限性和自由。他人为了我的幸福或我为了他人的幸福放弃应有的自由权利（尽管这些自由权利都是合乎伦理规定的），只有在更高的道德精神的指引下才能做到。

道德作为伦理精神发展的内在动力，在现实伦理中有独立的价值，但是道德由于其主观性、特殊性，容易陷入任性和空虚抽象。所以黑格尔认为：“在现存伦理状态中，当它的各种关系已经得到充分发展和实现的时候，真正的德只有在非常环境中以及在那些关系的冲突中，才有地位并获得实现。”① 我们认为，一个更文明、更自由的社会，应该是一个客观伦理化的社会，个体自由的实现，不能主要依靠人们的道德修养和思想觉悟。一个社会普遍诉诸道德，很可能是缺乏正义和善，缺乏普遍有效的价值标准。在充分发展和实现的伦理中，道德的发展空间被大大缩减了。现代社会是高度文明的法治社会，社会制度高度复杂，构成庞大的自组织系统，而个体的人则是这个系统当中的细胞或分子。在每一个细胞和分子当中，都包含着伦理的普遍性。在这样一个高度发达的法的体系中，道德只能发挥补充性和引领性的作用。

三、从自由、理性到世界历史的辩证法

黑格尔法哲学的终点是从伦理过渡到对世界历史的考察，这种考察同样也是贯穿着人格自由发展与运动的辩证法。对他来说，法哲学中的逻辑学或绝对人格仍属思辨哲学的课题，法哲学虽然是国家或法的一种哲学思辨性考察，但它的真实用意仍然是用人类社会历史的事实去印证思辨哲学的原理，历史哲学同样具有这样的属性，不同的是，理性或精神的历史面对社会历史事实的当面对质而必须给出更加圆融的“调和”解释。在黑格尔心目中，绝对人格不仅能够吸纳上帝，而且还造就了合理性的自然和社会历史。社会是理性的社会，历史是理性的历史。绝对人格在人类社会中意识到了自己的本质——自由，自由是理性或精神追求的唯一目的，自由是其本身的目的，自由是世界的目的，历史是自由的历史。黑格尔认为，个人的心灵成长、道德意识及社会意识的发展是和理性完全一致的，而且如果没有理性作为内在的逻辑，任何历史哲学都会失去正当性的基础。历史的哲学实质上是哲学的历史，或者说

① ［德］黑格尔：《法哲学原理》，范杨、张企泰译，商务印书馆 1961 年版，第 169 页。

是理性的历史、概念的历史。理性是世界的实体，它有无限的“权力”和“素质”，它创造出一切自然和人的精神生活。世界历史显现出绝对精神发展的路线，人类用理性认识世界历史，世界历史就表现出合理性，人类的理性和世界历史中的理性本质是同一的。

将世界历史当作人格自由辩证发展的过程，这是黑格尔的历史哲学具有的现代意义的集中所在，尽管自由的实质内容具有何种含义仍然复杂而含混不清，但他明确指出，自由就是精神在人类社会中逐渐自我意识到自身的自由本性，并将这种自由本性外化为社会现实的过程。只有人类才能充当精神自我意识的工具和手段，人类的自我意识及其意志活动是自由实现和发展的过程，精神的自由就是人类的自由，作为手段的人类自由和作为目的的绝对精神的绝对自由本质是相同的，所以人类的本性也是自由。上帝的本性也是自由，如果把上帝的完善性放在思想的范畴内理解，那么上帝的意志也是自由的。理性或精神的本质是自由，因为精神只是依靠自己，自我相关，因而是自由的。精神具有自我意识，知道自己的自由本性，正如树的种子已经包含了树的全部特性一样，精神初始即已蕴含着历史的总体。精神的自我创制是一个过程，在不同的历史阶段，精神对自身自由的性质有不同程度的自我意识或觉解。

黑格尔的历史哲学对东方国家在伦理价值上的贬低和对日尔曼国家在伦理价值上的抬高，虽然有着种族优越论的色彩，但是他把国家制度发展的不同阶段与人格自由发展的不同层次联系起来，这一点是有可取之处的。他认为在东方国家，人们缺乏对自身自由本质的自我认识，看似只有君主一个人是自由的，但是君主只有放恣、兽性的冲动而缺乏理性，他也不是一个自由的人。希腊和罗马人中只有一些具有特殊身份的人才是自由的。而日耳曼民族则知道一切人都是自由的。很少有人会把黑格尔列在启蒙思想家的阵营内，但是他的哲学（法哲学和历史哲学是最直接的体现）包含的追求自由和人类解放的精神是和启蒙思想一致的。他认为世界历史就是人类自由的历史，“世界历史无非是‘自由’意识的进展，这一种进展是我们必须在它的必然性中加以认识的”①。“一切人都自由”的理想虽然尚未实现，但是它的实现是世界历史发展的必然的结果。这种把人类自由的实现作为规律及对自由实现的确信无疑是进步的，这也揭示了将黑格尔哲学作为极权主义甚至是法西斯主义来源的观点的片面性。另一方面，黑格尔把一切人的自由的实现当作一个“文化工作”来考虑，暴露了他的资产阶级立场和自由的空想性质。

黑格尔将世界历史中的个人——英雄当作“世界精神的代理人”，世界历史通过英雄自觉它的历史和自由，英雄为了体现世界精神的目的，可以不顾道德甚至神圣的事物，至于普通个人则是注定要被牺牲和抛弃的，这又暴露了他赤裸裸的历史唯心主义的英雄史观。黑格尔在个体与家庭、市民社会、国家、世界历史的关系理论中，把个体人格的价值贬为最低，贬为工具，又鼓吹英雄、国王的人格体现了神和绝对精神，神化他们的人格，另一方面强调法律面前人人平等。这看似矛盾，其实正应和了他的理论逻辑：国王、英雄和普通个人在法律人格上是平等的，这是法律面前人人平等的原则；国王、英雄和普通人在道德人格、政治人格上又是不平等的。人格的不同面向是黑格尔得此结论的依据。

国家是精神在有限存在中的全部实现的形式，国家是具体的理性或精神，它显现了精神异化自身的最高阶段并是精神返归自身的起点。

---

① ［德］黑格尔：《历史哲学》，王造时译，上海世纪出版集团 2006 年版，第 17 页。

国家是精神实现自身的手段，在国家中个人享有自由，而法律、道德、政府就是自由的体现，这是黑格尔与现实的调和。黑格尔认为“人的天性是自由”的观点只是一个假定，人在自然状态下有的只是野蛮、不人道和情感，国家的制度限制的是这些非理性的因素而不是人的自由，自由的实现还需要知识和意志的努力，并不是先天赋予。他认为国家只有具有特殊的内容才可能是现实的国家，国家不仅是一个抽象的概念，而是法律、道德、历史文化和自然环境的总体，这个总体的生命和本质是民族精神。黑格尔一向推崇古希腊社会伦理的和谐，“对于雅典人民，雅典这个词含有两重的意义：第一，它指若干政治制度的一种复合；第二，它指代表‘民族精神’和统一的女神”①。

自由是理性或精神的自我意识，只有人类有理性，有对理性的自我意识即自由意识，个人具有自由的自我意识才具有人格。精神的最高成就是“自知”，也就是对其自由的本性不但形成直觉，还要达到概念的层次，只有概念及其形成的逻辑学才是自由的真理。精神不仅自知，而且只和自身相关，它受到自然和自身的限制，但是精神受制的情形本质也是精神自己的活动。精神的活动造成了精神的具体形态——民族精神，个人在民族精神中分享自己的本质，民族精神是普遍的本质、普遍的生命，个人只有进入民族精神成为类存在才有价值和意义。

个人的主观性是一切行动的出发点，他们的行动使世界精神逐步成为现实。另一方面个人却是世界精神实现自己的“工具”。这里个人的主人不再是奴隶主，而是精神。世界精神具有对自己的自我意识，在自我意识中形成四个原则，同时对应四种不同的王国。第一个是同一性原则，对应于东方王国，也是世界历史发展的幼儿时代。这种王国从家

---

① ［德］黑格尔：《历史哲学》，王造时译，上海世纪出版集团2006年版，第48页。

长制进化而来，是宗教、道德和法一体化的国家。“个别人格在这庄严的整体中毫无权利，没没无闻。”① 国家的主要规范不是法律，而是烦琐的礼仪，国家统治的原则是权力和任性，等级固化。印度虽然有着灿烂的文化，但是印度没有历史，因为印度一直僵化在自然的等级当中，等级之间没有流动，存在的只是上等阶级对下等阶级的野蛮、任性和权力。中国的历史则是带引号的“历史”，因为人们没有自由的意识。真正的历史是自由的历史，没有自由就没有历史。

第二个原则是个体性，对应于希腊城邦，是世界历史发展的少年时代。这是一个个人与自由精神自在统一的人类社会。第三个原则是普遍性原则，对应于罗马王国，是世界历史发展的青年时代。私人和抽象的普遍性成为两个极端，“个人降格为私人，他们一律平等，并且都具有形式的权利”②，而对国家整体的知觉则导致了冷酷的权力。形式平等的自由人格堕落为贱民，贪婪的权力的扩张造成了伦理生活的毁灭。第四个原则是客观性原则，对应于日耳曼王国，是世界历史发展的老年时代，是从自我意识表现出来的客观真理与自由的统一（自由和必然的统一），宗教和尘世的统一。日耳曼王国是国家发展的理想形态，它是自由的法的王国，也是真理此岸世界的王国。日耳曼王国是自由发展的最高阶段，也是个人人格和国家人格实现的最高成就。家庭以爱和情感而不是以自由为原则，因而家庭在历史之外。当个人从家庭分裂出来具有独立的人格，人们所形成的是严肃和相互外在对待的社会的世界，只有通过知识、教育和社会的训练，人们才开始形成对精神的自我意识和对自由的体验和实现。在自由的体验和理解上，自由就是对社会正义原则

---

① ［德］黑格尔：《法哲学原理》，范杨、张企泰译，商务印书馆 1961 年版，第 357 页。

② ［德］黑格尔：《法哲学原理》，范杨、张企泰译，商务印书馆 1961 年版，第 359 页。

或法律的认识；在自由的实现上，国家是自由的现实，是所能达到的最高程度的人格自由的现实。

特定国家的民族精神是有限的，还不能承载无限的自由精神实现的重任。自由精神自我否定的发展必然最终发展为世界精神，世界精神居于所有国家之上，并决定着他们的历史命运。国家、民族和个人都是世界精神发展的环节，它们都是“在它们内部进行的那种世界精神的事业的工具和机关”①。国家、民族和个人的所有内容在特定的历史阶段都有其独特的价值和正当性，但是这种价值和正当性对于作为终极价值、终极目的和世界本体的世界精神而言是相对的。世界精神在世界历史发展的每一阶段，都包含着永恒的必然性环节，如果哪个国家能够和它相一致、相统一，那么这个国家就会走在所有国家的前列，引领时代精神。

第三节　黑格尔法哲学最终走向人格自由反面的思想根源

任何哲学都不能忽略这样一个前提，即自由总是人的自由，黑格尔在这方面具有两重性。一方面，他的人格自由理论具有人道主义历史观和价值观的倾向，存在着对人的关怀和尊重。另一方面，他又将人的这些内容异化为能够脱离人的精神。这里的问题在于他将精神固化为不可批判、不可否定的，这使得精神的发展最后走向了人格自由的反面。他对人格自由的实质内容和发展过程的推论以逻辑学的绝对精神为前提和归宿，这决定了他在法哲学前面环节所展现出来的自由、理性的精神

① ［德］黑格尔：《法哲学原理》，范杨、张企泰译，商务印书馆1961年版，第353页。

终将被绝对精神吞噬消融。从这个意义上说，他把人格自由限制在私法、道德范围内（家庭和市民社会是私法调整的领域），在历史观和价值观上是有预设的，即把国家设定为法哲学逻辑结构的终点，而在国家和公法的领域，人格及其自由是偶然性和将被扬弃的。

一、绝对精神与人格自由的异化

黑格尔的神秘主义逻辑学受到启蒙运动的影响，但仍然是想要思想变革而又不能彻底的产物。启蒙思想是对宗教迷信的信仰主义的批判，它取消了上帝至高无上的权威，但是与此同时人们感受到了没有了上帝的“冷酷和严肃”，上帝的空位需要填补，从而抽象的物质概念和人格化的精神本原出现在上帝的宝座上。从自然界的角度，哥白尼的日心说标志着人类中心论的破产。达尔文的进化论告诉我们，人类只是自然界长期变化发展的产物，尽管近代自然科学已经有了相当发展，但自然界仍然是人类面对的强大权威之一。法国大革命标志着人类追求“彻底”自由与社会整体和谐间的统一的尝试归于失败，这些都表明了人类精神的有限性，也同时表明在人类的主体自由追求之外存在着真理性的客观的规律。因此，诉诸外在权威解释人和社会的存在及意义是启蒙运动前后重要的思想倾向，启蒙之前的绝对思想、绝对观念（神学、君权神授、教条教规等）是启蒙批判的靶子，启蒙之后的人类精神的绝对化则是由于启蒙思想及运动在社会实践中遭遇的失败而产生的复辟。

绝对精神是人类理性的绝对化，是笛卡尔确立的理性主体的发现到康德主体理性的批判，最后到黑格尔主体理性的极致化和异化过程的产物。黑格尔神秘主义的“绝对精神”本质上是宗教中神的观念的变换。绝对精神不仅是精神实体，而且也是精神主体，它能够形成异化自身又扬弃这个异化的运动。这一个永恒的、完全自我相关的、具有能动性和创造性的绝对精神，仅有上帝可以与其相媲美，或者说绝对精神仅是披着逻辑外衣并粗暴地将客观实在统一在自身的“神”，这个神一样的绝对精神主体成就的是一个绝对的人格。这个绝对人格通过自己的工具——普遍的人的意识具有了自我意识，它将自身异化为客观实存而同样具有了物质载体，但是它与个体人格、共同体人格不同的是，它是无特殊的普遍，无抽象的具体、无偶然的必然和无有限的无限。这个绝对人格或绝对自我是自费希特以来至黑格尔等哲学家所能设想出来的统一力量，它被用来贯通自然的必然性和人类社会的自由性，弥合人们认识上的纷乱和分裂，建立人类社会的正义原则以规范人们的行为，甚至将无数“做跷跷板游戏”的原子式的个人塑造为理性的主体。

绝对精神要扬弃它在人类社会中的异化形式，通过艺术、宗教和哲学复归自身，要脱离客观实在的有限性而与自身完全同一。黑格尔通过其庞大的客观唯心主义哲学体系的构建暴露了他的野心，即他不满足于个人主体、思维与存在、客体的统一，而是要在绝对精神构成的绝对人格的支配下，将主体和客体绝对同一，即自然规律、社会历史发展规律和思维规律的同一，具体化为认识与实践的同一，人与人的同一，人与社会的同一，社会与自然的同一和精神主体与客体的同一，这种同一的最后成就是绝对的人格。绝对人格最具普遍性，是永恒不变的实体，是理性的上帝，这也决定了他整个哲学，包括法哲学和人格自由论的神秘唯心性。

黑格尔讲的“绝对精神”的含义是深刻的。他将存在于人的理性中的“绝对观念”客观化为理念，把康德的知性范畴变为理念的环节，理性不仅是人的意识，而且成为脱离人的理性的绝对理性。所有的客体都是由于绝对理性自我显现的需要而树立的对立面，这个绝对理性先验蕴含着自我关涉的所有知识，它自我认识，自我反思，自己形成自己，自己发展自己，理性和对象融为一体，世界不再有理性无法涉足的领域。这样被康德分裂的主客体从根源上实现了同一，绝对理性统摄着一切存在，包括人类、群体和个人。这种理性不再是笛卡尔以来的主体理性，主体理性的极度扩张最后走向了自己的反面即绝对的理性主体，最后绝对理性吞噬、否定了主体理性本身。如果说康德的理性主体是作为与真理和自由的彼岸世界相对的理性的此岸世界的自我禁闭者，黑格尔的理性主体则是存在于牢不可破的“概念堡垒”中的囚徒。

二、保守主义的历史观和价值观

黑格尔的法哲学一方面将法当作自由意志的法，将历史作为理性和自由的历史，将社会意识看作自由的伦理精神；另一方面在价值观和历史观上则是整体主义的，这决定了他是在个人和群体对人类整体和绝对精神发展中的历史作用及所处的地位的角度上考察人的存在和价值，这决定了他在人类社会中必然将伦理当作实体，而将个人作为偶然和无关紧要的存在，个人的价值、权利面对伦理实体，是微不足道的。这样实际上伦理的普遍性就消融了个体性，规章制度就吞没了个体人格。作为黑格尔自由意志发展的内在逻辑而言，最后就会达致这样的结果。

他将人格的自由本质作为逻辑的必然性来接受，这和现实当中人们普遍不自由的现状存在矛盾。霍耐特认为，自由只有在平等者之间才是可能的，这当然是真确的。自由和平等作为人类精神的内在规定是不可或缺的，仅有个体的自我意识对自由意志普遍性的认知和体验还不够，在个体的人之间的相互承认中，人格自由、人格独立、人格平等和人格尊重才能成为现代社会的时代精神、社会意识。但是黑格尔设定的这种人格的品质和内涵是有条件限制的，是专门指向君主、贵族、地主和资产阶级这些社会的统治阶级和上层阶级的，主人和奴隶之间，贵族地主、资产阶级与劳动群众之间不可能相互承认，也不可能平等，人格自由的真正主体是这些社会的“精英”。

黑格尔将人格自由与私有财产权联系在一起，反映了他代表了当时作为既得利益者的剥削阶级的利益和愿望，黑格尔法哲学的阶级属性是清晰的。人格自由的论证隐含了私有财产制度的前提，他通过逻辑学的方法赋予私有财产权以规律性和必然性。他强调财产所有权对个体人格的重要意义，有一定的合理性，但正如马克思所批判的，黑格尔是以私有制为基础肯定资产阶级的财产权，广大劳动人民则处在无财产、无权利或财产很少、权利很少的不利状态下。特别是在资本主义制度下劳动人民处在异化状态中，劳动人民生产的产品愈多反而愈贫困，愈受到物的支配，这一点是他受到时代和阶级限制无法或不愿提出和承认的。在他的心目中，充分体现了自由精神的国家伦理只能是当时他身临其境的普鲁士贵族制度的国家，他的富有辩证精神的论证，最后还是沦为美化当时的普鲁士国家和为其正当性做辩护的工具。

三、黑格尔法哲学人格自由论的两重性

黑格尔哲学是近代主体哲学发展的顶峰，在以概念的普遍性建立的体系当中，内含的是他的自我学或人学，从个体自我到普遍自我，最后发展至绝对自我。《法哲学原理》以人的自由意志为出发点，经由在人类社会中人格自由逐步实现的过程，最后回归至绝对精神或绝对人格，这是体系和方法的和解，同时也是形而上学和辩证法的和解。《逻辑学》等著作反映出，黑格尔对人的理解一方面是科学和理性的，另一方面又不得不维护宗教而把人看作是神——“绝对人格”的奴仆；他对社会历史的理解一方面是人道主义的——传统人道主义的立足点是主体；另一方面又维护神学的“绝对精神”的创世论——神学的唯一主体

只能是上帝。作为“软弱”的资产阶级学者，黑格尔对启蒙思想和它的直接成果——法国大革命的看法是矛盾的，一方面他为着人类自由权利实现的光明前景而欢欣鼓舞，另一方面也因为法国大革命造成的社会破坏和人民的革命精神而深感恐惧，因此他把启蒙运动的自由、平等、人权的思想设定为伦理精神的第一环节，同时也是要被扬弃的环节。黑格尔一方面认识到人格自由平等是大势所趋，是时代精神和潮流，他不能逆潮流而动，另一方面他只想把自由平等的范围确定在社会上层阶级内部，这决定了他自由思想中的矛盾。

抽象人格来自西方社会持存的人格观念，启蒙运动发展的成果之一，是在欧洲社会包括德国逐渐建立起现代社会的人格、人权的基本观念，包括资产阶级从事资本主义工商业生产经营的财产权、物权也基本制度化，抽象法就是黑格尔对这些内容的接受，这是他的法哲学的进步意义所在。他在道德理论中强调，个人对自由的主观反思只构成个人私德，只有作为自由精神的自我反思才能形成社会的道德意识、道德精神，这种作为“类”的集体反思形成类意识，包含着对启蒙思想和法国大革命批判的隐喻。故意和责任隐喻人类的行为不是恣意妄为而要为其承担责任；意图和福利隐喻即使是普遍的福利或利他的道德意识也不能作为违反实定法律和国家秩序的依据；而良心和善隐喻人们依据抽象形式的、内心确信的良心做出的行为并不一定能符合伦理精神，往往表现为伪善。

黑格尔在伦理中“推论”出，个体人格从属于家庭，家庭从属于市民社会，市民社会从属于国家，马克思批判了这种颠倒的关系，指出黑格尔所说的国家是异化为市民社会对立面的国家。黑格尔所说的“法”，不仅指成文的法，也指一般的社会规则，更是具体指向他那时的封建王公贵族制度。黑格尔法哲学的目的在于维护作为绝对精神代表的国王和贵族的特权利益，维护以贵族等级制度为本质的、他所处时代的所谓“社会正义”理念及实现。而这种“正义理念”的内涵实质和实现，尽管是为王公贵族的神圣性做辩护，但还是观照到普通公民的人格自由的实现，进而落实在人的价值、人的幸福的实现上面。以上他的这些关于人类社会历史观的理论，关于“世界精神”的理论如同他的国家理论一样，充满了神秘主义和为普鲁士国家优越论辩护的色彩，但也包含着把人格自由的辩证运动看作是历史发展之根据的合理因素。

黑格尔把人当作抽象的自我意识，这样的人格只能是抽象的自我，这是由它的哲学的思辨性和唯心主义决定的，马克思在《黑格尔法哲学批判》中从历史唯物主义观点出发，对他的抽象的人的观点进行了批判，认为要在人的自由自觉的活动即实践活动基础上研究现实的人格。在《1844 年经济学哲学手稿》中，马克思批判费尔巴哈的抽象的自然人和理性人，从而建立起了现实的人的概念，这是人的自我理解的革命性变革。费尔巴哈继承了黑格尔对个体人格的看法，提出类本质的概念，主张自我意识是人的类本质，是人和动物相区别的尺度。在《1844 年经济学哲学手稿》中，“马克思在这里开始超越费尔巴哈，他开始从人的第三维度——人的社会性来考察和说明人”①。马克思把人的劳动实践活动作为人的本质活动，从而开启了通往历史唯物主义的大门。

从文本上看，黑格尔的人格自由思想主要体现在《精神现象学》、《法哲学原理》、《历史哲学》等文献中，体现在《小逻辑》和《逻辑学》中的“精神哲学”讲客观精神的理论中。在神秘逻辑的外衣下，他把人本身、人性，特别是人格性的把握作为社会生活各领域问题和人类历史

---

① 沈亚生：《人格自我与个体性》，吉林人民出版社 2005 年版，第 37 页。

进程的理论前提，他用对立面统一和运动的辩证法来揭示自由人格生成和发展的规律。所以黑格尔法哲学中的人性和人格论就是把握他的整个社会历史观、世界观和逻辑学的一把钥匙。黑格尔前后期的思想有一致性，也有重大变化，青年黑格尔有政治自由主义的取向，其人格思想中讲独立、自由、主体意识等的内容有很多，而他后来走向人格自由思想的反面。

从以上对黑格尔法哲学中的主要思想的分析和批判性评价中，我们得到的最终结论是：对于他把自由理解为伦理人格的本质，把人格自由作为社会历史观研究的出发点的思想，我们要充分看到其积极意义。对于他的人格自由发展的辩证法思想，我们要深入学习和汲取。对于他在法哲学中将伦理当作法的终点的思想，在国家伦理和其他理论中对人格自由的背叛，我们要挖掘出其思想根源。黑格尔法哲学人格自由思想中积极和消极两方面的意义都对我们研究黑格尔，对我们研究当代的道德和伦理，对我们研究当代社会历史哲学有着重要的启发意义。

参 考 文 献

一、图书

1.《马克思恩格斯文集》，人民出版社 2009 年版。

2.《马克思恩格斯选集》（第一版）第 1—4 卷，人民出版社 2012 年版。

3. [德] 黑格尔：《法哲学原理》，范杨、张企泰译，商务印书馆 1982 年版。

4. [德] 黑格尔：《哲学史讲演录》（1—4 卷），商务印书馆 1997 年版。

5. [德] 黑格尔：《精神现象学》，贺麟、王玖兴译，商务印书馆 1979 年版。

6. [德] 黑格尔：《逻辑学》，杨一之译，商务印书馆 1996 年版。

7. [德] 黑格尔：《小逻辑》，贺麟译，商务印书馆 1996 年版。

8. [德] 黑格尔：《历史哲学》，王造时译，上海书店出版社 1999 年版。

9. [德] 黑格尔：《精神哲学》，杨祖陶译，人民出版社 2006 年版。

10. [德] 康德：《纯粹理性批判》，蓝公武译，商务印书馆 1980 年版。

11. [德] 康德：《实践理性批判》，韩水法译，商务印书馆 1999 年版。

12. 邓晓芒：《康德哲学讲演录》，广西师范大学出版社 2006 年版。

13. 邓晓芒：《邓晓芒讲黑格尔》，北京大学出版社 2006 年版。

14. 沈亚生：《人格自我与个体性》，吉林人民出版社 2005 年版。

15. 高兆明：《黑格尔〈法哲学原理〉导读》，商务印书馆 2014 年版。

16. [德] 黑格尔:《历史哲学》,王造时译,上海世纪出版集团 2006 年版。

17. [英] 洛克:《人类理解论》,关文运译,商务印书馆 1970 年版。

18. [意大利] 洛苏尔多:《黑格尔与现代人的自由》,丁三东等译,吉林出版集团有限责任公司 2008 年版。

19. [英] W. T. 斯退士:《黑格尔哲学》,鲍训吾译,河北人民出版社 1987 年版。

20. 余潇枫:《哲学人格》,吉林教育出版社 1998 年版。

21. [英] 梅因:《古代法》,沈景一译,商务印书馆 1959 年版。

22. [德] 康德:《法的形而上学原理》,沈叔平译,商务印书馆 1991 年版。

23. [法] 卢梭:《论人类不平等的起源和基础》,李常山译,商务印书馆 1997 年版。

24. [法] 卢梭:《社会契约论》,何兆武译,商务印书馆 1997 年版。

25. [德] 拉德布鲁赫:《法学导论》,米健译,商务印书馆 2013 年版。

26. [美] 罗斯科 · 庞德:《法律与道德》,陈林林译,商务印书馆 2015 年版。

27. [德] 鲁道夫 · 冯 · 耶林:《为权利而斗争》,郑永流译,法律出版社 2012 年版。

28. [美] 富勒:《法律的道德性》,郑戈译,商务印书馆 2005 年版。

29. [美] 艾莉森 · 利 · 布朗:《黑格尔》,彭俊平译,李智校,中华书局 2002 年版。

30. 冯川:《黑格尔〈法哲学原理〉的道德哲学研究》,中国社会科学出版社 2013 年版。

31. [加] 查尔斯 · 泰勒:《黑格尔》,张国清、朱进东译,凤凰出版传媒集团、译林出版社 2009 年版。

32. 杨祖陶:《康德黑格尔哲学研究》,武汉大学出版社 2006 年版。

33. [加] 查尔斯 · 泰勒:《黑格尔与现代社会》,吉林出版集团有限责任公司出版社 2009 年版。

34. 苏宁:《纯粹人格——黑格尔》,长江文艺出版社 1996 年版。

35. 全增嘏:《西方哲学史》,上海人民出版社 1983 年版。

36. 朱景文:《法社会学》,中国人民大学出版社 2013 年版。

37. 张君平:《黑格尔人学思想研究》,知识产权出版社 2015 年版。

38. 袁贵仁:《对人的哲学理解》,河南人民出版社 1994 年版。

39. 陈先达、杨耕:《马克思主义哲学原理》,中国人民大学出版社 2010 年版。

40. [德] 阿克塞尔 · 霍耐特:《不确定性之痛》,王晓升译,华东师范大学出版社 2016 年版。

41. [美] 梯利著,伍德增补:《西方哲学史》,商务印书馆 1995 年版。

42. 冯友兰:《中国哲学简史》,涂又光译,北京大学出版社 1985 年版。

43. [英] 洛克:《政府论》(上篇),瞿菊农、叶启芳译,商务印书馆 1982 年版。

44. [英] 洛克:《政府论》(下篇),叶启芳、瞿菊农译,商务印书馆 1964 年版。

45. [德] 尤尔根 · 哈贝马斯:《现代性的哲学话语》,曹卫东等译,译林出版社 2004 年版。

46. [英] 休谟:《人性论》,关文运译,商务印书馆 1997 年版。

二、论文

1. 周雪峰:《法、人格、自由的内在逻辑结构研究》,武汉大学法学院,2011 年。

2. 吴彦:《法、自由与强制力——康德法权学说的基本语境与架构》,吉林大学法学院，2012 年。

3. 童列春：《私法中的身份调整》，西南财经大学法学院，2009 年。

4. 张君平：《西方近代以来“法权人格”理论研究》，南京师范大学公共管理学院，2011 年。

5. 周清林：《权利能力研究——主体哲学的视角》，西南政法大学民商法学院，2008 年。

6. 王天成：《黑格尔概念辩证法中的个体生命原则》，《天津社会科学》2005 年第 2 期。

7. [德] A. 霍耐特，王歌译，张慎校：《论我们自由的贫乏——黑格尔伦理学说的伟大与局限》，《世界哲学》2013 年第 5 期。

8. 姚大志：《从笛卡尔到胡塞尔：西方哲学思维方式的三次变换》，《社会科学战线》1994 年第 2 期。

9. 袁贵仁：《试论人格》，《北京师范大学学报》（社会科学版）1999 年第 5 期。

10. 王志宏：《论黑格尔〈法哲学原理〉中的道德主体概念》，《云南师范大学学报》（哲学社会科学版）2015 年第 3 期。

11. 一行：《从〈现象学〉到〈法哲学〉：一个自由主义者的“政治成熟”》，《世界哲学》2006 年第 6 期。

12. 廖清胜：《论马克思主义人学的类道德人格概念》，《河南大学学报》（社会科学版）2010 年第 6 期。

13. 胡启勇：《黑格尔伦理秩序的三重维度》，《河南大学学报》（社会科学版）2009 年第 1 期。

14. 孙海霞：《自由存在者：黑格尔人格思想探究》，《道德与文明》2011 年第 2 期。

15. 张汝伦：《主体的颠覆：从黑格尔到马克思》，《学术月刊》2001 年第

4 期。

16. 王天成、程宇驰：《黑格尔自由观的基本路径》，《社会科学战线》2012 年第 9 期。

17. 刘淑萍：《论黑格尔的“伦理世界”》，《贵州社会科学》2012 年第 8 期。

18. 宋希仁、姚云：《黑格尔论自律和他律的统一》，《道德与文明》2014 年第 2 期。

19. 程广云、鹿云：《承认理论批判——从黑格尔到泰勒、霍耐特》，《学习与探索》2014 年第 2 期。

20. 夏莹：《自由和历史：黑格尔与马克思自由观之比较——以卡尔·波普尔的批判为视角的一种考察》，《吉林大学社会科学学报》2015 年第 3 期。

21. 张文喜：《试论个人在黑格尔的现代哲学反思中的伦理处境》，《理论学刊》2001 年第 7 期。

22. 张汝伦：《从黑格尔的康德批判看黑格尔哲学》，《哲学动态》2016 年第 5 期。

23. 金延：《黑格尔论人的社会——历史主体性》，《人文杂志》1992 年第 1 期。

24. 刘国胜：《论马克思对作为历史前提的人的批判》，《广东社会科学》2010 年第 3 期。

25. 张盾：《财产权问题与黑格尔法哲学的当代意义》，《人文杂志》2011 年第 5 期。

26. 高兆明：《财产权与契约关系——黑格尔〈法哲学〉读书札记》，《南京师大学报》（社会科学版）2006 年第 3 期。

27. 朱哲、马晖慧、熊颖敏：《法权的尘世根基——马克思〈黑格尔法哲学批判〉对黑格尔法哲学的批判路径》，《湖北社会科学》2011 年第 3 期。

28. 储昭华：《法权的逻辑基础与实质——关于黑格尔法哲学的启示与教训

的再认识》,《哲学研究》2007 年第 7 期。

29. 汪行福:《个人权利与公共自由的和解——现代性视域中的黑格尔法哲学》,《吉林大学社会科学学报》2011 年第 1 期。

30. 邓晓芒:《关于 Person 和 Persönlichkeit 的翻译问题——以康德、黑格尔和马克思为例》,《哲学动态》2015 年第 10 期。

31. 赵敦华:《黑格尔的法权哲学和马克思的批判——两种政治哲学观念的交锋》,《哲学研究》2015 年第 6 期。

32. 薛丹妮:《黑格尔法权哲学对自然权论的批判与继承》,《海南大学学报》(人文社会科学版) 2013 年第 4 期。

33. 王凤才:《黑格尔法哲学:作为规范的正义理论——霍耐特对黑格尔法哲学的诠释与重构》,《复旦学报》(社会科学版) 2016 年第 6 期。

34. 朱学平:《黑格尔法哲学思想探源》,《现代法学》2005 年第 2 期。

35. 冯川:《黑格尔法哲学再诠释》,《南京社会科学》2006 年第 11 期。

36. 庞俊来:《黑格尔市民社会理论的伦理价值分析及其当代省视》,《南京社会科学》2013 年第 2 期。

37. 尹俊、高文新:《黑格尔与现实的人》,《辽宁大学学报》(哲学社会科学版) 2011 年第 1 期。

38. 阮媛:《论个人自由的实现——黑格尔法哲学的目标》,《贵州社会科学》2014 年第 2 期。

39. 阮媛:《论黑格尔〈法哲学〉中的自由概念》,《兰州学刊》2014 年第 2 期。

40. 丁雪枫:《论黑格尔伦理对道德的价值超越》,《南京政治学院学报》2004 年第 2 期。

41. [德] 霍耐特:《论我们自由的贫乏——黑格尔伦理学说的伟大与局限》,王歌译,张慎校,《世界哲学》2013 年第 5 期。

42. 罗久：《诠释黑格尔法哲学的诸进路——一个批判性的考察》，《天府新论》2013 年第 6 期。

43. 罗久：《诠释镜像中的黑格尔法哲学》，《北京社会科学》2014 年第 4 期。

44. 袁立国：《市民社会与人的解放：从古典政治经济学到唯物史观》，《西南大学学报》（社会科学版）2015 年第 5 期。

45. 先刚：《试析黑格尔哲学中的"道德"和"伦理"问题》，《北京大学学报》（哲学社会科学版）2015 年第 11 期。

46. 陈浩：《私有财产权是自由的必要条件吗？——对〈法哲学原理〉"抽象法"章的再考察》，《现代哲学》2013 年第 5 期。

47. 高瑞华、黄闪闪：《现代性的批判与拯救——政治哲学视域中的黑格尔法哲学》，《社会科学家》2013 年第 4 期。

48. 张盾、王华：《在道德与法律之间——现代性反思的主客观二维之争及其解决》，《江苏社会科学》2011 年第 1 期。

49. 一行：《从〈现象学〉到〈法哲学〉：一个自由主义者的"政治成熟"》，《世界哲学》2006 年第 6 期。

50. 董伟伟：《自由在黑格尔法哲学中的演进——兼论黑格尔对自由主义自由的超越》，《理论与现代化》2015 年第 2 期。

51. 王振林：《从主体理性的凯旋走向理性主体的黄昏》，《社会科学战线》2003 年第 5 期。

52. 吴冠军：《什么是启蒙？——人的权利与康德的启蒙遗产》，《开放时代》2002 年第 4 期。

53. 徐国栋：《寻找丢失的人格——从罗马、德国、拉丁法族国家、前苏联、俄罗斯到中国》，《法律科学》（西北政法学院学报）2004 年第 6 期。

54. 夏勇：《权利哲学的基本问题》，《法学研究》2004 年第 3 期。

三、外文文献

1. G. W. F. Hegel，*Phylosophy of Right*，Trans. S. W Dyde，Kitchener：Batoche Books，2001.

2. G. W. F. Hegel，*Elements of the Philosophy of Right*，Trans. All-en W. wood，Ed. Quentin Skinner，Cambridge：Cambridge University Press，1991.

3. G. W. F. Hegel. *The Phenomenology of Spirit*，Trans. Miller，London：Oxford University Press，1977.

4. G. W. F. Hegel，*The Science of Logic*，Trans. George Di Giovanni，Cambridge：Cambridge University Press，2015.

5. G. W. F. Hegel，*The Phenomenology of Spirit*：*The Phenomenology ofMind*，Trans. J. B. Baillie，Createspace Independent Pub，2016.

6. Gray Browning，*Hegel and the History of Political Philosophy*，Basingstroke：Palgrave Macmillan，1999.

7. Charles Taylor，*Hegel*，Cambridge：Cambridge University Press，1977.

8. Charles Taylor，*Hegel and Modern Society*，Cambridge：Cambridge University Press，2015.

9. Allen W. Wood，*Kantian Ethics*，Cambridge：Cambridge University Press，1977.

10. Henty E. Allison，*Kant's Theory of Freedom*，Cambridge：Cambridge University Press，1990.

11. Robert B. Pippin，*Hegel on Self-Consciousness*：*Desire and Death in the Phenomenology of Spirit*，Princeton：Princeton University Press，2014.

12. Robert B. Pippin，*Hegel's Idealism*：*The Satisfactions of Self-Consciousness*，Cambridge：Princeton University Press，1989.

13. Jeffrey Church, *The Freedom of Desire*: *Response to Rousseau on the Problem of Civil Society*, American Journal of Political Science, 2009, 54 (1): 125-139.

14. R. M. Wallace, "How Hegel Reconciles Private Freedom with Citizenship", *Journal of Political Philosophy*, 2002, 7 (4): 419-433.

15. R. N. Berkl, "Political Freedom and Hegelian Metaphysics", *Political Studies*, 1968, 16 (3): 365-383.

16. R. N. Berkl, "Political Freedom and Hegelian Metaphysics", *Political Studies*, 1968, 16 (3): 365-383.

17. G. H. R. Parkinson, "Freedom, Truth and History: An Introduction to Hegel's Philosophy", *Philosophical Books*, 1992, 33 (4): 212-213.

18. Ian Fraser, "Beyond Prometheus: Hegel On The Need to Be Free", *Politics*, 1995, 15 (2): 97-103.

19. Robert B. Pippin, "Hegel and Institutional Rationality", *The Southern of Philosophy*, 2010, 39 (S1): 1-25.

20. Klaus Dusing, "Constitution and Structure of Self-Identity: Kant's Theory of Apperception and Hegel's Criticism", *Midwest Studies in philosophy*, 1983, 8 (1): 409-431.

21. Fritz Sager, Christian Rosser, Weber, Wilson, and Hegel: Theories of Modern Bureaucracy, *Public Administration Review*, 2009, 69 (6): 1136-1147.

后　记

本书是在我的博士论文基础上，经过修改补充形成的。我能学哲学，读哲学博士，用王天成老师的话说，那都是“历史形成而无法当下设定的”。在我攻读博士学位的过程中，幸遇良师。我的导师沈亚生教授治学严谨，学术水平很高，成果卓著，但更令我感佩的是他正直的人品、善良的性格以及对学生的关怀、宽容。沈亚生教授在我本科时即是我的导师，他对我很好，并且在一些具体事情上帮助过我，这些关怀和帮助一直延续到我报考读博，当我为此征求老师的意见时，老师即给予了热情的鼓励。

我参加吉林大学西方哲学的学术会议，立刻就被会上平等的氛围、激烈的学术观点争鸣和其间迸发的思想火花所激动、感染，我想原来学术会议还可以这样来开，哲学也并不总是枯燥寂寞、远离尘嚣，哲学的思考和著述或许已经成为了一种生活方式。性格和环境一度使我转学法律，所以我在知识积累和学术规范等方面是比较薄弱的，这些差距使我更加认识到了导师指导的价值和意义。从选题、开题、写作，老师煞费苦心，尽心尽力，对我严格要求，老师曾经对我说：“你的论文要经得起历史的检验，要对得起吉大哲学的历史”，这使我倍感压力，就是在这样的压力下，我也在成长，在以往缺失的方面都有了长足的进步，在这里对老师表示由衷的感谢。

感谢我的同学王立老师，他是我的“睡在上铺的兄弟”，在论文写作和读书等很多方面无私地帮助了我，我心存感激无以为报。感谢王天成老师和他的“活生生的个体生命原则”，王振林老师和她的“主体理性的黄昏、理性主体的辉煌”，姚大志老师和他的正义哲学，李大强老师和他的语言分析哲学，他们的学术和课程，他们的人品、人格精神以及对我的帮助，总是使我感到“这是一个真正的哲学团体”，学习西方哲学专业是正确的选择。感谢我单位的领导同事、我的同学和同门对我的帮助。感谢我的家人。最后再次感谢我的导师沈亚生教授，没有他就没有目前的成果。

2018年9月15日下午于吉林家中

责任编辑:武丛伟
封面设计:王欢欢

图书在版编目(CIP)数据

黑格尔法哲学人格理论研究/宿梦醒 著. —北京:人民出版社,2019.6
ISBN 978-7-01-020657-8

Ⅰ.①黑… Ⅱ.①宿… Ⅲ.①黑格尔(Hegel,Georg Wehelm 1770-1831)-法哲学-研究 Ⅳ.①B516.35 ②D90

中国版本图书馆 CIP 数据核字(2019)第 066545 号

黑格尔法哲学人格理论研究
HEIGEER FAZHEXUE RENGE LILUN YANJIU

宿梦醒 著

人民出版社 出版发行
(100706 北京市东城区隆福寺街 99 号)

北京中科印刷有限公司印刷 新华书店经销

2019 年 6 月第 1 版 2019 年 6 月北京第 1 次印刷
开本:710 毫米×1000 毫米 1/16 印张:17.25
字数:214 千字

ISBN 978-7-01-020657-8 定价:60.00 元

邮购地址 100706 北京市东城区隆福寺街 99 号
人民东方图书销售中心 电话 (010)65250042 65289539